Lamm

Sieglind Luise Ellger-Rüttgardt

Inklusion

Vision und Wirklichkeit

Verlag W. Kohlhammer

Dieses Werk einschließlich aller seiner Teile ist urheberrechtlich geschützt. Jede Verwendung außerhalb der engen Grenzen des Urheberrechts ist ohne Zustimmung des Verlags unzulässig und strafbar. Das gilt insbesondere für Vervielfältigungen, Übersetzungen, Mikroverfilmungen und für die Einspeicherung und Verarbeitung in elektronischen Systemen.

Die Wiedergabe von Warenbezeichnungen, Handelsnamen und sonstigen Kennzeichen in diesem Buch berechtigt nicht zu der Annahme, dass diese von jedermann frei benutzt werden dürfen. Vielmehr kann es sich auch dann um eingetragene Warenzeichen oder sonstige geschützte Kennzeichen handeln, wenn sie nicht eigens als solche gekennzeichnet sind.

1. Auflage 2016

Alle Rechte vorbehalten
© W. Kohlhammer GmbH, Stuttgart
Gesamtherstellung: W. Kohlhammer GmbH, Stuttgart

Print:
ISBN 978-3-17-029386-1

E-Book-Formate:
pdf: ISBN 978-3-17-029387-8
epub: ISBN 978-3-17-029388-5
mobi: ISBN 978-3-17-029389-2

Für den Inhalt abgedruckter oder verlinkter Websites ist ausschließlich der jeweilige Betreiber verantwortlich. Die W. Kohlhammer GmbH hat keinen Einfluss auf die verknüpften Seiten und übernimmt hierfür keinerlei Haftung.

Inhaltsverzeichnis

1 Auftakt: Der lange Weg zu einer inklusiven Gesellschaft   7

2 Inklusion und Exklusion: der Blick auf die Geschichte   13

3 Das Recht auf Teilhabe: die UN-Behindertenrechtskonvention und andere internationale Dokumente   29

4 Inklusion als gesellschaftspolitische Aufgabe   45

5 Gerechte Bildung: die inklusive Schule   64

6 Vorreiter in Sachen Inklusion: Die Stadtstaaten Berlin und Hamburg   80

7 Pädagogische Professionalität im Wandel   109

8 Wie läuft es im Ausland mit der Inklusion? Drei europäische Beispiele   124

9 Das »Kreuz mit den Lernschwachen« – oder Grenzen der Pädagogik   145

10 Resümee und Perspektiven: »Eine Mitte für alle«   174

11 Literatur   179

Allen Pädagoginnen und Pädagogen, Ausbildern und Begleitern, die sich den liebevollen, achtsamen Blick für das einzelne Kind, den einzelnen Jugendlichen bewahrt haben und die mit Zuversicht und Tapferkeit, jeden Tag aufs Neue, für deren Lebensglück eintreten.

1 Auftakt: Der lange Weg zu einer inklusiven Gesellschaft

»Wenn ein Volk keine Vision hat, verwildert es.«
Sprüche 29, 18

Es gibt keinen Zweifel: Das Thema »Inklusion« ist in der Mitte der deutschen Gesellschaft angekommen. Einen Bewusstseinswandel in der Einstellung gegenüber behinderten Menschen zeigen jüngere Beispiele durchaus eindrucksvoll.

Zur besten Sendezeit zeigt die ARD im Mai 2012 den viel beachteten und kontrovers diskutierten Spielfilm »Inklusion – Gemeinsam anders«. Das Hamburg Museum eröffnet im November 2013 eine Ausstellung mit dem Titel »Geht doch! Inklusion erfahren«, die Hamburger Kammerspiele präsentieren im Mai 2014 Inszenierungen von »Rain Man« und »Ziemlich beste Freunde«, und auf dem Berliner Tempelhofer Feld wird im Juli 2014 der »Inklusionslauf Berlin« veranstaltet. Auch der Rat der evangelischen Kirche hat sich des Themas angenommen und unter dem Titel »Es ist normal, verschieden zu sein« (2014) eine Orientierungshilfe herausgegeben. Die Bundeszentrale für politische Bildung veranstaltet im September 2015 den Kongress »inklusiv politisch bilden«, auf dem es um die gesellschaftliche Teilhabe von Menschen mit Lernschwierigkeiten geht.

Und wer hätte es noch vor wenigen Jahren für möglich gehalten, dass eine deutsche Ministerpräsidentin (Marlu Dreyer, Rheinland-Pfalz) offen über ihre Krankheit Multiple Sklerose spricht und auf einem Dorf in einem Wohnprojekt mit behinderten Menschen lebt (Frankfurter Allgemeine Sonntagszeitung v. 13.1.2013) und dass eine Abgeordnete mit einem Kind mit Downsyndrom in den Bundestag einzieht (Cicero, H. 11. 2014)?

Das Wirtschaftsmagazin »Brand Eins« widmet der Inklusion im Dezember-Heft 2013 zum Thema »Zeitgeist« den Artikel:

»Ein ambitionierter Plan. Alle Kinder sollen zusammen lernen, ob behindert oder nicht. Das ist politischer Wille in Deutschland. Und neuerdings einklagbar. Auch machbar?«. Berichtet wird über eine Grundschule sowie ein privates Gymnasium in München, und der Tenor ist, dass Inklusion Freiräume, Zeit, Kommunikation und Geld benötigt. Sehr nüchtern schließt der Artikel: »Ohne milliardenschwere Investitionen wird Inklusion ein Lippenbekenntnis bleiben. Geld allein aber, auch das erfährt man ..., reicht nicht« (Brand Eins, 15. Jg., H. 12 v. 2013, S. 149).

Das bringt auf den Punkt, was all jene, die sich in Theorie und Praxis mit der Inklusion beschäftigen, seit langem wissen: Die Vision von Inklusion braucht zwei Voraussetzungen für eine erfolgreiche Annäherung an die gesellschaftliche Realität, zum einen die Veränderung von Bewusstsein und zum anderen die Bereitstellung der materiellen Basis.

Das Ziel, gängige Vorstellungen von Normalität gegen den Strich zu bürsten, in den Medien die Frage zu stellen »Was ist normal«? (Die Zeit Nr. 20 v. 8.5.2013) und in der Kunst und der »Krüppelbewegung« »Unvollkommenes ist schön« zu propagieren, markiert einen auffälligen Bruch mit traditionellen Einstellungen und Überzeugungen.

Ein bemerkenswerter kultureller Wandel offenbart sich aber auch in der Akzeptanz und Verwendung der »Leichten Sprache«. Nicht nur Behörden und amtliche Verlautbarungen befleißigen sich ihrer, sie findet zunehmend auch Eingang in den öffentlichen Raum. Auf der Website hamburg.de wird der Fahrdienst für behinderte Menschen in Leichter Sprache präsentiert, der Deutschlandfunk offeriert das Portal »nachrichten-leicht.de« und sogar Teile der Bibel sind bereits übersetzt worden. Schließlich unterstreicht die Gründung des Instituts für Leichte Sprache und Inklusion (ISI) in Köln im Januar 2014 eine wachsende Bereitschaft der deutschen Gesellschaft, Leichte Sprache als einen »Schlüssel zur Enthinderung der Gesellschaft« (Aichele 2014) zu verankern, ein Schlüssel, der keineswegs nur Menschen mit Lernschwierigkeiten dient, sondern auch allen anderen Bevölkerungsgruppen, die von kommunikativer Exklusion bedroht bzw. betroffen sind.

Aber es ist auch unübersehbar, dass die Debatte um Inklusion in Deutschland häufig von Uninformiertheit, Naivität und dogmatischer Fixierung gekennzeichnet ist, häufig emotional und moralisierend, thematisch verengt und somit einseitig geführt wird, etwa wenn traditionelle »Sonderinstitutionen« wie Förderschulen, Einrichtungen der berufliche Rehabilitation, Werkstätten für behinderte Menschen und andere Einrichtungen pauschal abqualifiziert und ideologische Debatten um ihre Existenzberechtigung geführt werden – Debatten, die oft fruchtlos verlaufen, da sie wichtige Zusammenhänge vernachlässigen.

Es geht mir in diesem Buch nicht um die rückwärtsgewandte Argumentation eines Für oder Wider Inklusion und den Versuch ihrer jeweiligen empirischen Beweisführung. Die Entscheidung für eine inklusive Gesellschaft ist eine wertegeleitete, sie kann daher weder bewiesen noch widerlegt werden, und die Entscheidung für Inklusion ist in Deutschland durch die Ratifizierung der UN-Konvention im Jahre 2009 getroffen worden. Worum es aber in der Gegenwart geht, ist die sehr entscheidende Frage, *wie* wir das Ziel der Inklusion in gesellschaftliche Praxis umsetzen wollen (s. a. Moser 2012, S. 7). Hier nun tun sich in der Tat beträchtliche Hürden auf, die es aufzuklären und abzubauen gilt.

Die inklusive Gesellschaft ist eine großartige Vision. Sie spornt an, in allen gesellschaftlichen Bereichen dafür zu arbeiten, dass Menschen, die am Rande stehen oder gar von Ausschluss bedroht sind, ihren Platz als Bürger und Bürgerinnen mit unveräußerlichen Rechten in diesem Land finden. Dies betrifft behinderte Menschen, chronisch Kranke, aber auch Sinti und Roma, Flüchtlinge und Migranten, alte und pflegebedürftige Menschen – kurzum all jene, die der solidarischen Unterstützung durch die Gesellschaft bedürfen.

Es liegen unzählige Abhandlungen zum Thema Inklusion vor und die berechtigte Frage muss daher lauten: Noch ein Buch über Inklusion? Wurde nicht schon alles gesagt und geschrieben, was vonnöten ist? Ja, und nein! Es gibt in der Tat in Deutschland viele Publikationen zum Thema Inklusion, aber sie sind in gut deutscher Manier nicht selten moralisch überhöhte und dogmatisch grundierte Programmschriften für die gute Sache oder sie verlegen sich mehr auf Kritik und Abwehr. Was oft fehlt, ist eine Reflexion der Vision von Inklusion in ihrem komplexen Bedingungsgefüge.

Eine tragfähige Veränderung von gesellschaftlichem Bewusstsein im Sinne von Inklusion wird langfristig nur gelingen, wenn realisiert wird, welche tiefe historische Zäsur im Umgang mit behinderten Menschen in Deutschland, aber auch anderen Ländern, die Forderung nach Inklusion darstellt. Ferner bedarf es einer differenzierten, nüchternen Betrachtung internationaler Programmatiken und Praktiken, um einen begründeten nationalen Standpunkt zu entwickeln. Unverzichtbar für die hiesige Diskussion um Inklusion ist auch die Frage nach der Verfasstheit unserer Gesellschaft und im Hinblick auf die inklusive Schule die nach der Struktur des deutschen Schulsystems. Schließlich wird allzu leicht vergessen, dass es einzelne Menschen, die jeweiligen Professionellen, sind, die in der Praxis die Forderung nach Inklusion umsetzen sollen. Sie zu hören und ihre Erfahrungen ernst zu nehmen, dürfte einer der Garanten für eine erfolgreiche Umsetzung des Ziels der Inklusion sein. Ein Schwerpunkt des Buches liegt daher in der Wiedergabe von Interviews, die ich mit Akteuren geführt habe.

Als die Bildungseuphorie und Reformbewegung der 1960er und 1970er Jahre zugunsten der Gesamtschule ins Stocken geriet, benannte der Erziehungswissenschaftler Hermann Giesecke als einen der Gründe für das Scheitern die »historische Ahnungslosigkeit« der Reformer (1977, S. 172 f.). Ein mangelndes historisches Gedächtnis könnte auch die Inklusionsbewegung zu Fall bringen, denn nur wer seine Herkunft kennt, vermag Zukunft zu gestalten. Ich möchte daher im 2. Kapitel zeigen, dass aus historischer Sicht nicht nur Strukturveränderungen, sondern vor allem ein grundlegender Mentalitätswandel erforderlich ist. In der Vergangenheit schwankte der Umgang mit behinderten Menschen stets zwischen Inklusion und Exklusion, und auch in der Pädagogik sind diese Ambivalenzen nachweisbar.

Da in der Forderung nach Inklusion in Deutschland die Behindertenrechtskonvention von 2006 als Kronzeuge angeführt wird, sollen in den Mittelpunkt des 3. Kapitels verschiedene internationale Dokumente zur Behindertenpolitik gerückt werden. Eine Analyse dieser Papiere belegt die Notwendigkeit der Adaption internationaler Programmatiken an nationale Gegebenheiten und bestreitet damit einen Widerspruch zwischen dem Ziel der Inklusion im Sinne von Selbstbestimmung und Teilhabe und der Existenz besonderer Organisationsformen für behinderte Menschen in den einzelnen Ländern.

Inklusion in gesellschaftstheoretischer Dimension wird in Kapitel 4 erörtert, indem Inklusion und Exklusion als ambivalente Prozesse entwickelter Staaten beschrieben werden. Gesellschaftliche Teilhabe auch für behinderte Menschen umzusetzen, kann nur in einem demokratischen Sozialstaat gelingen, in dem auch die Würde der schwächsten Gesellschaftsmitglieder anerkannt und respektiert wird.

Im 5. Kapitel stelle ich die Frage nach der strukturellen Verfasstheit des deutschen Bildungswesens und damit nach den Realisierungschancen einer inklusive Schule, um im anschließenden Kapitel 6 die Entwicklung in Berlin und Hamburg näher zu beleuchten, die beiden Stadtstaaten, die sich seit mehr als vier Jahrzehnte Integration bzw. Inklusion auf die Fahnen geschrieben haben.

Die Sicht der Akteure und damit die Debatte um pädagogische Professionalität bildet den Mittelpunkt des 7. Kapitels, um schließlich im 8. Kapitel am Beispiel von Frankreich, Luxemburg und Schweden erneut die internationale Perspektive aufzunehmen. Das 9. Kapitel wendet sich der besonderen Gruppe der Lernschwachen zu, Schüler, die in entwickelten Schulsystemen schon seit mehr als einhundert Jahren zwischen allen Stühlen sitzen. An ihrer Lage werden ungelöste Strukturprobleme moderner Bildungssysteme, aber auch die Grenzen pädagogischer Anstrengungen erkennbar. Den Abschluss des Buches bilden ein Ausblick in Kapitel 10 und eine Literaturauswahl, die keinen Anspruch auf Vollständigkeit erhebt.

Der Schwerpunkt meiner Darstellung liegt, gemäß meiner beruflichen Herkunft, auf dem Felde der Pädagogik – einer Pädagogik, so hoffe ich zu zeigen, die weder gesellschaftspolitischen Allmachtphantasien huldigt noch ihre Bedeutung und Wirksamkeit für das Aufwachsen von Kindern und Jugendlichen in unserer Gesellschaft unter den Scheffel stellt. Dabei sollen vor allem jene zu Wort kommen, die an verschiedenen Orten des pädagogischen Feldes an der Verwirklichung des Ziels Inklusion arbeiten: Lehrer, Schulleiter, Ausbilder, Sozialarbeiter, Behördenvertreter.

Dieses Buch will nicht nur die Fachleute, sondern auch Neugierige und interessierte Laien erreichen. Daher mein Bemühen, jenen Wissenschaftsjargon zu vermeiden, der eher vernebelt als dass er erklärt, und einer affirmativen Sprache aus dem Wege zu gehen, die vermeintliche Gewissheiten vorgaukelt anstatt den kritischen Verstand zu wecken.

Noch eine Vorbemerkung ist unerlässlich. Von behinderten oder beeinträchtigten Menschen zu sprechen, ist eigentlich eine unzulässige Generalisierung, denn keine Behinderung gleicht der anderen. All jene, zu denen eine Sinnesschädigung, eine intellektuelle Einschränkung, eine körperliche oder psychische Beeinträchtigung gehört, sind verschieden, da Individuen. Der Sprachgebrauch verführt uns stets zu Verallgemeinerungen und zur Abstraktion, dem kann auch ich nicht entgehen; es gilt aber auch für dieses Buch, dass es immer nur um den einzelnen Menschen geht.

Eine letzte Bemerkung ist mein Dank an all jene, die dazu beitrugen, dass dieses Buchprojekt schließlich konkrete Gestalt annahm: Klaus-Peter Burkarth vom Kohlhammer Verlag, Dietrich Ellger, Kathleen Fietz, Tobias Hensel und allen Interviewpartnern, die mir ihre Zeit und ihr Vertrauen schenkten.

2 Inklusion und Exklusion: der Blick auf die Geschichte

»Niemals hab' ich einen Vater gesehen, der seinen Sohn, wenn er auch gleich bucklig oder grindig war, nicht für sein Kind erkannt hätte; obwohl er, wenn er nicht ganz von Zärtlichkeit berauscht ist, schon merkt, wo's ihm fehlt; aber bei alledem ist es sein Kind.«
Michel de Montaigne 1580

Es ist auffallend, dass in der öffentlichen Debatte um Inklusion die historische Dimension so gut wie keine Rolle spielt. Dieser Mangel an historischem Bewusstsein, der übrigens national (Zymek 2013) und international (Shakespeare 2006, S. 158 f.) beklagt wird, hat allerdings gravierende Folgen für die Diskussion aktueller Problemlagen. Denn nur ein kritischer Blick auf die Geschichte lässt die Gegenwart verstehen und begründete Handlungsperspektiven für die Zukunft entwerfen. Dies gilt auch für den Bereich der Pädagogik. Will man historisch gewachsene Strukturen verändern, so bedarf es nicht nur der Akzeptanz aller Beteiligten, sondern auch eines längerfristigen Mentalitätswandels – wenn nicht das Gegenteil erreicht werden soll. Der Erziehungswissenschaftler Helmut Fend bemerkt hierzu: »Ohne eine historische Sensibilität können Gestaltungsaktivitäten im Bildungswesen schnell zu Vorschlägen und Maßnahmen führen, die an die historisch entstandenen kulturellen Vorgaben nicht anschließbar sind und deshalb vom schulischen ›Innensystem‹ abgestoßen werden« (Fend 2006, S. 17).

Die Geschichte des Umgangs mit behinderten Menschen lässt sich in den Kategorien von Inklusion und Exklusion beschreiben (vgl. Janzten 2010), und die Überlieferungen belegen, dass es zu allen Zeiten und in unterschiedlichen Kulturen gesellschaftlichen Einschluss und Ausschluss von behinderten Menschen gegeben hat. Dabei kann mit Blick auf die Historie weder von einer kulturoptimistischen Verbesserung der Lage

Behinderter die Rede sein noch von der gegenteiligen kulturpessimistischen Annahme einer generellen Verschlechterung ihrer Situation (vgl. Neubert/Cloerkes 1994, S. 96). Die kulturell und zeitlich sehr variablen Reaktionsmöglichkeiten sind vielmehr bedingt durch Einflussfaktoren, die abhängig sind von der Art der Behinderung, dem Zeitpunkt des Eintretens der Behinderung und der Situation der jeweiligen Gruppe, in der der behinderte Mensch sich befindet.

Der Ethnologe Klaus E. Müller (1996) analysierte die jahrhundertelange Entwicklung bei alten Naturvölkern als auch späten Hochkulturvölkern in ihrem Verhältnis zu gesellschaftlichen Außenseitern, wie Menschen mit einer Behinderung. Er beschrieb ihre ambivalente gesellschaftliche Funktion, die zum einen das jeweilige Sozialgefüge und seine Ordnung bedroht, aber zum anderen auch stabilisiert. Nach Müller werden diese Fremden und Andersartigen abgelehnt, ausgegrenzt und verfolgt und zugleich auch wieder »gebraucht«, da ihnen bestimmte hellseherische und heilende Kräfte zugesprochen werden, so etwa geistig behinderten Menschen in einigen Kulturen. Die »Grenzlinge« gehören jedoch unaufhebbar zur Spezies Mensch und daher kann Müller resümieren, »jeder ist seines Nächsten Krüppel« (a.a.O., S. 290), denn »generell, im Vergleich zu den Göttern gesehen, sind an sich jedoch alle Menschen Mängelwesen, unzulänglich beschaffen, mit teils erheblichen Schwächen, quasi ›Behinderte‹ unterschiedlicher Abstufung« (a.a.O., S. 189).

Wie Kulturwissenschaften und Ethnologie uns zeigen, standen jene, die »anders« waren, in einem ambivalenten Verhältnis zur »Kerngesellschaft« oder »Kerngruppe«. Die Bandbreite menschlicher Reaktionen reicht vom blumengeschmückten Grab eines behinderten Menschen zur Zeit des Neandertalers (vgl. a.a.O., S. 208) bis hin zur geplanten und organisierten physischen Vernichtung zur Zeit des deutschen Faschismus. Dazwischen liegen alle variablen Formen von gesellschaftlichem Ausschluss und Zugehörigkeit, von Inklusion und Exklusion.

Der Faschismus, insbesondere in seiner deutschen Ausprägung als Nationalsozialismus, bildet den bisherigen Höhepunkt einer Exklusionspolitik gegenüber behinderten Menschen. Bekanntlich entschieden allein der »rassische Wert« und die Fä-

2 Inklusion und Exklusion: der Blick auf die Geschichte

higkeit zu nützlicher Arbeit über ihre Überlebenschancen im Dritten Reich. All jene, die diese Eigenschaften nicht aufwiesen, wurden der Vernichtung preisgegeben. Zweifelsohne gab es auch unter Stalins Herrschaft eine Vernichtungspolitik gegenüber verschiedenen Menschengruppen, nicht zuletzt auch Kranken und Behinderten (vgl. Wirth 2006), aber anders als im Nationalsozialismus wurde diese nach bisherigem Kenntnisstand weder systematisch geplant noch mit organisatorischer Akribie durchgeführt.

Die Ungeheuerlichkeit der NS-Behindertenpolitik bleibt bis zum heutigen Tag Stachel und Wunde im kollektiven Gedächtnis; sie warnt vor naivem Glauben an historischen Fortschritt, und sie hat ihre Wirkung bis in die unmittelbare Gegenwart. Nach vielen Jahren des Schweigens werden seit den 1970er Jahren Formen des Gedenkens und Erinnerns an die NS-Verbrechen an behinderten Menschen gesucht. Exemplarisch ist hierfür die Errichtung eines Denkmals in den 1980er Jahren direkt vor der Berliner Philharmonie am ehemaligen Ort der Organisationszentrale der »Euthanasie« in der Tiergartenstraße 4, nach der sie ihren Tarnnamen »T4« erhalten hatte. Im September 1995 veranstalteten Vertreter der deutschsprachigen Heil- und Sonderpädagogik eine Gedenkfeier für die Opfer der »Euthanasie« an diesem Ort und bekannten eine Mitschuld ihrer Berufsgruppe an der Ausgrenzung behinderter Menschen im Nationalsozialismus (Ellger-Rüttgardt 1999 u. 2000).

Diese Gedenkstätte, die aus einer in den Boden eingelassenen Tafel und einer Skulptur Richard Serras besteht, erfuhr Kritik, da sie weder eine ausreichende öffentliche Wirkung erziele noch genügend informativ sei. Nach vielen Jahren der Diskussion im politischen Raum, vorangetrieben vor allem von der Initiative »Runder Tisch T4« und der »Deutschen Gesellschaft für Psychiatrie und Psychotherapie, Psychosomatik und Nervenheilkunde« (DGPPN), wurde am 13. April 2011 ein interfraktioneller Antrag auf Errichtung eines Gedenkortes für die Opfer der NS-»Euthanasie«-Morde im Bundestag eingebracht. Ziel des neu zu gestaltenden Denkmals war, den »historischen Ort sichtbar zu machen« und über den Ort, die Opfer, das Verbrechen und die Täter aufzuklären und zu informieren (▶ Kasten 1).

Deutscher Bundestag

Drucksache 17/5493
17. Wahlperiode 13.04.2011
Antrag
der Fraktionen CDU/CSU, SPD, FDP und Bündnis90/Die-GRÜNEN
Der Bundestag wolle beschließen:
Der Deutsche Bundestag stellt fest:
Teil der nationalsozialistischen Rassenideologie war die Erfassung, Verfolgung und Ermordung von Menschen mit Behinderung und psychisch Kranken. Der dabei von den Nationalsozialisten verwendete Begriff der »Euthanasie« war eine bewusste Verharmlosung für den Tatbestand des Massenmordes. Zudem kann dieses sog. »Euthanasie«-Programm als eine Vorstufe für ihre späteren Planungen des Holocaust und des systematischen Mordens an den europäischen Juden sehen werden ...
Die Realisierung eines Gedenkortes für die Opfer der nationalsozialistischen »Euthanasie«-Verbrechen und die Aufklärung über Tat und Täter am Platz vor der Berliner Philharmonie ist nicht nur eine Berliner, sondern auch eine gesamtstaatliche Aufgabe, die dem Anspruch der Bundesrepublik Deutschland, für eine würdige Erinnerung an alle Opfergruppen des Nationalsozialismus einzutreten, gerecht wird. Ziel sollte es sein, das bestehende Denkmal und den Gedenkort so aufzuwerten, dass dem Anliegen, am Ort der Täter über die Dimension des Verbrechens und seine Opfer zu informieren, entsprochen werden kann ...
Der Deutsche Bundestag fordert die Bundesregierung auf, sich in Ergänzung und unter Berücksichtigung der bereits bestehenden Gedenkstätten und Erinnerungsinitiativen in den Ländern für die gemeinsam von Bund und Berlin zu verantwortende Aufwertung des bereits bestehenden Denkmals für die Opfer der »Euthanasie«-Morde sowie ihre angemessene Würdigung am historischen Standort der Planung und Organisation der »Aktion T 4« in der Tiergartenstraße 4 in Berlin einzusetzen und weitergehend über »Eu-

thanasiemorde«, Zwangssterilisation und anderen damit zusammenhängenden NS-Verbrechen zu informieren ...

Kasten 1: Quelle: Deutscher Bundestag, Drucksache 17/5493 v. 13.4. 2011

In einer Bundestagsdebatte im November 2011 wurde der Antrag behandelt und bei Enthaltung der Linksfraktion einstimmig angenommen. Schließlich erfolgte 2014 die Einweihung des neuen Mahnmals, eingeläutet durch die Eröffnung einer Wanderausstellung im Deutschen Bundestag mit dem Titel »Erfasst, verfolgt, vernichtet. Kranke und behinderte Menschen im Nationalsozialismus« (Schneider/Lutz 2014).

Anlässlich der Eröffnungsfeier sagte ein Vertreter der »Bundesvereinigung Lebenshilfe«: »Wir brauchen die Inklusion als Schutz, damit so etwas nicht wieder geschieht.« Besser kann man nicht ausdrücken, wie sehr die Debatte um Inklusion des historischen Bewusstseins bedarf, denn niemand sollte annehmen, dass die Überzeugung von der »Minderwertigkeit« behinderter Menschen nur von überzeugten Nazis vertreten wurde. Nein, sie war dank jahrelanger und raffinierter Propaganda wie ein schleichendes Gift in die Gedankenwelt und die Überzeugungen vieler Deutscher eingedrungen, sie bestand bereits vor 1933, und sie wirkt nach bis in die Gegenwart.

Geschichte, die nicht vergehen will, ist auch die Triebfeder des algerischen Schriftstellers Boualem Sansal, der in seinem Roman »Le Village de l'Allemand ou le Journal des frères Schiller« von 2008 (auf Deutsch: »Das Dorf des Deutschen oder das Tagebuch der Brüder Schiller«) das Leben eines algerischen Jugendlichen in einer Pariser Vorstadt und dessen Suche nach der Wahrheit über das Leben seines verstorbenen deutschen Vaters schildert, eines Mitgliedes der SS. Besonders berührend für den deutschen Leser ist nicht nur die Aufdeckung der KZ-Tätigkeit des Vaters, sondern auch die im französischen Original immer wiederkehrenden deutschen Worte wie »minderwertige Leute« (S. 162) oder »Vernichtung lebensunwerten Lebens« (S. 149). Erschreckend ist die gezogene Parallele zwischen dem Nationalsozialismus und dem Islamismus, der, so Boualem Sansal, in den französischen Banlieues mit Riesenschritten das »Vierte Reich« vorbereitet (S. 178).

Ein letztes Beispiel für die Wirkmächtigkeit der jüngsten Geschichte ist der Aufruf von Vertretern der französischen Zivilgesellschaft im Oktober 2014 zur Errichtung eines Mahnmals für die Opfer der »Euthanasie« in Frankreich. Dieser Aufruf richtet sich an den Präsidenten der Republik und erhebt die Forderung nach einem Ort des Erinnerns für die französischen Opfer der »Euthanasie« (► Kasten 2).

Appel national pour un mémorial en hommage aux personnes fragilisées par la maladie et le handicap condamnées à mourir sous le régime de Vichy
Charles Gardou
Professeur à l'Université Lumière Lyon 2
Peut-on collectivement oublier le destin tragique des enfants, des femmes et des hommes, fragilisés par la maladie et le handicap qui furent exterminés par le régime nazi ou condamnés à mourir par celui de Vichy?
Se souvient-on que, selon le Tribunal Militaire International, créé en août 1945, *275 000 enfants ou adultes affectés d'une déficience mentale ou physique* furent assassinés dans le cadre d'Aktion T4, mis en oeuvre par le Troisième Reich?
Ce plan d'extermination fut précédé et accompagné de stérilisations contraintes, pratiquées à partir de l'une des toutes premières législations nazies. Au nom de l' »hygiène raciale«, elle fut appliquée à la manière d'une »ordonnance médicale«, pour protéger le peuple de la »gangrène ou de la tumeur cancéreuse«, que représentaient ceux que l'on jugeait »génétiquement inférieurs«.
On estime à 400 000 le nombre des personnes stérilisées entre 1934 et 1945, en incluant celles relevant des territoires annexés par l'Allemagne après 1937 tenus d'appliquer la même loi.
S'y ajoutent les 50 000 personnes internées dans les hôpitaux psychiatriques français, sous le régime de Vichy, mortes par abandon, absence de soin, sous-alimentation et autres maltraitances.
Crimes immondes.

2 Inklusion und Exklusion: der Blick auf die Geschichte

> Or, qui se souvient de ces victimes? Quel acte symbolique a été posé dans notre pays pour perpétuer leur mémoire? Aucun. ...
>
> Demandons au Président de la République que notre pays érige, dans un lieu symbolique, un mémorial qui leur soit dédié
> JE SIGNE CET APPEL ET JE LE DIFFUSE DANS MES RESEAUX
> Signature sur le site
> (http://www.change.org/fr/p%C3%A9titions/pour-un-m%¬C3%A9morial-en-hommage-aux-personnes-handicap%C3¬%A9es-victimes-du-r%C3%A9gime-nazi-et-de-vichy)

Kasten 2: Aufruf zur Errichtung eines Mahnmals für die Opfer der Euthanasie in Frankreich vom 28.10.2013

Die pädagogischen Anstrengungen für Bildung und Erziehung behinderter Schüler in der Vergangenheit können in Abhängigkeit vom Blickwinkel des Betrachters sowohl als Erfolgs- als auch Verfallsgeschichte beschrieben werden. Geht man vom Phänomen des Scheiterns pädagogischer Prozesse für diese Gruppe von Schülern im Rahmen der allgemeinen Schule aus, dann schreibt sich die Geschichte der Heil- und Sonderpädagogik zweifellos als eine Erfolgsgeschichte, da sie die Verdienste um die Durchsetzung des Rechts auf Bildung in den Mittelpunkt rückt (vgl. Möckel 2007). Richtet sich die Betrachtung aber zugleich auf die dunklen Seiten dieser pädagogischen Spezialdisziplin – etwa Abschottungstendenzen gegenüber der allgemeinen Pädagogik, übersteigerte professionelle Profilierung, Disziplinierungstendenzen gegenüber ihrer Klientel, gesellschaftspolitische Abstinenz bzw. Ignoranz gegenüber politischen Herausforderungen –, dann ist anzuerkennen, dass auch die Heilpädagogik wie jede Pädagogik der Moderne durch das Phänomen der Ambivalenz gekennzeichnet ist, nämlich durch die Gleichzeitigkeit von Universalisierung und Partikularisierung, durch die Gleichzeitigkeit von Kultivierung versus Disziplinierung und Kontrolle (vgl. Tenorth 2006, S. 498; Ellger-Rüttgardt 2008a, S. 15 ff.).

Bildsamkeit als der zentrale Begriff der Pädagogik schließt als Idee und aus anthropologischer Sicht alle Personen ein, also auch behinderte; sie gilt demnach universell. In ihrer praktischen Wirksamkeit – und darin lag und liegt ihr paradoxaler Charakter – führte diese Idee der Bildsamkeit bislang immer auch zur Partikularität, sei es durch spezifische Methoden, besondere Bildungsorganisationen oder aber eigene Professionsgruppen.

Erinnert sei an die Zeit der Aufklärung Ende des 18. Jahrhunderts, als einzelne Pioniere zum ersten Mal systematische Unterrichtsversuche für gehörlose und blinde Kinder der unteren Stände unternahmen. Ob in Edinburgh, Paris, Leipzig, Wien und wenig später auch in Berlin – stets waren es außergewöhnliche Persönlichkeiten, die zum entscheidenden Motor für die institutionelle Entwicklung eines besonderen Zweigs im Bildungswesen wurden. Ob diesen mutigen Schritten Einzelner aber Erfolg und eine langfristige Wirkung beschieden waren, hing von den jeweiligen politisch-gesellschaftlichen Umständen ab.

Die ersten Bildungsversuche für Gehörlose und Blinde, später auch für geistig behinderte und verwahrloste Kinder, waren stets nur ein Tropfen auf den heißen Stein. Angesichts des allgemein hohen Bildungsstandards Mitte des 19. Jahrhunderts in Preußen (vgl. Wehler 1989, S. 478 ff.), nimmt sich die Schulbesuchsquote sinnesbehinderter Schüler äußerst bescheiden aus – von der Gruppe der geistig Behinderten war noch gar nicht die Rede. Nach Schätzungen kamen 1860 nur 12 Prozent der statistisch erfassten Blinden überhaupt in den Genuss von Bildung (vgl. Dreves 1998, S. 546), und damit blieb der Großteil behinderter Kinder und Jugendliche in Preußen ohne jeden Unterricht. Diesen Umstand dürfen wir mit Fug und Recht als Exklusion bezeichnen.

Der Wunsch, möglichst vielen gehörlosen und blinden Kindern Unterricht zu vermitteln, führte in der 20er und 30er Jahren des 19. Jahrhunderts zu der Idee der »Verallgemeinerung«, die nicht nur in Preußen, sondern auch in Wien und Frankreich propagiert wurde (vgl. Ellger-Rüttgardt 2008 a, S. 108 ff.). Sie repräsentierte den Versuch, die betreffenden Schüler in der Elementarschule ihres Heimatortes direkt zu beschulen. Gedanke und Plan der »Verallgemeinerung« waren ein großartiges und faszinierendes bildungspolitische Projekt: ein Elementarschulwesen zu schaffen, das auch den sinnesbehinderten Kindern zugänglich sein sollte, das durch Kombination von Spezial- und Volksschulen frühzeitige und behindertengerechte Bildung vermitteln, durch ein Höchstmaß an Gemeinsamkeit von behinderten und nicht behinderten Kindern soziales Lernen befördern und Exklusion verhindern sollte und das eine Lehrerbildung anstrebte, in der eine spezielle Pädagogik ein integraler Bestandteil derselben werden sollte.

Aber diese Idee scheiterte und musste scheitern – so urteilen wir aus heutiger Sicht. Die Gründe hierfür sind vielfältiger Natur. Sie lagen zum einen in einer halbherzigen Bildungspolitik, die zwar das Bildungsrecht Sinnesbehinderter im Prinzip anerkannte und zu befördern suchte, die aber weder bereit noch in der Lage war, die erforderlichen ideellen und materiellen Voraussetzungen für die Realisierung der formulierten Bildungsziele zu schaffen. Und sie waren folglich begründet in einer Systemschwäche des Bildungswesens, gekennzeichnet durch übergroße Klassen und damit der fehlenden Möglichkeit zur Individualisierung, ferner in gering oder gar nicht qualifizierten und schlecht bezahlten Pädagogen sowie im Mangel an spezifischen Hilfsmitteln.

Schließlich lagen die Gründe des Scheiterns der Idee der »Verallgemeinerung« aber auch in der Natur einer sich etablierenden speziellen Pädagogik selbst, die nicht nur die Beachtung der Individualität des einzelnen Zöglings einforderte, sondern auch in didaktischer Hinsicht besondere Akzente setzte – etwa, wenn der damalige Direktor der Berliner Blindenanstalt daran erinnerte, dass der Unterricht für die Blinden besonders den Musik- und Handarbeitsunterricht zu pflegen habe und dass er Zweifel hege, ob dieses in ausreichender Weise in den Elementarschulen geschehen könne. Damit wird Mitte des 19. Jahrhunderts erkennbar, dass sich eine eigenständige Pädagogik und pädagogische Profession für Schüler mit besonderen pädagogischen Bedürfnissen zu etablieren beginnt, die im Bewusstsein der Zeitgenossen zwar noch Teil der Elementarpädagogik ist, aber in Theorie und Praxis einen zunehmenden Eigencharakter entfaltet.

Repräsentativ für die damals noch bestehende enge Verbindung von einer allgemeinen und einer besonderen Pädagogik ist der 1861 erschienene erste Band des zweibändigen Werkes »Die Heilpädagogik« von Georgens und Deinhardt, das die Programmatik für eine theoretisch und praktisch fundierte neue pädagogische Disziplin beinhaltete, die sich fortan Heilpädagogik nannte. Dieses letztlich allein von Heinrich Marianus Deinhardt verfasste Werk (Stöger 2011) ist aus heutiger Sicht von ungebrochener Aktualität, denn es ist geprägt von der Nähe der Heilpädagogik zur allgemeinen Pädagogik und zur allgemeinbildenden Schule, und es atmet den revolutionären Geist einer sozialpolitisch bewussten und verantwortlichen Heilpädagogik (vgl. Ellger-Rüttgardt 2011a).

Nahezu zeitgleich, nämlich 1859, erschien das bahnbrechende Buch Charles Darwins »Über die Entstehung der Arten durch natürliche Zuchtwahl oder die Erhaltung der begünstigten Rassen im Kampfe ums Dasein«, das eine neue Sicht auf die Welt einläutete und großen Einfluss auf eine Pädagogik für behinderte Schüler nehmen sollte. Die zunehmende Propagierung sozialdarwinistischen Gedankenguts hatte zur Folge, dass behinderte Menschen zunehmend als minderwertige und überflüssige Glieder der Gesellschaft klassifiziert wurden. Aber auch die Medizin, und hier vor allem die Psychiatrie, veränderte ihre Rolle in der zweiten Hälfte des 19. Jahrhunderts. Mit dem Anwachsen ungelöster sozialer Probleme aufgrund gravierender gesellschaftlicher Wandlungsprozesse nahm die Psychiatrie zunehmend auch die »armen Irren« in den Blick, die aber nicht primär unter dem Aspekt des Heilens, sondern dem traditionellen der Aufbewahrung betrachtet wurden. Die wachsende gesellschaftliche Bedeutung der Medizin gewann auch Einfluss auf die Heilpädagogik. Diese hatte sich in ihrer Anfangszeit ganz bewusst als pädagogische Disziplin definiert, auch wenn die Notwendigkeit einer interdisziplinären Zusammenarbeit mit der Medizin stets unbestritten war (▶ Kasten 3).

Was in den Rahmen der Normalität, den die Anlage, die Sitte, das Vorurteil und das Urteil gebildet haben, nicht hi-

2 Inklusion und Exklusion: der Blick auf die Geschichte

neinpasst, wird von der Gesellschaft überall, wenigstens bis zu einem gewissen Grade, ausgeschlossen, bei Seite geschoben, verdeckt. Ebenso verfahren die Erziehung und die Heilpraxis, welche an sich die Aufgabe haben, die Abnormitäten und Deformitäten, die sich vorfinden, so weit es möglich ist, zu überwinden und die Normalität herzustellen.

Kasten 3: Quelle: Georgens/Deinhardt 1861, S. 30

Dieses noch bei Georgens und Deinhardt anzutreffende, gewissermaßen partnerschaftliche Verhältnis von Heilpädagogik und Medizin verlor sein Gleichgewicht spätestens Mitte des 19. Jahrhunderts, als den Medizinern in Preußen 1859 durch staatliche Entscheidung die ausschließliche Leitungsfunktion der Heil- und Pflegeanstalten übertragen wurde. Die Heilpädagogik selbst geriet immer stärker in den Bann einer sich naturwissenschaftlich verstehenden Medizin und war zumindest in Teilen auf dem Wege, ihre zentrale pädagogische Kategorie der Bildsamkeit zugunsten einer der Medizin entliehenen Terminologie von Krankheit und Gesundheit aufzugeben.

Eine dominant medizinische Sicht auf pädagogische Problemlagen manifestierte sich im letzten Drittel des Jahrhunderts in eklatanter Weise in der sich etablierenden Hilfsschulpädagogik, die in einer Interessenallianz mit Staat und Volksschullehrerschaft für die Einrichtung einer neuen Schulform warb: der Hilfsschule (▶ Kap. 9).

Das Dritte Reich war, wie eingangs erwähnt, national und international der bisherige Höhepunkt einer Exklusionspolitik gegenüber behinderten Menschen. Allein der »rassische Wert« und die wirtschaftliche Nützlichkeit legitimierten deren Lebensrecht zur Zeit des Faschismus (▶ Kasten 4).

Hitler in einem Gespräch von 1941:

Verbrecher, asoziale Elemente, die auch nicht durch Erziehung, Belehrung und Gefängnis auf bessere Wege gebracht werden könnten ... seien Schmarotzer an der gesunden Gesellschaft und lebten nur davon, die ordentlichen Menschen auszubeuten. Man könne von ihnen nicht erwarten, dass sie einen Staat, der Ordnung und Disziplin verlangt, bejahten. Hier könne man nur eines: Sie vernichten. Hierzu habe der Staat ein Recht, denn, wenn auf der einen Seite die wertvollen Menschen an der Front ihr Leben einsetzten, sei es verbrecherisch, die Schurken zu schonen. Man müsse sie beseitigen oder – wenn sie nicht gemeingefährlich seien – in Konzentrationslager sperren, aus denen man sie nicht mehr herauslassen dürfe.

Kasten 4: Quelle: Sachße/Tennstedt 1992, S. 269

Es war nur folgerichtig, dass alle Bildungsanstrengungen für behinderte Schüler auf ein Minimum reduziert bzw. ganz eigestellt wurden. Verhängnisvoll war diese Zeit aber auch für das Selbstverständnis einer Pädagogik für behinderte Schüler, die sich unter der NS-Herrschaft und vorangetrieben von regimetreuen Professionellen als eine »Sonderpädagogik« definierte, die, getrennt von der allgemeinen Schule und der Mutterdisziplin Pädagogik, auf ihre disziplinäre und schulorganisatorische Eigenständigkeit pochte.

Struktur und Selbstverständnis einer auf »Besonderung« angelegten Heil- und Sonderpädagogik wirkten lange nach in der Nachkriegszeit, und eine kritische Auseinandersetzung mit der NS-Zeit unterblieb weitgehend. Unreflektierte Kontinuität der Sonderpädagogik verhinderte auch, dass an die Ideen und Traditionen einer Verbindung von allgemeiner Pädagogik und Heilpädagogik angeknüpft wurde. Stattdessen erfolgte ein expansiver Ausbau des Sonderschulwesens in beiden deutschen Teilstaaten bei gleichzeitiger starker innerer Ausdifferenzierung (▶ Kasten 5), nicht selten in guter Absicht, aber kaum historisch reflektiert (vgl. Bleidick/Ellger-Rüttgardt 2008).

KMK 1960: Empfehlung zur Ordnung des Sonderschulwesens

Bezeichnung und Aufzählung der Sonderschulen
Zu den Sonderschulen gehören

2 Inklusion und Exklusion: der Blick auf die Geschichte

- Blindenschule
- Sehbehindertenschule
- Gehörlosenschule
- Schwerhörigenschule
- Sprachheilschule
- Körperbehindertenschule
- Krankenschule und Hausunterricht
- Hilfsschule
- Beobachtungsschule
- Erziehungsschwierigenschule
- Gefängnisschule (Schule im Jugendstrafvollzug)
- Sonderberufsschule (als eigene Schule oder in Verbindung mit anderen Sonderschulen)

Kasten 5: KMK 1960: Empfehlung zur Ordnung des Sonderschulwesens

Ein wirklicher Neuanfang im Selbstverständnis der Heil- und Sonderpädagogik in Deutschland markierte das Gutachten des Deutschen Bildungsrates »Zur pädagogischen Förderung behinderter und von Behinderung bedrohter Kinder und Jugendlicher« aus dem Jahre 1973, das zwar weniger historisch, wohl aber international-vergleichend argumentierte. Seit den Tagen der Weimarer Republik wurde damit zum ersten Mal wieder für mehr Gemeinsamkeit von behinderten und nichtbehinderten Schülern im Bildungswesen plädiert und mit der Tradition eines strikt separaten Sonderschulwesens gebrochen. In Anknüpfung und als Ergänzung zum »Strukturplan für das Bildungswesen« des Deutschen Bildungsrats von 1970 wurde als neues Ziel die gemeinsame Erziehung behinderter und nichtbehinderter Kinder und Jugendlicher propagiert, die eingebettet sein sollte in eine umfassende Reform des gesamten Schulwesen (▶ Kasten 6).

Für diese neue Empfehlung mußte die Bildungskommission davon ausgehen, daß behinderte Kinder und Jugendliche bisher in eigens für sie eingerichteten Schulen unterrichtet wurden, weil die Auffassung vorherrschte, daß ihnen mit besonderen Maßnahmen in abgeschirmten Einrichtungen am besten geholfen werden könne. Die Bildungskommission folgt dieser Auffassung nicht. Sie legt in der vorliegenden Empfehlung eine neue Konzeption zur pädagogischen Förderung behinderter und von Behinderung bedrohter Kinder und Jugendlicher vor, die eine weitmögliche gemeinsame Unterrichtung von Behinderten und Nichtbehinderten vorsieht und selbst für behinderte Kinder, für die eine gemeinsame Unterrichtung mit Nichtbehinderten nicht sinnvoll erscheint, soziale Kontakte mit Nichtbehinderten ermöglicht. Damit stellt sie der bisher vorherrschenden schulischen Isolation Behinderter ihre schulische Integration entgegen.

Die Begründung der neuen Konzeption ist für die Bildungskommission vor allem darin gegeben, daß die Integration Behinderter in die Gesellschaft eine der vordringlichen Aufgaben jedes demokratischen Staates ist. Diese Aufgabe, die sich für Behinderte und Nichtbehinderte in gleicher Weise stellt, kann nach der Auffassung der Bildungskommission einer Lösung besonders dann nahegebracht werden, wenn die Selektions- und Isolationstendenz im Schulwesen überwunden und die Gemeinsamkeit im Lehren und Lernen für Behinderte und Nichtbehinderte in den Vordergrund gebracht werden; denn eine schulische Aussonderung der Behinderten bringt die Gefahr ihrer Desintegration im Erwachsenenleben mit sich.

Eine reelle Chance für die Verwirklichung der neuen Konzeption sieht die Bildungskommission unter anderem darin, daß sich das bestehende allgemeine Schulwesen in einer umfassenden Reform befindet und daß das bestehende Sonderschulwesen eines erheblichen weiteren Ausbaus bedarf, der nicht in traditionellen Formen vorgenommen werden muß, sondern im Sinne der integrativen Konzeption eingeleitet werden kann.

Kasten 6: Quelle: Deutscher Bildungsrat 1973, S. 25 f.

Begründet wurde die neue bildungspolitische Zielsetzung mit der sozialpolitischen Annahme, dass durch die Vermeidung von Ausleseprozessen im Schulwesen eine bessere gesellschaftliche

Eingliederung behinderter Menschen zu erreichen sei, womit am ehesten dem Anspruch eines demokratischen Sozialstaats entsprochen werde. Der Vorsitzende des Ausschusses »Sonderpädagogik« der Bildungskommission, der Nicht-Sonderpädagoge Jacob Muth, formulierte die neue Leitidee der schulischen Integration wie folgt: »Vorrangig wird es darauf ankommen, daß die Behinderten von den Gesunden oder Nichtbehinderten human angenommen, akzeptiert werden. Diese humane Annahme ist nur in Lernprozessen für die Nichtbehinderten erreichbar. In ihnen muß zuerst das Informationsdefizit der Nichtbehinderten überwunden werden« (Muth, 1973, S. 264).

Das Bildungsrat-Gutachten wirkte wie ein Fanal für die nun einsetzende Integrationsbewegung, eine Bewegung, die in den folgenden Jahren alle Bereiche des gesellschaftlichen Lebens in Deutschland erfassen sollte und ihre Fortführung in der aktuellen Diskussion um eine inklusive Schule und Gesellschaft findet.

Fazit

Die Forderung nach einer inklusiven Gesellschaft erfordert nicht nur Strukturveränderungen, sondern einen tiefgreifenden Mentalitätswandel. Die Geschichte des Umgangs mit behinderten Menschen bewegt sich zwischen Inklusion und Exklusion, und dieses Verhältnis variierte in seiner jeweiligen Ausprägung über die Jahrhunderte. Der Nationalsozialismus ist der bisherige Höhepunkt einer Exklusionspolitik und -praxis gegenüber behinderten Menschen, und er hat seine Auswirkungen bis in die Gegenwart.

Die praktische Umsetzung der bahnbrechenden Idee der Bildsamkeit behinderter Kinder und Jugendlichen offenbarte zugleich Ambivalenzen, die für jede Pädagogik der Moderne konstitutiv sind. Heil- und Sonderpädagogik verstand sich immer auch als Teil der allgemeinen Pädagogik, und es gab in der Vergangenheit Versuche, einen gemeinsamen Unterricht von behinderten und nichtbehinderten Schülern praktisch zu erproben. Bis in die Mitte des 20. Jahrhunderts hinein sind all diese Versuche weitgehend gescheitert oder aber in Vergessenheit geraten. Nur wer die Gründe für

Scheitern und Vergessen kennt, gewinnt für die Gegenwart ein reflektiertes Bewusstsein für die Bedingungen einer erfolgreichen inklusiven Schule.

3 Das Recht auf Teilhabe: die UN-Behindertenrechtskonvention und andere internationale Dokumente

«gewiss ... dass die Stärke des Volkes sich misst am Wohl der Schwachen»
Präambel der Bundesverfassung der Schweizerischen Eidgenossenschaft

Mit der Grundgesetzänderung von 1994 hat Deutschland einen zukunftsweisenden, politischen Schritt für behinderte Menschen unternommen, indem es im Zuge der Verfassungsdiskussion nach der deutschen Vereinigung folgenden Zusatz in Artikel 3 des Grundgesetzes aufnahm: »Niemand darf wegen seiner Behinderung benachteiligt werden.« Seinen Niederschlag fand die Grundgesetzänderung in der Verabschiedung des Sozialgesetzbuches IX (2001) sowie des Behindertengleichstellungsgesetzes (2002), in dem die Ziele von Selbstbestimmung und gesellschaftlicher Teilhabe für Menschen mit Beeinträchtigungen formuliert wurden. Aber erst die UN-Konvention von 2006, die Deutschland drei Jahre später ratifizierte, sollte jene gesellschaftliche Dynamik entfalten, die heute die Szene beherrscht. Im Unterschied zu zahlreichen anderen internationalen Vereinbarungen wie etwa die »Konvention über die Rechte des Kindes« von 1989, ist es der Behindertenrechtskonvention, sicher dank starker Lobbyarbeit, gelungen, in Deutschland die politische Agenda zu besetzten sowie die Aufmerksamkeit einer breiten Öffentlichkeit zu gewinnen.

Die Behindertenrechtskonvention (BRK) von 2006 ist der bisherige Höhepunkt einer seit Ende des Zweiten Weltkriegs geführten Menschenrechtsdebatte für behinderte Menschen in den Vereinten Nationen. Diese verabschiedeten in der Generalversammlung im Dezember 1975 die »Declaration on the Rights of Disabled Persons" (▶ Kasten 1) und setzten im Dezember 1982 erneut das Thema Behinderung auf ihre Agenda, indem sie das »Weltaktionsprogramm für Behinderte« sowie das »Jahrzehnt der Behinderten der Vereinten Nationen 1983-1992« beschlossen.

Declaration on the Rights of Disabled Persons Proclaimed by General Assembly resolution 3447 (XXX) of 9 December 1975

The General Assembly, ...
Proclaims this Declaration on the Rights of Disabled Persons and calls for national and international action to ensure that it will be used as a common basis and frame of reference for the protection of these rights:
1. The term »disabled person« means any person unable to ensure by himself or herself, wholly or partly, the necessities of a normal individual and/or social life, as a result of deficiency, either congenital or not, in his or her physical or mental capabilities.
2. Disabled persons shall enjoy all the rights set forth in this Declaration. These rights shall be granted to all disabled persons without any exception whatsoever and without distinction or discrimination on the basis of race, colour, sex, language, religion, political or other opinions, national or social origin, state of wealth, birth or any other Situation applying either to the disabled person himself or herself or to his or her family.
3. Disabled persons have the inherent right to respect for their human dignity. Disabled persons, whatever the origin, nature and seriousness of their handicaps and disabilities, have the same fundamental rights as their fellow-citizens of the same age, which implies first and foremost the right to enjoy a decent life, as normal and full as possible.
4. Disabled persons have the same civil and political rights as other human beings; paragraph 7 of the Declaration on the Rights of Mentally Retarded Persons applies to any possible limitation or suppression of those rights for mentally disabled persons.

> 5. Disabled persons are entitled to the measures designed to enable them to become as self-reliant as possible.
> 6. Disabled persons have the right to medical, psychological and functional treatment, including prosthetic and orthetic appliances, to medical and social rehabilitation, education, vocational training and rehabilitation, aid, counseling, placement Services and other Services which will enable them to develop their capabilities and skills to the maximum and will hasten the processes of their social Integration or reintegration.

Kasten 1: Declaration on the Rights of Disabled Persons 1975

In Fortführung der Menschenrechtspolitik für Menschen mit Behinderungen verabschiedete die UNO 1993 »The Standard Rules on the Equalization of Opportunities for Persons with Disabilities«, ein Programm, das 22 Standard-Regeln für die Herstellung der Chancengleichheit behinderter Menschen umfasste. Über eine von schwedischen Behindertenorganisationen auf Englisch verfassten Version erlangte dieses Programm auch in Deutschland als »Agenda 22« überregionale Bedeutung (vgl. Fürst Donnersmarck-Stiftung/DVfR 2004). Bemerkenswert an diesem Papier ist, dass es nicht von staatlichen Stellen, sondern von der schwedischen Behindertenbewegung und dem European Disabilty Forum (EDF) erarbeitet wurde und gemäß der schwedischen Tradition in pragmatischer Weise handlungsleitende Fragen für die einzelnen UN-Regeln – bezogen auf die lokalen schwedischen Verhältnisse – formulierte. Zur Regel 6 »Education« heißt es:

»Regel 6.1
- Stellt die kommunale oder regionale Behörde die Bildung behinderter Menschen in integrierenden Einrichtungen sicher?
- Ist diese Art der Bildung integraler Bestandteil der Bildungsplanung, der Entwicklung von Lehrplänen und der Schulorganisation?

Regel 6.2
- Gibt es zur Herstellung der Zugänglichkeit von Bildung Gebärdendolmetscher?
- andere angemessene Unterstützungsdienste?
- Abläufe, die Bildung für alle möglich machen?

Regel 6.3

Wie werden Elterngruppen und Behindertenorganisationen in den Bildungsprozess einbezogen?

Regel 6.6

- Hat die Behörde ein Grundsatzprogramm für Bildung im allgemeinen Schulsystem erstellt?
- Sind die Lehrpläne so flexibel, dass sie nach Bedarf ergänzt und angepasst werden können?
- Wird für hochwertiges Unterrichtsmaterial, ständige Lehrerweiterbildung und die Bereitstellung von Hilfslehrern gesorgt?

Regel 6.8

- Existiert Sondererziehung für diejenigen, deren Bedürfnissen das allgemeine Schulsystem nicht ausreichend gerecht wird?
- Entspricht die Qualität der Sondererziehung derjenigen der allgemeinen Schulbildung?

Regel 6.9

- Gibt es Sonderschulen für gehörlose, hörbehinderte und taubblinde Schüler, die Unterricht in Gebärdensprache benötigen?
- Wenn nicht, wie wird den Bedürfnissen dieser Schüler entsprochen?.«
(a.a.O., 36 f.)

Das Menschenrecht auf Bildung für Behinderte wurde von der UNESCO anlässlich ihrer Konferenz in Salamanca im Juni 1994 in den Mittelpunkt der internationalen Diskussion gerückt, und sie knüpfte damit an die Konferenz von Jomtien von 1990 an, auf der eine »Bildung für alle« ohne explizite Berücksichtigung behinderter Schüler gefordert worden war. Die Empfehlung der UNESCO und der verabschiedete »Aktionsplan« repräsentieren eine deutliche Präferenz integrativer bzw. inklusiver Beschulungsformen für behinderte Schüler, denn es heißt: »We believe and proclaim that ... those with special educational needs must have access to regular schools which should accommodate them within the child centred pedagogy capable of meeting these needs« (UNESCO 1994, VIII).

Aber erst die Behindertenrechtskonvention von 2006 erlangte hohe Aufmerksamkeit und Publizität in Deutschland. In Artikel 1 der Konvention ist das tragende und übergeordnete Ziel der Vereinbarung niedergelegt: »Zweck dieses Übereinkommens ist es, den vollen und gleichberechtigten Genuss aller Menschenrechte und Grundfreiheiten durch alle Menschen mit

3 Das Recht auf Teilhabe

Behinderungen zu fördern, zu schützen und zu gewährleisten und die Achtung der ihnen innewohnenden Würde zu fördern«.

Allgemeine Grundsätze der BRK (Artikel 3) sind die Betonung der Menschenwürde behinderter Menschen, ihre individuelle Autonomie sowie die Achtung vor dem Behindertsein als Teil menschlicher Vielfalt und Verschiedenartigkeit. Betont werden ferner Nichtdiskriminierung, volle und wirksame Teilhabe an der Gesellschaft, Chancengleichheit, Zugänglichkeit, Gleichberechtigung von Mann und Frau und schließlich die Achtung vor den sich entwickelnden Fähigkeiten von Kindern mit Behinderungen und die Achtung ihres Rechts auf Wahrung ihrer Identität.

Heiner Bielefeldt (2006) betont das innovative Potenzial dieser neuen UN-Konvention nicht nur im Hinblick auf die Rechtsposition behinderter Menschen, sondern auch in ihrer Bedeutung für das Selbstverständnis moderner Gesellschaften: »Die Behindertenrechtskonvention bedeutet ... weit mehr als eine Ergänzung des bestehenden Menschenrechtsschutzsystems durch die besondere Berücksichtigung der spezifischen Belange Behinderter. Sie gibt auch wichtige Impulse für eine Weiterentwicklung des Menschenrechtsdiskurses. ... Indem sie Menschen mit Behinderungen davon befreit, sich selbst als ›defizitär‹ sehen zu müssen, befreit sie zugleich die Gesellschaft von einer falsch verstandenen Gesundheitsfixierung« (S. 15).

Von der Relevanz der Behindertenrechtskonvention für die politische Debatte in Deutschland zeugen im politischen Feld die Einrichtung einer Monitoring-Stelle beim Deutschen Institut für Menschenrechte (DIMR), die 2009 ihre Arbeit aufnahm und deren Auftrag drin besteht, Politikberatung zu leisten sowie Empfehlungen und Stellungnahmen hinsichtlich der Umsetzung der UN-Konvention in Deutschland zu verfassen. Ein weiteres politisches Signal ist der Nationale Aktionsplan der Bundesregierung zur Umsetzung der UN-Behindertenrechtskonvention von 2011, der eine Laufzeit von zehn Jahren hat und alle zwei Jahre überprüft und weiterentwickelt werden soll. Dieser Nationale Aktionsplan rückt zwölf Handlungsfelder in den Mittelpunkt wie etwa Arbeit und Beschäftigung, Bildung, Frauen, Persönlichkeitsrechte und gesellschaftliche sowie politische Teilhabe.

> Behinderung ist nicht heilbar. Sie ist integraler Bestandteil der Persönlichkeit behinderter Menschen und verdient Respekt. Behindernde Strukturen und behinderndes Verhalten aber sind heilbar. Die Therapie lautet: Inklusion. Wir werden die Welt einfacher machen. Und das werden wir gemeinsam mit unseren Mitstreiterinnen und Mitstreitern einfach machen.

Kasten 2: Quelle: Bundesministerium für Arbeit und Soziales 2011

Wenn es um die Umsetzung der Behindertenrechtskonvention auf nationaler Ebene geht, ist daran zu erinnern, dass internationale Papiere stets der Adaption an nationale Gegebenheiten bedürfen, die stets kontextspezifisch sind, also durch überkommene Traditionen, Mentalitäten und Strukturen im Umgang mit Behinderung geprägt sind. Die Weltperspektive zeigt allerdings, wie groß nach wie vor die Kluft zwischen den reichen Industrienationen auf der einen und den Ländern der sogenannten Dritten und Vierten Welt auf der anderen Seite ist (▶ Kasten 3 und 4).

UNICEF Calls for Social Inclusion of Children with Disabilities in Africa

»Children living with disabilities continue to be the most excluded among all groups of children in Africa. Only a small portion of them are in school, and far fewer receive the adequate inclusive education they need«, said the Chief of UNICEF's Disability Unit, Rosangela Berman Bieler.

Kasten 3: Quelle: Behinderung und internationale Entwicklung 2/2012 Disability and international Development

Inclusion from a Socio-Cultural Perspective – A Javanese Example

Against the background of the ratification of the UN Convention on the Rights of Persons with Disabilities in 2011, Indonesia aims to achieve its implementation.
However, services and facilities for people who live with a physical, intellectual, or psychiatric, mild or severe impairment are still insufficient. Big discrepancies not only exist between the different Indonesian provinces, but also between rural Javanese villages and larger cities. In general, the needs of individuals with disabilities are often not met and their quality of life is rather low . . . Moreover, they are neither included in society nor in the social development. The process of implementation of the UN Convention is facing different kinds of barriers.

Kasten 4: Quelle: Behinderung und internationale Entwicklung 1/2014 Disability and International development

Aber das Bild ist keineswegs einheitlich. So gibt es auch in den ärmeren Ländern Beispiele für Inklusion im Bildungswesen (▶ Kasten 5).

Akzeptanz für Blinde schaffen

Samir Essaid leitet die einzige inklusive Schule in Jordanien
An der Arab Episcopal School (AES) in Irbid lernen sehende und blinde Kinder gemeinsam. »Sehende Kinder lernen, dass Helfen wichtig für die Gemeinschaft ist«, sagt Pfarrer Samir Essaid, der vor elf Jahren mit seiner Frau die Schule gegründet hat.
Wie sind Sie auf die Idee gekommen, eine Schule für sehende und sehbehinderte Kinder in Irbid zu gründen?
Wir haben zuerst nur als Kindergarten angefangen, weil es für blinde und sehbehinderte Kinder in Irbid und Umgebung so etwas nicht gab. Als die Kinder in die Schule kommen

sollten, haben wir versucht, sie in Schulen in Irbid unterzubringen. Selbst christliche Privatschulen haben abgelehnt, weil sie sich überfordert fühlten. Wir haben deswegen entschieden, dass wir auch als Schule weitermachen.
Was wäre sonst mit den Kindern passiert?
Da Kinder mit Sehbehinderung in Jordanien schulpflichtig sind, hätten sie in die einzige Blindenschule im ganzen Land nach Amman gehen müssen. Wegen des weiten Weges und der hohen Transportkosten hätten sie dort im Internat leben müssen. Für ein sechs- oder siebenjähriges blindes Kind ist die Trennung von den Eltern noch schrecklicher als für sehende Kinder...
Was können sehende Kinder von blinden Kindern lernen?
Blinde, bei denen nicht zusätzlich eine Lernbehinderung vorliegt, können sich sehr gut konzentrieren. Sie hören ungemein gut und genau zu. Das ist bewundernswert. Sehende Kinder können außerdem lernen, dass Helfen wichtig für die Gemeinschaft ist. Bereits im Kindergarten lernen sie, dass sie ihre sehbehinderten oder blinden Kameraden an die Hand nehmen müssen. Sie lernen, dass man auch mit blinden Freunden gut spielen kann. Das ist sehr wichtig, gerade in der arabischen Gesellschaft.
Wie meinen Sie das?
Mit dem inklusiven Konzept wollen wir eine Akzeptanz in der Bevölkerung für Blinde und Sehbehinderte schaffen. Behinderte Kinder werden in der arabischen Gesellschaft oft von den Familien verheimlicht. Sie werden als Strafe Gottes gesehen und viele Familien fürchten, dass die gesunden Geschwister später weniger Heiratschancen haben.
Woher kommen Ihre Schüler?
Die blinden und sehbehinderten Kinder kommen alle aus armen Verhältnissen, aus Dörfern, wo die Menschen seit Generationen untereinander heiraten. Bei vielen Kindern ist die Blindheit genetisch bedingt. Das ist in Jordanien vor allem ein Problem in der muslimischen Gemeinschaft. Rein christliche Dörfer gibt es nicht. Unter den sehenden Kindern kommt etwa ein Drittel aus christlichen Familien.

> **Und die Lehrer?**
> Wir haben sehende und blinde Lehrerinnen und Lehrer, Christen und Muslime. Darüber sind wir sehr froh. Es bringt nichts, wenn wir Christen nur unter uns bleiben.
> **Wirkt sich die Syrienkrise auf Ihre Einrichtung aus?**
> Wir bekommen die Flüchtlingskrise zu spüren. Fast jeden Tag kommen Leute und fragen um Hilfe. In Irbid mit seinen 1,1 Millionen Einwohnern leben derzeit 250.000 syrische Gäste. Unter denen gibt es auch Menschen mit Sehbehinderung. Wir bieten deswegen seit einiger Zeit samstags für Erwachsene Kurse in Braille-Schrift an. Auch planen wir, im großen Flüchtlingslager Zaatari, das etwa 40 Kilometer von Irbid entfernt ist, solche Kurse für blinde Kinder anzubieten.

Kasten 5: Quelle: EVS. Evangelischer Verein für die Schneller Schulen. Schneller Magazin 3/2014, S. 28

Aber genauso ist die Situation behinderter Menschen in den vermeintlich entwickelten Ländern durchaus von sehr unterschiedlicher Qualität, selbst in Europa, wenn wir an die Lage in vielen osteuropäischen Ländern denken. Bezogen auf Deutschland ist in Erinnerung zu rufen (▶ Kap. 2), dass die Lebenssituation behinderter Menschen sehr frühzeitig – schon vor mehr als 200 Jahren – auf privates und öffentliches Interesse stieß, dass die gefundenen »Lösungen« aber bis weit in das 20. Jahrhundert hinein durch besondere Strukturen und damit Separierung von der Mehrheitsgesellschaft geprägt waren.

Bei der Anwendung der Behindertenrechtskonvention auf das deutsche Bildungswesen gilt es nun an Folgendes zu erinnern: Oberstes Ziel der Konvention, wohl gemerkt im Weltmaßstab, ist die Einlösung des Rechts eines jeden behinderten Menschen auf Bildung. Auch wenn es aus deutscher Sicht gegenwärtig als eine Selbstverständlichkeit erscheint, so ist doch sehr eindringlich daran zu erinnern, dass das Recht auf Bildung für *alle* behinderten Schüler in Deutschland eine Errungenschaft ist, die gerade mal 50 Jahre alt ist (vgl. Ellger-Rüttgardt 2011b).

Der erste Satz des ersten Absatzes von Artikel 24 (Bildung) der Konvention lautet: »Die Vertragsstaaten anerkennen das Recht von Menschen mit Behinderungen auf Bildung.« In dem folgenden Satz wird ausgeführt, dass dieses Recht auf Bildung in einem inklusiven (integrativen) Bildungssystem zu realisieren sei: »Um dieses Recht ohne Diskriminierung und auf der Grundlage der Chancengleichheit zu verwirklichen, gewährleisten die Vertragsstaaten ein integratives Bildungssystem auf allen Ebenen und lebenslanges Lernen.«

Unter den Aspekten von Teilhabe und Persönlichkeitsentfaltung fordert die Behindertenrechtskonvention aber besondere Bildungsangebote für blinde, gehörlose, taubblinde sowie in der Kommunikation eingeschränkte Menschen (Abs. 2, c-e; Abs. 3, a-c).

Die Vereinten Nationen entwerfen somit das Bild eines Bildungswesens, das prinzipiell allen behinderten jungen Menschen Zugang gewährt, das vorzugsweise egalitär, das heißt inklusiv organisiert ist, das aber als Antwort auf menschliche Vielfalt und individuelle Bedürfnislage sehr wohl auch besondere pädagogische Maßnahmen vorsieht. An keiner Stelle der Konvention findet sich die Forderung nach Abschaffung von Sonderschulen – eine Feststellung, die angesichts fälschlicher Interpretationen und Behauptungen in der deutschen Debatte um die inklusive Schule zu unterstreichen ist. In Art. 24, Abs. 2 b ist lediglich niedergelegt, dass die Vertragsstaaten behinderten Schülern den Zugang zu einer inklusiven, wohnortnahen Schule ermöglichen sollen. Der entsprechende Passus in der Fassung der englischen Amtssprache lautet:

»b) Persons with disabilities can access an inclusive, quality and free primary education and secondary education on an equal basis with others in the communities in which they live« (Artikel 24, 2b).

Analog hierzu heißt es in der französischen Amtssprache:

»b) Les personnes handicapées puissent, sur la base de l'égalité avec les autres, avoir accès, dans les communautés où elles vivent, à un enseignement primaire inclusif, de qualité et gratuit, et à l'enseignement secondaire.«

Heiner Bielefeldt, ehemaliger Leiter des Deutschen Instituts für Menschenrechte, unterstreicht eine differenzierte Sicht auf den Artikel 24 der BRK, indem er schreibt: »Der Anspruch der inklusiven Bildung lässt sich allerdings nicht auf eine schlichte Formel bringen. Er ist nicht etwa gleichbedeutend mit der pauschalen Abschaffung des Förderschulwesens, und es wäre nachgerade absurd, den Begriff der Inklusion zum Vorwand für den Abbau sonderpädagogischer Fachkompetenz zu nehmen. Eine Billiglösung inklusiver Bildung kann und darf es nicht geben« (2010, S. 67). Und Werning und Baumert konstatieren knapp und bündig: »Es ist festzuhalten, dass die UN-Konvention keine Aussagen über die Binnenorganisation des allgemeinen Schulsystems bei inklusiver Beschulung trifft« (Werning/Baumert 2013, S. 40).

Auch die einschlägigen juristischen Gutachten vertreten eine nuancierte Sicht auf die Forderung nach einer inklusiven Schule. So konstatieren Avenarius und Füssel: »Art. 24, Abs. 1 (2) BRK verpflichtet die Vertragsstaaten nicht zur generellen Abschaffung von Förderschulen« (2010, S. 79), und sie verweisen darauf, dass die Bundesländer aufgrund ihrer kulturellen Hoheit nur zu einer schrittweisen Umsetzung eines inklusiven Bildungssystems verpflichtet sind (vgl. a.a.O., S. 80). Die Autoren machen ferner darauf aufmerksam, dass in »rechtlicher Hinsicht bislang kaum erörtert ... ist, wie sich die Einführung eines inklusiven Bildungssystems mit einem Schulwesen vereinbaren lässt, das nach Bildungsgängen gegliedert ist. Hier stoßen unterschiedliche Konzepte aufeinander: einerseits das durch die BRK bekräftigte Prinzip, den Menschen mit Behinderungen auch im Bildungsbereich die volle und effektive Teilhabe an der Gesellschaft und die volle und effektive Einbeziehung in die Gesellschaft zu verschaffen (Art. 3, Buchst. c BRK); andererseits der Grundsatz eines nach den verschiedenen Begabungsrichtungen der Schülerinnen und Schüler differenzierten Unterrichtssystems, das den Zugang zu höher qualifizierten Bildungsgängen letztlich von der Eignung abhängig macht« (ebd.; vgl. auch Poscher/Rux/Langer 2008, S. 28 u. 118 ff.; Ellger-Rüttgardt 2014).

Die für die deutsche Debatte charakteristische, nahezu ausschließliche Fokussierung auf die UN-Behindertenrechtskonvention lässt unberücksichtigt, dass auch andere internationale Dokumente Beachtung verdienen. Ein stärker an europäischen

Traditionen und gesellschaftlichen Gegebenheiten orientiertes Papier veröffentlichte der Europarat unter dem Titel »Zur Förderung der Rechte und vollen Teilhabe behinderter Menschen in der Gesellschaft«. Erstaunlich ist, dass dieses Papier, das noch vor Verabschiedung der UN-Konvention im April 2006 veröffentlicht wurde, in der deutschen Debatte bislang so gut wie nicht erwähnt wird.

Die Nichtbeachtung des Europarats und seiner Verlautbarungen ist allerdings keineswegs ein deutsches Phänomen. So beklagt Fabio Liberti, Forschungsdirektor des »Instituts für Internationale und Strategische Beziehungen« (IRIS) in »Le Monde Diplomatique« von 2012, dass der Europarat wohl die unbekannteste Organisation des alten Kontinents Europa sei. Dabei hat sich der Europarat, so Liberti, seit seiner Gründung 1949 die Verteidigung von Freiheit und Menschenrechten auf die Fahnen geschrieben und verdiene angesichts der Sinnkrise der europäischen Union, ihrer Fixierung auf rein ökonomische Probleme und die zunehmende Kluft zwischen den politischen Eliten und dem Wahlvolk eine größere Aufmerksamkeit in Europa (vgl. Liberti 2012).

Der Europarat, der sich als Anwalt von Menschenrechten versteht (Europäische Menschenrechtskonvention, Menschenrechtsgerichtshof), begreift seinen Plan als ein Instrument für die Umsetzung der UN-Konvention auf europäischer Ebene und berücksichtigt damit die für den europäischen Raum spezifischen Traditionen, Mentalitäten und Strukturen. Ähnlich wie die UN-Konvention favorisiert er ein inklusives Bildungssystem, schließt aber keineswegs besondere Institutionen aus, sondern ermuntert ausdrücklich zu einer Zusammenarbeit zwischen allgemeiner Schule und Sonderschule.

Charakteristisch für den vom Europarat vorgelegten Aktionsplan ist die Aufmerksamkeit, die besonders den von Exklusion bedrohten Gruppen entgegen gebracht wird, als da sind: behinderte Frauen, Menschen mit komplexen und schweren Behinderungen, Roma, Emigranten, Flüchtlinge, Vertriebene und ethnisch-kulturelle Minderheiten. Bemerkenswert, da differenziert und an der gesellschaftlichen Realität Europas orientiert, ist die Passage zu jenen behinderten Menschen, die in besonderer Weise von Vulnerabilität betroffen sind. Es heißt dort:

3 Das Recht auf Teilhabe

»Zu den schutzbedürftigeren Gruppen behinderter Menschen gehören die Menschen, die auf Grund der Schwere und Komplexität ihrer Beeinträchtigung ein hohes Maß an Unterstützung benötigen. Ihre Lebensqualität hängt sehr stark davon ab, dass entsprechende hochwertige Dienste zur Verfügung stehen, die ihren Bedürfnissen und den Bedürfnissen ihrer Familien entsprechen und ihre gesellschaftliche Teilhabe soweit wie möglich fördern, und die sich nicht nur an den Diensten orientieren, die man behinderten Menschen generell zur Verfügung stellt.

Personen, die zu dieser Gruppe gehören, leben mit der höchsten Wahrscheinlichkeit in einer Einrichtung oder in manchen Fällen in der Familie, sind aber möglicherweise isoliert, weil sie wenig oder gar keinen Kontakt zu Leistungserbringern und zu anderen Mitgliedern der Gesellschaft haben. Deshalb brauchen sie hochwertige Dienste, die auf ihre speziellen Bedürfnisse zugeschnitten sind« (Europarat Ministerkomitee 2006, S. 39).

Auch der von der Weltbank und der Weltgesundheitsorganisation (WHO) 2011 herausgegebene »Weltbericht Behinderung« präsentiert angesichts der Weltperspektive eine differenzierte Sicht auf das Phänomen Behinderung, womit deutlich wird, dass international vereinbarte Normen, wie etwa Chancengleichheit, Nichtdiskriminierung und Teilhabe, stets der Rückkoppelung an historisch-kulturelle und politische Gegebenheiten einzelner Staaten bedürfen. Der Weltbericht, der sich auf die Aussagen internationaler Experten stützt und Informationen liefern will, »die eine Implementierung der BRK erleichtern sollen«, dokumentiert »Umstände, in denen Menschen mit Behinderungen auf der ganzen Welt leben, und erkundet die Möglichkeiten, ihre soziale Teilhabe in allen Bereichen zu stärken« (Weltgesundheitsorganisation 2011, S. 3).

Orientiert am Grundverständnis, dass Behinderung zum menschlichen Leben dazugehört, wird Behinderung als ein multiperspektivischer Begriff verstanden, wenn es heißt: »Behinderung ist komplex, dynamisch, multidimensional und umstritten. In den vergangenen Jahrzehnten hat die Behindertenbewegung ... die Rolle von sozialen und physischen Barrieren bei der Behinderung beleuchtet ... Das medizinische und das soziale Modell werden häufig als gegensätzlich dargestellt, doch Behinderung sollte weder rein medizinisch noch rein sozial betrachtet werden: Personen mit Behinderungen erleben häufig, dass Probleme von ihrem Gesundheitszustand herrühren. Nötig ist ein ausgewogener Ansatz, der den verschiedenen Aspekten von Behinderung ein angemessenes Gewicht gibt« (a.a.O., S. 3).

Das Kapitel »Schulbildung« beleuchtet Bildung für behinderte Schüler im globalen Maßstab und stellt heraus, dass »Kinder mit Behinderungen im Allgemeinen mit geringerer Wahrscheinlichkeit eingeschult ... und eine höhere Schulabbrecherquote sowie schlechtere Weiterbildungsquoten« aufweisen (a.a.O., S. 201). Dieses Phänomen gibt es keineswegs nur in außereuropäischen Regionen, sondern auch in osteuropäischen Ländern wie Bulgarien, Rumänien, Moldawien (a.a.O., S. 203). Angesichts der international sehr unterschiedlichen Traditionen der Schulbildung für behinderte Schüler und unter Bezugnahme auf die Bildungsmodelle in den europäischen Ländern, unterscheidet der Bericht zwischen Inklusion im weiteren und Inklusion im engeren Sinne:

> »Mit ›Inklusion‹ im weiteren Sinne ist gemeint, die Schulbildung aller Kinder, einschließlich jener mit Behinderungen, der Zuständigkeit der Bildungsministerien bzw. ihrer jeweiligen Äquivalente zu unterstellen und allgemeine Regeln und Verfahren auf sie anzuwenden. Dabei kann die Schulbildung in ganz verschiedenen Kontexten realisiert werden, u. a. an Sonderschulen und in Förderzentren, in speziellen Klassen, an integrierten Schulen oder in Regelklassen an allgemeinen Schulen – es gilt das Prinzip der ›am wenigsten einschränkenden Umgebung‹ (Least Restrictive Environment, LRE). Bei dieser Interpretation wird davon ausgegangen, dass allen Kindern Bildung vermittelt werden kann und dass unabhängig vom Kontext oder von den erforderlichen Anpassungen alle Schüler Zugang zu einem Lehrplan haben sollten, der relevant ist und zu sinnvollen Ergebnissen führt« (a.a.O. 2011, S. 204).

Davon abgesetzt wird Inklusion im engeren Sinne, über die es heißt:

> »Im engeren Sinne fordert Inklusion, dass alle Kinder mit Behinderungen in Regelklassen mit altersgemäßen Mitschülern unterrichtet werden sollen. Dieser Ansatz betont die Notwendigkeit, dass sich das gesamte Schulsystem ändern muss. Zu inklusiver Bildung gehört die Identifizierung und Beseitigung von Barrieren und die Bereitstellung angemessener Vorkehrungen, so dass allen Schülern Teilhabe und Erfolg in Regelschulkontexten ermöglicht wird« (a.a.O., S. 205).

Sonderschulen repräsentieren hiernach die ersten Versuche, behinderten Schülern Zugang zu Bildung überhaupt zu ermöglichen, aber sie gelten im Weltmaßstab und bezogen auf ländliche Gebiete als »nicht kosteneffizient« (a.a.O., S. 199).

Bezogen auf die Weltdimension ist die Umsetzung des Rechts auf Schulbildung die entscheidende Forderung und daher steht die Frage der jeweiligen institutionellen Realisierung in diesem Bericht nicht an erster Stelle:

»Die Anzahl der Kinder mit Behinderungen, die entweder in Regelschulkontexten oder in segregierten Kontexten unterrichtet werden, unterscheidet sich stark von Land zu Land, und ein vollständig inklusives System gibt es in keinem der Länder. Es ist wichtig, dass die Unterbringung flexibel gehandhabt wird ... Pädagogische Bedürfnisse müssen im Hinblick darauf beurteilt werden, was für den Einzelnen das Beste ist und welche finanziellen und personalen Ressourcen im Kontext des Landes verfügbar sind. Einige Betreuer sind der Meinung, dass individuell entschieden werden sollte, ob Regelschulkontexte oder segregierte Kontexte die Bedürfnisse eines Kindes erfüllen« (a.a.O., S. 205).

Fazit

Alle relevanten internationalen Dokumente plädieren für eine Stärkung der rechtlichen Stellung behinderter Menschen im Sinne von Selbstbestimmung und gesellschaftlicher Teilhabe. Hierzu zählt auch das Recht auf Bildung und Teilnahme am Bildungssystem. Gemäß der UN-Behindertenrechtskonvention, die für Deutschland völkerrechtlich verbindlich ist, haben Eltern und Kinder einen rechtlich verbürgten Anspruch auf den Besuch einer allgemeinen Schule.

International vereinbarte Normen bedürfen aber der Adaption an historische, kulturelle und politische Gegebenheiten einzelner Staaten. Auf der Ebene der praktischen Umsetzung werden international inklusive Organisationsformen favorisiert, ohne jedoch separaten Organisationsformen ihre Legitimität abzusprechen. Die Unterscheidung von Ziel und Weg, von Normativität und gesellschaftlicher Praxis hat zur Folge, dass die Entwicklung einer inklusiven Gesellschaft und damit auch einer inklusiven Schule nur als ein Prozess zu verstehen ist, der von zahlreichen Faktoren bestimmt wird und dessen Verlauf letztlich offen ist. Die in Deutschland anzutreffende Behauptung, dass besondere Institutionen der schulischen Bildung sowie der beruflichen Bildung und Beschäftigung internationalen Abmachungen zuwiderlaufen, ist unrichtig.

4 Inklusion als gesellschaftspolitische Aufgabe

»Laß dich nie dazu verleiten, Probleme ernst zu nehmen, bei denen es um Worte und ihre Bedeutung geht. Was man ernst nehmen muß, sind Fragen und Behauptungen über Tatsachen: Theorien und Hypothesen; die Probleme, die sie lösen; und die Probleme, die sie aufwerfen.«
Karl R. Popper 1984, S. 20

Inklusion ist ein all umfassendes gesellschaftspolitisches Ziel, das Bereiche wie Kultur, Politik, Bildung, Wirtschaft, Verwaltung, Verbände, Organisationen prägen soll. Damit diese Forderung nicht blutleer und folgenlos bleibt, stellt sich unausweichlich die Frage nach der Verfasstheit einer Gesellschaft, nach ihrer Fähigkeit und Bereitschaft, jene, die nicht zur vermeintlichen Kerngesellschaft gehören, als zugehörig zu betrachten und sie mit sozialen Rechten auszustatten. Was lässt sich nun über die deutsche Gesellschaft und ihre Bereitschaft zur Inklusion sagen?

Einiges sei vorausgeschickt: Es ist nur noch in eingeschränktem Maße möglich, von einer deutschen Gesellschaft zu sprechen, denn nationale Souveränität wird angesichts der Phänomene von Globalisierung und des europäischen Einigungsprozesses zunehmend begrenzt, und somit sind nationale Fragen und Krisenerscheinungen immer auch eingebunden in den internationalen und europäischen Raum (vgl. Beck 2002). Ein aktuelles Beispiel ist die immer noch nachwirkende Finanzkrise, die ihren Ausgang 2008 in den USA nahm, aber die europäische Politik bis zum heutigen Tag herausfordert, da sie an der grundsätzlichen Frage rührt, welches politische Selbstverständnis das vereinte Europa sich zu eigen machen will.

Die Finanzkrise hat weltweit zu einem rasanten Anstieg sozialer Ungleichheit geführt. So erschien Anfang 2015 eine alarmierende Studie der Hilfsorganisation Oxfam, in der prognostiziert wird, dass 2016 ein Prozent der Weltbevölkerung mehr Vermögen haben wird als alle anderen Weltbewohner zusammen (vgl. Oxfam 2015). Und nach Angaben der UN-Arbeitsorganisation ILO haben seit der Finanzkrise 31 Millionen Menschen ihren Arbeitsplatz verloren; ein weiterer Anstieg dieser Zahl wird für die kommenden Jahre prognostiziert – auch in Europa. Die in den Sozialwissenschaften einst von Parsons und Luhmann vertretene These, dass die Ausbreitung modernerer Lebensverhältnisse auch eine zunehmende Beteiligung aller Gesellschaftsglieder an allen gesellschaftlichen Funktionssystemen zur Folge haben werde, ist nicht mehr aufrechtzuerhalten. Politische Instabilität, Armut und Verfolgungen haben weltweit zu Wanderungen von Flüchtlingen geführt, vor allem auch nach Europa.

Die Welt in Zahlen

Zahl der Flüchtlinge des syrischen Bürgerkriegs, die der Libanon bis Juli 2014 aufgenommen hat, in Millionen	1,1
Anteil der Flüchtlinge des syrischen Bürgerkriegs an der libanesischen Bevölkerung im Juli 2014, in Prozent	19,3
Zahl der Flüchtlinge des syrischen Bürgerkriegs, die Deutschland aufnehmen müsste, wäre es der Libanon, in Millionen	15,5
Zahl der Flüchtlinge des syrischen Bürgerkriegs, die Deutschland bis Juli 2014 aufgenommen hat, in Millionen	0,03

Kasten 1: Quelle: Brand Eins 1/2015

Es wäre eine Illusion zu glauben, Europa könne sich abschotten. Menschen, die um ihr Überleben kämpfen, finden Wege des Entkommens – zumindest jene, die über die besten Ressourcen verfügen. Und sie versuchen in jene Länder zu gelangen, wo es Aussicht auf Hilfe und Arbeit gibt. Laut Mitteilung der Vereinten Nationen waren Ende 2014 knapp 60 Millionen Menschen weltweit auf der Flucht. Im Jahre 2015 kamen 1,1 Millionen

4 Inklusion als gesellschaftspolitische Aufgabe

Flüchtlinge nach Deutschland und laut Bundesamt für Migration und Flüchtlinge (BAMF) stellten 441.899 Menschen in 2015 einen Erstantrag auf Asyl – doppelt so viele wie im Vorjahr.

Der europäische Streit um die »richtige Flüchtlingspolitik« bleibt natürlich nicht ohne Widerhall auf nationaler Ebene, und damit stellt sich erneut die Frage von Inklusion und Exklusion, also die Frage, wer gehört dazu und wer nicht. Diese Debatte wird europaweit geführt, und symptomatisch für ein Erstarken nationalistischer und populistischer Gruppen in der ganzen EU sind etwa »Pegida« in Deutschland, der »Front National« in Frankreich, die »Lega Nord« in Italien, die »Jobbik« Partei in Ungarn, die »Schwedendemokraten«, die »Partei für die Freiheit« in den Niederlanden, die »Wahren Finnen« und die »UKIP« in Großbritannien. Ihnen allen gemeinsam ist die Angst vor Globalisierung und dem Fremden, die Suche nach Sicherheit, verlorengegangenen Gewissheiten und nationaler Identität.

Inklusion und Exklusion sind nicht nur soziologische Begriffe, sondern eminent politischer Natur, denn Demokratie, so der kanadische Philosoph Charles Taylor »beruht auf einer Philosophie der Inklusion« (Taylor 1997, S. 81). Nach Taylor bedeutet Inklusion sozialer Zusammenhalt und die Suche nach kollektiver Identität, die ein nie abgeschlossener Prozess ist und für die es sehr unterschiedliche Modelle gibt; ihre Kehrseite ist unausweichlich die Exklusion. Exklusion als Drang zum Ausschluss, so Taylor, ist eine Dynamik, die jeder Demokratie innewohnt, die »aus den Erfordernissen der demokratischen Herrschaftsformen selbst resultiert, nämlich der Notwendigkeit, ein hohes Maß an (Ein-)Verständnis, Vertrauen und Verpflichtung herzustellen« (a.a.O., S. 86). Wenn Inklusion und Exklusion nun zwei Seiten einer Medaille sind, kann und muss es darum gehen, im politischen Diskurs und auf der Ebene praktischer Politik dieses Verhältnis stets neu auszutarieren. Nach Taylor werden sich »die demokratischen Gesellschaften des nächsten Jahrhunderts ... einem fortlaufenden Prozess der Selbst- und Neuerfindung unterziehen müssen: Sie werden ihr Selbstverständnis immer wieder neu definieren, um neue Menschengruppen aufnehmen zu können, und sie werden ihre tradierte politische Kultur immer wieder Revisionen unterwerfen, um neue Identitäten zuzulassen, gleich ob diese sich innerhalb der eigenen Gesellschaft herausbilden oder von Neuankömmlingen mitgebracht werden« (a.a.O., S. 88).

Der Gedanke, dass Inklusion und Exklusion nicht als ein dichotomisches Begriffspaar zu verstehen sind, sondern fluide Aggregatzustände einer Gesellschaft repräsentieren, charakterisiert auch die soziologische Debatte um Ausgrenzung und Marginalisierung. Bude und Willisch (2006) kennzeichnen Exklusion als einen »abstrakten Sammelbegriff verschiedener Formen gezielter Ausgrenzung, funktionaler Ausschließung und existenzieller Überflüssigkeit« (S. 8), und auch Martin Kronauer unterstreicht in Anlehnung an die kritischen Mahnungen Robert Castels vor den Fallstricken des Exklusionsbegriffes (vgl. 2000; 2008) das Prozesshafte von Ausschließung, wenn er schreibt: »In den hochentwickelten kapitalistischen Gesellschaften der Gegenwart, unter den Bedingungen transnationaler Marktbeziehungen, universalierter Normen und gesellschaftlich intern verallgemeinerter Bürgerrechte, muss Ausgrenzung mehr denn je als Ausgrenzung *in der Gesellschaft* begriffen werden« (Kronauer 2006, S. 40).

Markus Schroer greift den Aspekt eines differenzierenden Exklusionsbegriffs von Castel auf und erweitert ihn um zusätzliche Nuancen. So bilden Totalinklusion (vollständiges Aufgehen in Funktionssystemen) und Totalexklusion (die physische Vernichtung) die extremen Pole auf einer Skala, die zwischen den einzelnen Stationen »räumliche Inklusion, kumulierende Inklusion, Teilinklusion/Teilexklusion, kumulierende Exklusion, räumliche Exklusion« angesiedelt sind (Schroer 2001, S. 44). Und auch Berthold Vogel betont die Untauglichkeit des traditionellen sozialstrukturellen Begriffsinstrumentariums und plädiert für die neuen Begriffe der »sozialen Verwundbarkeit« und des »prekären Wohlstands«, bei denen es um Abstiegsdrohungen und Deklassierungssorgen geht, aber eben nicht um Exklusionsgewissheiten. Beide Begriffe, so Vogel, repräsentieren ein Vokabular, »das eher auf ambivalente, uneindeutige und spannungsreiche soziale Lagen zielt« (2006, S. 346).

Wie facettenreich und ambivalent die Frage nach gesellschaftlichem Einschluss und Ausschluss zu verhandeln ist, zeigt beispielhaft die stadtsoziologische Debatte um die Integration von Migranten (vgl. Häußermann/Siebel 2004), der zufolge Segregation nicht gleich Segregation ist, denn es gilt zu unterscheiden zwischen »freiwilliger und erzwungener Segregation« (Siebel 2013).

Die grundlegende Veränderung der Arbeitsorganisation, die zunehmende prekäre Arbeitssituation vieler Arbeitnehmer und damit die permanente Gefahr des Arbeitsplatzverlustes hat in den entwickelten Staaten eine neue soziale Gruppe hervorgebracht, deren Mitglieder als »Entbehrliche«, »Überflüssige«, »Ausgeschlossene« oder »Verwundbare« bezeichnet werden. Dass sich innerhalb dieser neuen »Unterklasse« wiederum Prozesse der Ab- und Ausgrenzung vollziehen, dass auch hier sich Verteilungskämpfe und Entsolidarisierung ereignen, zeigt exemplarisch ein Interview, das die Berliner Obdachlosenzeitung »strassenfeger« mit dem Berliner Staatssekretär für Gesundheit und Soziales in 2014 führte (▶ Kasten 2).

»Obdachlose haben dieselbe Lobby wie Asylbewerber«

Interview-Auszug mit Dirk Gerstle, Staatssekretär für Gesundheit und Soziales

Immer häufiger hören wir beim Strassenfeger von obdachlosen Menschen: »Der Senat kümmert sich nur noch um die Flüchtlinge, aber kaum um uns. Die dürfen sich alles erlauben, brechen geltende Gesetze und werden dafür auch noch belohnt.« Haben Obdachlose keine Lobby mehr im Senat? Ich möchte das betonen, Obdachlose haben dieselbe Lobby wie Asylbewerber. Es darf also nicht der Eindruck entstehen, dass einige wenige Flüchtlinge, die sich gesetzeswidrig verhalten, hier anscheinend Sonderleistungen bekommen. Darauf haben wir wachsam zu schauen. Die Fürsorge für wohnungslose Menschen ist genauso eine soziale Verpflichtung für die Senatsverwaltung für Gesundheit und Soziales wie die Fürsorge für Asylbewerber. Wir wollen niemand in Wohnungslosigkeit oder in Obdachlosigkeit lassen, sondern auch diese Menschen nachhaltig versorgen. Dabei sind uns angesichts des starken Flüchtlingszustroms immer wieder Grenzen ge-

> setzt. Auch bei den Wohnungslosen gibt es einen gewissen Zustrom, weil Berlin als Stadt für diesen Personenkreis sehr attraktiv ist. Wir können deshalb häufig nur reagieren.

Kasten 2: Quelle: Strassenfeger, Straßenzeitung für Berlin und Brandenburg Nr. 20 vom Oktober 2014, S. 10.

Die lange Zeit geleugnete Tatsache, dass Deutschland schon seit Jahren ein Einwanderungsland ist, markiert einen tiefen Wandel im nationalen Selbstverständnis, das historisch geprägt ist von der Idee eines homogenen Volkes, untermauert durch das Jus sanguinis, das Abstammungsprinzip. Die große Zahl der Zuwanderer, vor allem muslimischen Glaubens, erweist die alte Volksidee als überholt und verlangt nach einem Gesellschaftsmodell, das auch jenen die Möglichkeit der Zugehörigkeit eröffnet, die von außen kommen (▶ Kasten 3).

> **Islam und Gesellschaft**
>
> Die erste deutsche Einheit begann vor sechzig Jahren mit der Integration der Flüchtlinge und Vertriebenen nach dem Zweiten Weltkrieg; diese Einheit ist längst vollendet. Die zweite deutsche Einheit begann vor 25 Jahren mit dem Fall der Mauer; sie ist weit gediehen. Die dritte Einheit, die von Alt- und Neubürgern, von eingewanderten und alteingesessenen Bürgern, steht noch am Anfang; ihre Entwicklung ist gefährdet von den sich radikalisierenden Ressentiments gegen den Islam und gegen muslimische Bürger; diese Ressentiments werden von islamistischen Attentätern befruchtet.
> Die deutsche Gesellschaft ist gespalten: Auf der einen Seite stehen diejenigen, die eine dritte Einheit befördern wollen und wissen, dass eine gute Zukunft dieser Gesellschaft von der Inklusion abhängt, davon also, dass die vier Millionen Muslime in Deutschland wirklich zu Hause sind. Auf der anderen Seite stehen diejenigen, die diese Einheit ablehnen, deswegen Exklusion fordern.

Kasten 3: Quelle: Heribert Prantl »Islam und Gesellschaft«, Süddeutsche Zeitung vom 17./18.1.2015

Auch wenn Deutschland im europäischen Vergleich als ein politisch, sozial und ökonomisch relativ stabiles Land gilt, so offenbart der zweite Blick neben der Flüchtlingsproblematik doch weitere gesellschaftliche Herausforderungen, die relativ einhellig zu der gesellschaftlichen Diagnose »Krise« führen. Hierfür symptomatisch war auch der 37. Kongress der Deutschen Gesellschaft für Soziologie 2014, der unter dem Motto »Routinen der Krise. Krise der Routinen« veranstaltet wurde. Einleitend zum Programm heißt es: »Wir leben in Krisenzeiten und Krisendiagnosen sind allgegenwärtig.«

Beklagt werden auch in Deutschland die großen Unterschiede zwischen Arm und Reich, die Tatsache, dass etwa 20 Prozent der Bevölkerung von Armut und sozialer Ausgrenzung bedroht sind (▶ Kasten 4) und somit eine ausgeprägte soziale Ungleichheit zu konstatieren ist (vgl. Wehler 2013), die auf einer »Krise des Sozialen« beruht (vgl. Lessenich 2009).

Armutsanteil bleibt konstant

Jeder fünfte Einwohner Deutschlands ist von Armut oder sozialer Ausgrenzung betroffen – etwa, weil Geld für Auto und Heizung fehlt. Das waren 2013 etwa 16,2 Millionen Menschen beziehungsweise 20,3 Prozent der Bevölkerung, wie das Statistische Bundesamt berichtete. Im Jahr 2012 habe der Wert bei 19,6 Prozent gelegen. Insgesamt sei er seit 2008 (20,1 Prozent) relativ konstant geblieben. Das Ergebnis für Deutschland für 2013 setzt sich demnach zusammen aus den Prozentanteilen der armutsgefährdeten Bevölkerung (16,1 Prozent), der von erheblicher materieller Entbehrung betroffenen Bevölkerung (5,4 Prozent) und der Bevölkerung in Haushalten mit sehr geringer Erwerbsbeteiligung (9,9 Prozent). Als armutsgefährdet gilt, wer als Einzelperson weniger als 979 Euro im Monat zur Verfügung hat.

Kasten 4: Quelle: dpa-Meldung, Süddeutsche Zeitung vom 17.12.2014

Ein besonderes Skandalon ist die Kinderarmut in Deutschland, von der jedes sechste Kind betroffen ist, also etwa drei Millionen. In Großstädten wie Berlin und Hamburg zählen 25–30 Prozent der Kinder zu den Armen, die keineswegs nur aus dem Kreis der Flüchtlinge stammen, sondern mehrheitlich Kinder von Arbeitslosen, »Aufstockern« und Geringverdienenden sind.

Die »Krise des Sozialen«, die auf einer Dominanz des ökonomischen Prinzips in allen Lebensbereichen beruht (vgl. auch Speck 1999; Dederich 2008), führt in breiten Teilen der deutschen Bevölkerung zu Verunsicherung und Angst, die, so der Soziologe Heinz Bude, ein beherrschender Erfahrungsbegriff der deutschen Gesellschaft ist. Es ist eine Angst vor Statusverlust, aber auch vor dem Fremden. »In der ethnisch heterogenen Gesellschaft von heute herrscht eine mächtige soziale Angst, die sich um das Eigene dreht und sich vom Fremden bedroht fühlt« (Bude 2014, S. 134). Abwehrmechanismen, die auf Angst beruhen, äußern sich in der Ablehnung gegenüber allem »Fremden«– *dem* Migranten, *dem* Moslem, *dem* Juden – und auch *dem* Behinderten (▶ Kasten 5). Gewalt gegen behinderte Menschen in Deutschland ist keinesfalls ein Einzelphänomen, auch wenn zu diesem Thema wenig gesichertes Wissen vorliegt (vgl. Bonnes/Fingerle 2014).

Was ich in den letzten Jahren, seit ich auf einen Rollstuhl angewiesen bin und meine Krankheit diagnostiziert worden ist, erlebt habe, ist teilweise nahezu unfassbar. Aufgrund meiner Behinderung, Erkrankung sowie deren Verlauf muss ich mich häufiger in eine Klinik begeben, als mir lieb ist … Als furchtbar erachte ich es, welche Vorurteile man im Allgemeinen gegen Personen mit sichtbarer Behinderung hegt, wir befinden uns in einer vorurteilsbehafteten Gesellschaft … Die Erfahrung habe ich sowohl in Krankenhäusern als auch an vielen anderen Orten, ob in Fußgängerzonen, in der Deutschen Bahn, in Bussen oder auf der Straße gesammelt … Wenn ich … eigene Nachforschungen anstellte und mich informierte, wie es um meinen Fixierungsgurt bestellt ist, wird das nicht gern gesehen. Genauso verhält es sich, wenn ich eigene Wünsche, Vorstellungen und Werte äußere. Ein Nichtbehinderter kommt damit nicht wirklich klar.

4 Inklusion als gesellschaftspolitische Aufgabe

Zum anderen existiert das Denken, dass Behinderte dumm sind und jede körperliche Einschränkung gleichzeitig eine geistige impliziert. Es ist ein einziges Klischee. Und selbst wenn jemand ein geistiges Handicap hat, ist das noch lange kein Grund, ihn verbal oder nonverbal – und damit meine ich eindeutige Gesten –, vielleicht sogar darüber hinaus, mit Handgreiflichkeiten zum Beispiel, zu verletzen, ihn zu entwürdigen.

Jedoch, das soll gesagt sein, verurteile ich nicht die Gesellschaft an sich, will nichts verallgemeinern, generalisiere nicht. Nicht jeder stellt sich gegen eine benachteiligte Person, manch einer hilft sogar, stellt nicht an den Pranger. ...

Und was bedeutet überhaupt »anders sein«? Wer legt eigentlich fest, dass jemand anders ist? Wie manifestiert es sich? Anders sein ... die zwei Worte schießen mir ständig durch den Kopf: Vor Gott, da sind wir doch auch alle gleich und was für ihn gilt, das sollte auch sonst gelten.

Wie wäre es außerdem mit einem Rollentausch? »Normale« müssten sich in die Lage von Gehandicapten versetzen. Sie sollen mal auf einen Rollstuhl oder einen Rollator angewiesen sein oder aber eine Augenbinde tragen und einen Blindenstock benötigen. Weiterhin sollten sie für einige Tage im Krankenhaus liegen müssen, unfähig, sich alleine zu versorgen, sich zu wehren, einfach überarbeiteten Angestellten ausgeliefert sein.

So könnten sie endlich begreifen, was das bedeutet, dass wir Teil der Gesellschaft sind, sich in ihr Gedächtnis rufen, dass sie schneller »behindert, anders und unnormal« sein könnten, als ihnen lieb ist. Jedem kann es passieren. Jeden kann es treffen!

Kasten 5: Quelle: Maria Langstroff 2012, S. 230-233

Ein gesellschaftlicher Bereich, in dem sich die Ängste der Mittelschicht vor Statusverlust in besonderer Weise manifestiert, ist das Bildungssystem. Heinz Bude (2011) spricht in diesem Zusammenhang von einer dominierenden »Bildungspanik«. Der Bildungssektor hat traditionell die Funktionen von Selektion und Allokation, und seit seiner staatlichen Institutionalisierung besteht die Tendenz führender Gesellschaftsschichten, sich von aufstrebenden gesellschaftlichen Gruppen abzuschotten. So schrieb schon Max Weber in »Wirtschaft und Gesellschaft«:

> »Wenn wir auf allen Gebieten das Verlangen nach der Einführung von geregelten Bildungsgängen und Fachprüfungen laut werden hören, so ist selbstverständlich nicht ein plötzlich erwachender ›Bildungsdrang‹, sondern das Streben nach Beschränkung des Angebotes für die Stellungen und deren Monopolisierung zugunsten der Besitzer von Bildungspatenten der Grund. Für diese Monopolisierung ist heute die ›Prüfung‹ das universelle Mittel, deshalb ihr unaufhaltsames Vordringen. Und da der zum Erwerb des Bildungspatents erforderliche Bildungsgang erhebliche Kosten und Karenzzeiten verursacht, so bedeutet jenes Streben zugleich die Zurückdrängung der Begabung (des ›Charisma‹) zugunsten des Besitzes« (1956, S. 736).

Auch die bahnbrechende bildungssoziologische Studie »Die Illusion der Chancengleichheit« (1971) von Bourdieu und Passeron dechiffrierte eine nur formal existierende Chancengleichheit des französischen Bildungssystems am Beispiel des Hochschulzugangs und analysierte die Mechanismen der oberen Gesellschaftsschichten zur Sicherung ihrer Privilegien.

Angesichts der von Dahrendorf erhobenen Forderung nach »Bildung als Bürgerrecht« und der damit verbundenen gestiegenen Bildungsaspiration breiter Bevölkerungskreise verstärkt sich, so Bude, in der durch Statussorgen geplagten Mittelschicht die Tendenz zum Bildungsprotektionismus. »Bildung ist die entscheidende Leistungskategorie der Leistungsgesellschaft« (Bude 2011, S. 36). Und ähnlich diagnostiziert Michael Vester: »Die Bildungschancen der Nachkommen sollen vor der Konkurrenz neuer Bildungsmilieus, die aus den Milieus der Facharbeit nachdrängen, geschützt werden. Hierzu dienen, teilweise noch mit neoliberaler Begründung, ständische Politiken wie die frühe Selektion nach Schultypen, die Privilegierung von Eliteschulen und -hochschulen und neue Erziehungsmodelle« (2006, S. 279; ▶ Kasten 6).

So machen sich die gut informierten Mittelstandseltern mit gehobenen Bildungsabschlüssen, die nur das Beste für ihr Kind wollen, selbst verrückt. Die zurate gezogenen Erziehungsexperten, Bildungscoaches und Gesprächstherapeuten warten mit einer zwiespältigen Botschaft auf, die niemandem weiterhilft: Man soll der Entwicklungsfähigkeit seiner eigenen Kinder, nicht aber der Vermittlungsfähigkeit der normalen Schulen vertrauen. So fühlen sich die kritisch gestimmten, aber auf Bestärkung und Unterstützung angewiesenen Eltern bei den Fragen nach dem richtigen Kindergarten, der richtigen Grundschule, der richtigen weiterführenden Schule und der richtigen Universität allein gelassen. Man will sich weder rassistisch noch elitistisch gebärden, aber wenn der Eindruck entsteht, dass bei bildungspolitischen Maßnahmen die eigenen Kinder als soziale Kittmasse und motivationales Auffüllmaterial für Kinder aus Familien herhalten sollen, bei denen die Eltern wenig geneigt scheinen, sich für die Bildung und das Fortkommen ihrer Kinder einzusetzen, dann geraten sie leicht in Rage über das angemaßte Wissen von Bildungsverwaltungen und Schulbehörden.
Dafür sind besonders die Gewinner der Bildungsexpansion der 1980er und 1990er Jahre anfällig, die das, was sie als Familie erreicht haben und wohin sie als Einzelne gekommen sind, durch abgehängte Migrationsverlierer und motivationsschwache Unterprivilegierte gefährdet sehen. Wenn heute rund die Hälfte aller Kinder, die in Deutschland eingeschult werden, aus Familien mit Zuwanderungsgeschichte kommen, kann nicht mehr so wichtig sein, wo die Elternteile der Kinder geboren sind, mit denen die eigenen Kinder in der Schule aufwachsen, sondern ob deren Umgangsformen, Bildungsvorstellungen und Wertauffassungen mit den eigenen vereinbar sind. Die ganz normalen Mittelschichteltern, ob sie nun biodeutsch sind oder einen Migrationshintergrund aufweisen, fliehen Schulen, auf denen man eine Mehrheit von Kindern aus Elternhäuser vermutet, die nicht den gleichen Wert auf die Bildungsanstrengungen ihrer Kinder legen wie man selbst, und flüchten durch den Wechsel

> des Wohnorts oder durch die Wahl einer Privatschule in schulische Milieus, wo man sich unter Seinesgleichen wähnt. Eine untergründige sozialmoralische Ansteckungsangst sorgt dafür, dass gerade auf dem Feld der Bildung die Segregation nach Einwanderungsgruppen mehr und mehr durch die nach Statusgruppen ersetzt wird.

Kasten 6: Quelle: Heinz Bude 2014, S. 78 f.

Welche Bedeutung hat nun die gesellschaftspolitische und soziologische Diskussion um Inklusion und Exklusion für die Debatte um die Forderung nach Inklusion behinderter Menschen »in Zeiten gesellschaftlicher Desintegration« (Katzenbach/Schnell 2012, S. 23)? Zunächst ist daran zu erinnern, dass es letztlich unzulässig ist, verallgemeinernd und pauschal von »behinderten Menschen« zu sprechen – auch wenn uns der Sprachgebrauch immer wieder dazu verführt. Menschen mit einer Behinderung oder Beeinträchtigung unterscheiden sich – neben Alter und Geschlecht – im Hinblick auf ihre Herkunft, ihren Sozialstatus, ihre Lebenswelt und die Art der jeweiligen Beeinträchtigung, kurzum aufgrund sehr unterschiedlicher Lebenslagen (vgl. BMAS 2013). Differenz und Vielfalt kennzeichnen somit die gesellschaftliche Realität jener Bevölkerungsgruppe, die vorschnell und gedankenlos mit dem Signum »Behinderte« versehen wird. Ferner ist daran zu erinnern, dass in den entwickelten modernen Staaten in keinem gesellschaftlichen Funktionsbereich totale Inklusion oder Exklusion im Hinblick auf behinderte Menschen herrscht, sondern, durchaus verschieden in den jeweiligen Bereichen, eine ganze Bandbreite der Formen von gesellschaftlicher Teilhabe und sozialem Ausschluss bestehen. Die französischen Soziologen Ravaud und Stiker beschreiben das so:

> »The terms inclusion and exclusion operate in tandem and can be understood only in relation to one another. For any definition of inclusion, there is a corresponding definition of exclusion. This means that it is necessary to determine who are affected by exclusion and inclusion, determine what disabled persons are excluded from or what they are included in, and how and to what degree they are in or out at different times and in different social groupings" (Ravaud/Stiker 2000, S. 490).

4 Inklusion als gesellschaftspolitische Aufgabe

Für den deutschsprachigen Raum äußern sich Cloerkes und Kastl in ähnlicher Weise, wenn sie im Hinblick auf Institutionalisierungsprozesse schreiben:

»Alle Bemühungen, die Unterstützung behinderter Menschen aus vergleichsweise rigiden institutionellen Kontexten zu lösen und mit ihrer Hilfe ein größeres Maß an Handlungsspielräumen und Normalisierung zu erzielen, kommen ihrerseits nicht ohne eine Neujustierung institutioneller (organisatorischer wie professioneller) Bedingungen und Strukturen aus. So gesehen führen – das ist eine Erfahrung gerade der anwendungsbezogenen behindertensoziologischen Forschung – Versuche der Deinstitutionalisierung immer auch in Prozesse der Reinstitutionalisierung« (Cloerkes/Kastl 2007, S. 10).

Der soziologische Blick auf Grundwerte wie Gleichheit, Freiheit und Gerechtigkeit offenbart unausweichliche Ambivalenzen, wenn sie nicht als abstrakte Begriffe verhandelt, sondern auf konkrete gesellschaftliche Lagen bezogen werden. »Die Gegenüberstellung von Gleichheit und Differenz«, so Ute Gerhard in Anlehnung an Nancy Fraser, »ist eine falsche Alternative ... Gleichheit setzt die Verschiedenheit der Menschen voraus, sonst machte diese Leitnorm der Menschenrechte keinen Sinn« (Gerhard/Ackermann/Altenbockum 2013, S. 23). Eine ähnliche Aussage formulierte Ulrich Bleidick als Vertreter der Behindertenpädagogik bereits 1990, als er schrieb: »Gleichheit meint auch das Akzeptieren des Verschiedenen. Gleichheit ist die Anerkenntnis von Ungleichheit« (S. 27).

Auch die Forderung nach Bildungsgerechtigkeit bedarf der konkreten Operationalisierung, wenn sie sich nicht in oberflächlichen Zustandsbeschreibungen durch die Verwendung »schwammiger Begriffe wie Inklusion und Exklusion« erschöpfen will – so die Kritik von Freytag und Borchard (2013, S. 33; vgl. auch Möller 2013). Stattdessen geht es darum, genau zu analysieren, wo herkunftsbedingte Ungleichheiten und Benachteiligungsstrukturen im Bildungssystem liegen.

»Bildungsgerechtigkeit müsste sich mit individualisierten Förderprogrammen auseinandersetzen, die es schaffen, alle Kinder und Jugendlichen so zu unterstützen und zu begleiten, dass niemand dabei auf der Strecke bleibt. Das kann nur mit strukturellen Veränderungen in den Bildungsinstitutionen gelingen, die sich ihrerseits auf einem umfassenden diskursiven Selbstverständigungsprozess der Gesellschaft, was Schule überhaupt leisten soll, zu stützen hätten« (Freytag/Borchard 2013, S. 32 f.).

Die soziologische Kritik am stark »normativ aufgeladenen Inklusionsbegriff« (Möller 2013, S. 46) mag befremden, aber sie ist möglicherweise auch heilsam. Sie bewahrt vor falschen Illusionen, zwingt zur rationalen Analyse sozialer Verhältnisse und sensibilisiert für Gefahren, die behinderten Menschen in einer auf allein ökonomische Effizienz ausgerichteten Gesellschaft drohen. Auf einer internationalen Konferenz präsentierte der Bremer Soziologe Uwe Schimank eine desillusionierende Sicht auf die gesellschaftliche Lage behinderter Menschen in der modernen Gesellschaft:

> »Genau solche dauerhaft Überflüssige sind Behinderte immer gewesen und werden es auch weiterhin sein. Selbst wenn sie in speziellen Werkstätten oder sogar ›normalen‹ Arbeitsorganisationen arbeiten, werden sie nicht wirklich gebraucht. Man lässt sie etwas tun, weil es wenigstens einen Teil der Kosten ihrer Lebensführung einbringt oder ansonsten subventioniert wird oder eine gesetzlich auferlegte Quote bedient. Aber fiele ihre Arbeitskraft weg, merkte das keiner … Humanität kann ein dünner Firnis sein, wie die Erfahrungen des 20. Jahrhunderts gezeigt haben. Und nichts – außer Sonntagsreden – spricht dafür, dass wir diesbezüglich etwas dazugelernt haben. Die gesellschaftliche Inklusion der Überflüssigen auch nur hinzunehmen, ist eine zivilisatorische Leistung, die nicht geringzuschätzen ist – die aber unter Ökonomisierungsdruck schnell prekär wird. Denn dann fallen Kostgänger ins Gewicht« (Schimank 2013, S. 178).

Wer dieser Gefahr begegnen möchte, der muss politisch handeln – aber nicht mit Floskeln und Beschwörungsformeln, sondern mit Augenmaß und der tatkräftigen Einflussnahme auf eine Gesellschafts- und Behindertenpolitik, die der Würde eines jeden Menschen gerecht wird und seinem Anspruch auf Teilhabe Geltung verschafft. Die aktuell zur Debatte stehende Revision der Eingliederungshilfe für behinderte Menschen zugunsten eines Bundesteilhabegesetzes wird auch hierfür ein Gradmesser sein.

In dem folgenden Interview, das die Lebens- und Wohnsituation schwer behinderter Menschen in der Großstadt aus Sicht der Praxis thematisiert, klingen Themen wie Normalisierung, Empowerment, Selbstbestimmung und Selbstvertretung,

Anerkennung, Gerechtigkeit und Gleichheit an, die die Debatte in den Selbsthilfevereinigungen behinderter Menschen bestimmen, die aber auch als Leitideen der Disziplin Heil- und Sonderpädagogik breiten Raum im wissenschaftlichen Diskurs einnehmen (vgl. etwa Ackermann/Dederich 2011; Antor 1998; Beck/Greving 2011; Dederich/Jantzen 2009; Fornefeld 2008; Seifert 2006; Theunissen/Plaute 2002).

Zur Lebenssituation von Menschen mit einer schweren Behinderung in der Großstadt

Interview mit Kirsten Bielefeld, Leiterin des Bereiches »Ambulant Betreutes Wohnen« der Fürst Donnersmarck-Stiftung zu Berlin am 27.11.2014

Vorbemerkung: Kirsten Bielefeld ist ausgebildete Diakonin und Dipl.- Sozialarbeiterin. Sie ist seit 2008 in der Fürst Donnersmark-Stiftung tätig, wo sie seitdem den Bereich »Ambulant Betreutes Wohnen« leitet. Die Stiftung bietet unterschiedliche Wohnformen im Bereich des ambulanten Wohnens an, die über die verschiedenen Bezirke Berlins verteilt sind. Es handelt sich dabei um: betreutes Einzelwohnen, Wohngemeinschaften sowie Wohnen mit Intensivbetreuung.

Sieglind L. Ellger-Rüttgardt (E.-R.): Frau Bielefeld, was bedeutet Inklusion für Menschen mit einer schweren Behinderung?
Kirsten Bielefeld (B): Inklusion bedeutet für mich, dass schwer behinderte Menschen mehr Möglichkeiten bekommen als bisher, um am gesellschaftlichen Leben teilzuhaben und das durchaus aktiv und nicht nur durch Fürsorge.
E.-R.: Sehen Sie den Fürsorgebegriff negativ?
B.: Ganz und gar nicht, weil er manchmal wesentlich und wichtig ist. Aber er ist zu einem Oberbegriff für die Art und Weise geworden, wie man Menschen mit einer Behinderung unterstützt. Fürsorge hat eben auch den Aspekt der Hierarchie, einer sorgt für den anderen, manchmal nach dem Motto: »Ich weiß schon, was für dich gut ist. Die Tendenz be-

steht, von den »armen Behinderten« zu sprechen und auch der Begriff »an den Rollstuhl gefesselt« sagt ja viel aus...
E.-R.: Machen Sie die Erfahrung von Behindertenfeindlichkeit?
B.: Feindlichkeit glaube ich nicht, eher Unverständnis und Verunsicherung, denn die Begegnung mit Menschen mit Behinderungen führt zur Konfrontation mit »behindernden« Anteilen in der eigenen Person und damit schnell zur emotionalen Abwehr.
...
E.-R.: Welche Forderungen haben Sie an die Politik, aber auch die Zivilgesellschaft im Hinblick auf den Personenkreis, mit dem Sie arbeiten?
B.: Ich habe mich national und international ein wenig umgeschaut, und ich bin absolut davon überzeugt, dass das geplante Bundesteilhabegesetz der richtige Weg ist ... Im Wesentlichen gehört dazu, dass es bundesweit passende Angebote für Menschen mit Behinderung gibt, denn es existieren in den einzelnen Bundesländern sehr unterschiedlich ausdifferenzierte Angebote bezogen auf die Freiheit der Wahl der eigenen Wohnform ... Ich finde es zweitens wichtig, dass man darüber nachdenkt, wie man den Gegensatz von ambulant und stationär auflöst. Das Wunsch- und Wahlrecht von Menschen mit Behinderung, gerade mit schweren Behinderungen, wird immer noch nur im Rahmen des Finanzierbaren gesehen, was ich ein Stück weit verstehen kann. Ich erwarte dennoch, dass ein deutlich größeres Sich-Einlassen auf das Wunsch- und Wahlrecht der Einzelnen umgesetzt wird. Damit die Betreffenden zum Beispiel wählen können, ob sie alleine oder mit anderen zusammen wohnen wollen, ob sie gezwungen werden können, in ein Wohnheim zu gehen, denn Wohnheim bedeutet ja: ich gebe mein Einkommen ab, ich gebe das Recht ab, zu entscheiden, ob ich Cola trinken will oder Wasser oder was auch immer... und es muss möglich sein, dass sie Zugang zu Informationen haben, die sie verstehen können. Daher ist z. B. Leichte Sprache wichtig.
...

4 Inklusion als gesellschaftspolitische Aufgabe

E.-R.: Führt die Wahlfreiheit nicht auch zu Konflikten, wenn die Betreffenden die Folgen ihres Handelns nicht abschätzen können?
B.: ... diese Konflikte haben wir manchmal täglich. Wir unterstützen zum Beispiel einen Klienten, der eine Orientierungsstörung hat. Dieser Klient lebt neu in einem Kiez, den er noch nicht kennt, und er findet den interessant, macht sich auf den Weg. Also, trainiert man mit ihm, wie komme ich von A nach B, zum Beispiel ins Café, zur Arbeit, wohin auch immer. Der Weg wird trainiert, und der Mensch übt den Weg, und wenn er diesen Weg geht, findet er von A nach B. Wenn er davon abweicht, findet er nicht mehr von A nach B. Das heißt, es ist jedes Mal die Herausforderung, was passiert denn eigentlich wirklich in dieser Situation? Es kann Gründe geben, die einen Umweg erforderlich machen, zum Beispiel, weil eine Straße gesperrt ist oder irgendetwas passiert ist. Dann gibt es eine neue Situation und die kann für den Klienten gefährlich sein. Und dann müssen wir eine Lösung finden. Wir müssen ja einerseits dafür sorgen, dass die Menschen sicher sind und dass die Einschränkung der Einzelnen nicht zu Gefahren führt, die sie in prekäre Situationen bringen. Andererseits haben alle Menschen ein Recht auf Freiräume im Leben. Das ist oft ein Dilemma, in dem wir leben oder mit dem wir arbeiten.
E.-R.: Ist dieses Dilemma überhaupt auflösbar?
B.: Wir versuchen zumindest, damit offensiv umzugehen. Es gibt dazu eine rechtliche Komponente. Wir verabreden mit dem Klienten, mit dem rechtlichen Betreuer, mit dem Betreuungsteam eine Gefährdungs- und Risikoanalyse ... Und das andere ist, dass wir möglichst mit den Klienten darüber reden, auch erörtern, welche Auswirkungen ihr Handeln haben könnte ...
E.-R.: Setzt das nicht einen Partner, ein Gegenüber voraus, der nachdenken und sich artikulieren kann?
B.: Ja, und es gelingt, selbst mit Menschen, die wenig kommunizieren und die Schwierigkeiten haben, sich zu verständigen.
E.-R.: Wie machen Sie das?

B.: Dabei geht sehr viel durch Beobachtung, durch gutes Hingucken, durch viel Fragen. Es gibt für manche Menschen durchaus gute Hilfsmittel der Kommunikation. Ich denke gerade an eine Klientin, die sich äußert, indem sie immer nur »Ja« sagt. Und die Mitarbeitenden, die viel mit ihr zu tun haben, haben 100 verschiedene Formen von »Ja« gefunden.
...
E.-R.: Können Sie sagen, welche Wünsche Ihre Klienten haben, was ihnen wichtig ist?
B.: Ihnen ist wichtig, dass die Mitarbeitenden genügend Zeit und Raum für sie haben, d. h. sie würden sich mehr Personal wünschen, definitiv. Ihnen ist wichtig, dass sie mit ihren Interessen ernst genommen werden, und dass sich die, die dafür zuständig sind, Gedanken machen, wie diese Interessen umzusetzen sind. Sie wünschen sich Informationen, die sie verarbeiten können, also viel Begegnung auf Augenhöhe. Sie wünschen sich Beteiligung bei den Dingen, die sie betreffen ...
E.-R.: Was ist Ihre Vision von einer inklusiven Gesellschaft in Deutschland?
B.: ... Es geht darum, dass Vielfältigkeit ihren Raum hat und zwar bezogen auf die Farbe von Menschen, bezogen auf Einschränkungen, die sichtbar sind oder auch unsichtbar, auf Herkunft, auf Sprache. Das ist nicht nur eine Aufgabe für die Politik, sondern für jeden einzelnen, offener zu sein für den Menschen, der mir auf meinem Weg begegnet ...

Kasten 7: Quelle: Interview mit Kirsten Bielefeld, Fürst Donnersmarck-Stiftung

Fazit

Die Idee der Inklusion ist Basis eines jeden demokratischen Staates; die Kehrseite der Inklusion sind Exklusionsprozesse, die in jeder Gesellschaft ablaufen. Inklusion und Exklusion sind keine gegensätzlichen Begriffe und Phänomene, sondern

4 Inklusion als gesellschaftspolitische Aufgabe

stehen in einem nicht aufhebbaren, dialektischem und ambivalentem Spannungsverhältnis zueinander. Sie laufen prozesshaft innerhalb von Gesellschaften und auf einer Skala unterschiedlicher Grade von Inklusion und Exklusion ab. Die durch Globalisierung und Finanzkrise verstärkten Erscheinungsformen der Randständigkeit treffen, wenn auch in abgeschwächter Form, auch für Deutschland zu, wo etwa 20 Prozent der Bevölkerung von Armut und sozialer Ausgrenzung bedroht sind. Dieses wiederum führt in breiten Bevölkerungsschichten zu Verunsicherung, Statusängsten und Abwehrmechanismen gegenüber allem, was fremd erscheint und als eine Bedrohung der eigenen sozialen Position angesehen wird. Das Bildungssystem ist ein gesellschaftlicher Bereich, in dem sich die Ängste der Mittelschicht vor Statusverlust in besonderer Weise manifestieren. Das politische Ziel der Inklusion behinderter Menschen ist nur in einer Gesellschaft zu verwirklichen, in der nicht toleriert wird, dass Menschen zu den »Überflüssigen« gezählt werden. Inklusion ist daher das Projekt eines demokratischen Sozialstaates, der seinem Handeln die Würde eines jeden Menschen als Richtschnur zugrunde legt und den Rahmen für ein selbstbestimmtes, auf Teilhabe ausgerichtetes Leben eines jeden Gesellschaftsmitgliedes bereitstellt und verteidigt.

5 Gerechte Bildung: die inklusive Schule

»Es klafft eine unüberbrückbare Kluft zwischen dem Ziel und dem Mittel. Denn die Ziele sind allemal hohe, letzte; und den Erweis der Tauglichkeit der Mittel vermag nur eine wissenschaftliche Prüfung zu erbringen, deren letztes Kriterium der reale Erfolg ist.«
Siegfried Bernfeld (1925) 1973, S. 37

Wenn es um die Forderung nach einer inklusiven Schule geht, dann stellt sich unweigerlich die Frage nach dem Bildungswesen, in das »inkludiert« werden soll. Die Autorengruppe Bildungsberichterstattung bescheinigt in ihrem Bericht von 2014 dem deutschen Bildungswesen einen Zustand zwischen »Bewegung und Stillstand« (S. 11), eine Diagnose, die zutreffend die Ambivalenzen des deutschen Bildungswesens aufzeigt und die wiederum nicht ohne Berücksichtigung der historischen Perspektive verständlich werden.

Seit den Plänen von Humboldt und Johann Wilhelm Süvern gab es in Deutschland immer wieder Forderungen und praktische Versuche, ein egalitäres Bildungswesen zu installieren, das den Zielen von Individualentfaltung und Bildungsgerechtigkeit verpflichtet war. Bekanntlich war der erste große Erfolg dieser Bemühungen die gemeinsame vierjährige Grundschule nach dem Ersten Weltkrieg, die als »Weimarer Schulkompromiss« in die Geschichte einging – ein Kompromiss, da eine weiterreichende Ausgestaltung des Schulwesens im Sinne einer Einheitsschule politisch nicht mehrheitsfähig war. Die Struktur einer nach Leistungen differenzierten Sekundarstufe, die traditionell aus Haupt- und Realschule sowie Gymnasium bestand, hat sich im Prinzip bis in die Gegenwart erhalten. Auch wenn in den 1970er Jahren mit viel Engagement und Euphorie die Etablierung der Gesamtschule vorangetrieben und in der Gegenwart in zahlreichen Bundesländern nunmehr nur noch ein Zwei-Säulen-Modell in der Sekundarstufe besteht, so ist doch die selektive Struktur des weiterführenden Schulwesens ungebrochen. Und diese Selektivität, so lautet die Kritik, ist Ausdruck sozialer Ungleichheit. »Unser Schulsystem lässt zu viele zurück und schafft einen hohen Sockel von Bildungsarmen« (Allmendinger 2012, S. 239).

Es gilt ferner daran zu erinnern, dass der Begriff Inklusion keineswegs allein auf die Gruppe behinderter Schüler zu beziehen ist, sondern umfassend für all jene gilt, die von Bildungsbenachteiligung und -ausschluss bedroht sind (▶ Kasten 1).

Inklusive Bildung ist ein Transformationsprozess, der zum Ziel hat, dass Schulen und andere Lernzentren alle Kinder aufnehmen – Jungen und Mädchen, Schüler ethnischer und linguistischer Minderheiten, die ländliche Bevölkerung, jene, die von HIV/AIDS betroffen sind, Schüler mit Behinderungen und Lernschwierigkeiten – und auch für alle Jugendlichen und Erwachsenen Lerngelegenheiten schaffen. Das Ziel von inklusiver Bildung ist, Exklusion zu beseitigen. Diese entsteht durch negative Einstellungen und mangelnde Berücksichtigung von Vielfalt in ökonomischen Voraussetzungen, sozialer Zugehörigkeit, Ethnizität, Sprache, Religion, Geschlecht, sexueller Orientierung und Fähigkeiten. Bildung vollzieht sich in formalen und nonformalen Kontexten, in Familien und in den Gemeinden. Folglich ist inklusive Bildung kein randständiges Thema, sondern zentral, um qualitativ hochwertige Bildung für alle Lernenden zu erreichen und um eine inklusivere Gesellschaft zu entwickeln. Inklusive Bildung ist wesentlich, um soziale Gerechtigkeit zu erreichen und sie ist ein konstituierendes Element lebenslangen Lernens.

Kasten 1: Quelle: Deutsche UNESCO-Kommission e. V. 2009

Aber auch wenn hervorgehoben wird, dass Diversität und Heterogenität ein »notwendiger Teil einer demokratischen Gesellschaft« sind (Sturm 2013, S. 10) und sich somit auch widerspiegeln sollten in einer demokratischen Schule (vgl. auch Allemann-Ghionda 2013), so ist doch einschränkend daran zu erinnern (▶ Kap. 4), dass das Bildungssystem als Teil der Gesellschaft unausweichlich von deren Normen geprägt ist, also von der »Dialektik von Gleichheit und Differenz«, woraus folgt, dass die »Antinomie zwischen Förderung, Bildung und Erziehung auf der einen und Selektion auf der anderen Seite in der Pädagogik nicht ... aufgehoben werden kann« (Katzenbach/Schroeder 2007, S. 204). Dies ist eine Erkenntnis, die Siegfried Bernfeld bereits in der 1920er Jahren zu folgender Schlussfolgerung führte: »Die Einsicht in diese, die soziale, Grenze der Erziehung, verurteilt jegliche Bemühung, vor vollzogener Änderung der gesellschaftlichen Struktur etwas an ihrer Erziehungsorganisation zu ändern, etwas irgend Beträchtliches« (Bernfeld 1973, S. 123).

Auch wenn unisono in den deutschen Bundesländern der »Schulfrieden« proklamiert wird (▶ Kasten 2), so bleiben doch die ungelösten Strukturprobleme des deutschen Bildungswesens bestehen.

Phrasenmäher

Schulfrieden

Immer wenn deutsche Ministerpräsidenten, denen die Bildung im Einzelnen eher schnuppe ist, wegen der Schulpolitik nervös werden, beschwören sie den »Schulfrieden«. So jetzt auch wieder Horst Seehofer in Bayern, dem das acht- statt neunjährige Gymnasium um die Ohren zu fliegen droht. Gemeint ist damit irgendein pädagogischer Normalzustand, welcher Politikern, die nicht damit befasst sind, nicht gefährlich werden soll. Allerdings ist »Frieden« auch für ein gut bestelltes Schulwesen keine glückliche Beschreibung. Unfriedlich ist ja bereits die Grundidee der Schulpflicht, die bewährterweise den Hausfrieden stört. Und auch in einem betonfest gegliederten Schulsystem spürt man wenig von Schulfrieden, wenn man in der ersten großen Pause über den Schulhof geht oder mit zweiunddreißig Sextanern ins Museum. Überdies ist der herbeigesehnte Zustand inmitten gesellschaftlicher und kultureller Umbrüche – Youporn, Facebook, Fack ju Göthe und so – prinzipiell illusionär. Er ist

> auch gar nicht zu wünschen, denn selbst ein vorbildlich diskutierender Oberstufenkurs oder eine normale Englischstunde ist voll von persönlicher und geistiger Bewegung, die vom Frieden weit entfernt ist. All das unterscheidet den Schulfrieden, einen Ausdruck der Angst vor Siebzigerjahre-Grabenkämpfen, von der Friedhofsruhe. Wäre das Diktat im Deutschunterricht nicht gegen alle Vernunft beinahe schon ganz abgeschafft, müsste man sagen: Das, was der Ministerpräsident will, ist eigentlich – ein Diktatfrieden.
> J S L

Kasten 2: Quelle: Süddeutsche Zeitung vom 4.3.2014

Es ist völlig ungewiss, welche Auswirkungen die sich abzeichnende Zweigliedrigkeit von Gymnasium auf der einen und Gemeinschafts-, Stadtteil- bzw. Sekundarschule auf der anderen Seite haben werden. Es könnte nämlich durchaus sein, dass die von manchen Bildungspolitikern durch das Zwei-Säulen-Modell erhoffte Steigerung von Bildungsgerechtigkeit genau nicht eintrifft, sondern den selektiven Charakter des Schulwesens noch verstärken wird, da das Prestige des Gymnasiums bislang ungebrochen ist. Es ist somit nicht auszuschließen, dass es zu einer Neuauflage des in den 1970er Jahren ausgefochtenen Konkurrenzkampfes zwischen Gymnasium und Gesamtschule kommen wird – ein Kampf, den die Gesamtschule nicht gewinnen kann. Aber es ist auch vorstellbar, dass sich etwas Neues, Drittes entwickelt (vgl. Zymek 2013), denn auch die Gymnasien wandeln sich, sind auf der Suche nach neuen Profilen, und der Streit um G8 und G9 ist dafür ein untrügliches Zeichen. Worin aber dieses neue »Dritte« bestehen könnte, wird bislang kaum diskutiert.

Folgt man den soziologischen Analysen, dann gibt es Anzeichen dafür, dass sich im deutschen Bildungssystem die Mechanismen von Selektion und Ausschluss angesichts der Statusverunsicherung und des »Bildungsprotektionismus« der Mittelschicht noch verschärfen. »Egal wie chancengerecht ein Bildungssystem eingerichtet ist, die Leute finden Mittel und Wege, um die Gleichheit ungleicher zu machen« (Bude 2011, S. 33).

Der Journalist Patrick Bauer beschreibt sehr treffend die widerstreitenden Gefühle und Einstellungen einer liberalen, aber zugleich erfolgsorientierten Mittelschicht (▶ Kasten 3).

> Ich habe immer gesagt, dass es ein großes Glück für mich war, auf eine bunt gemischte Grundschule gegangen zu sein. Ich sage das auch heute noch. Aber ich habe von den Geschichten meiner ehemaligen Mitschüler gelernt, dass nicht jeder etwas von dieser Durchmischung hatte. Die Schüler, die in der ersten Klasse Probleme hatten, mitzukommen, hatten auch nach der sechsten Klasse Probleme, mitzukommen. Deswegen kamen sie in vielen Fällen nirgendwo an. Diese Schüler stammten aus Elternhäusern, die man bildungsfern nennt und sozial schwach. Es waren vor allem die Kinder nichtdeutscher Eltern. Die Schüler, die in der ersten Klasse zu den Schnellsten gehörten, gehörten auch nach der sechsten Klasse zu den Schnellsten. Es waren vor allem die deutschen Kinder. Ihnen standen alle Türen offen.
> Ich selbst habe von unserer Grundschulzeit profitiert. Ich habe andere Kulturen, Sitten und Lebenshintergründe kennen gelernt. Ich bin froh, in so einem multikulturellen Umfeld aufgewachsen zu sein. Aber vielleicht ist das selbstgefällig. Ich konnte dieses Umfeld leicht verlassen. Ich gehörte in diesem Umfeld zu den Privilegierten. Ahmed nicht …
> Ich habe in den letzten Monaten gelernt, dass es keine Frage der ethnischen Herkunft ist, ob man erfolgreich durch die Schulzeit kommt, sondern eine Frage der sozialen Herkunft. Zu den sozial Schwachen in meinem Heimatbezirk gehören aber nun mal überwiegend nichtdeutsche Familien. In anderen Teilen Berlins, in den großen Ost-Bezirken beispielsweise, haben sich längst ebenfalls unkontrollierbare Wohnghettos und Schulen gebildet, deutsche Problemschulen. Wer kann, flieht von dort …
> Ich treffe am Ende dieser Reise in die Vergangenheit einen Mann mit einem Hut auf dem Kopf, den man als einen Altlinken bezeichnen kann. Er hat einst Häuser besetzt und agitiert. Heute engagiert er sich politisch nur noch für eine Sache: dass die grüne Bildungsstadträtin eine evangelische Privatgrundschule in Kreuzberg zulässt. Der Sohn des athe-

istischen Mannes war nicht auf der einzigen Grundschule angenommen worden, die er für vertrauenswürdig hält. Alle anderen seien marode und würden von zu vielen NdH-Kindern besucht. Der Mann sagt, die Linke müsse endlich mit der falschen politischen Korrektheit aufhören. Es müsse Schluss sein mit dem Mantra des gemeinsamen Lernens. Darunter litten alle Kinder. Auf die Frage, was mit den Kindern passiere, die er nicht in der Privatschul-Klasse seiner Tochter haben will, weiß der Mann keine Antwort. Um die werde man sich dann an den ›normalen‹ Grundschulen schon kümmern...

Ich weiß mittlerweile, dass ich meinen Sohn, wenn er zur Schule geht, nicht auf die nächstbeste Grundschule schicken werde. Auf keine Schule, an der er mit »amana sikim« begrüßt wird. Ich habe auch ein Theorie-Praxis-Problem. Ich würde ihn gerne auf die nächstbeste Schule schicken. Ich erwarte von diesem Land, dass es eine Bildungspolitik betreibt, die keine guten und schlechten Schulen hervorbringt, die nicht frühzeitig zwischen guten und schlechten, verwertbaren und nutzlosen Schülern unterscheidet. Ich finde es schrecklich, dass die Schulklassen heutzutage oft den sozialen Klassen entsprechend aufgeteilt sind. Vor einigen Monaten noch hätte ich deshalb gesagt, dass ich mein Kind auch auf einer Problemschule in Neukölln anmelden würde. Aus Prinzip. Dass mein Kind dort lernen würde, sich durchzusetzen. Jetzt finde ich diese Vorstellung unvorstellbar. Er soll eine unbeschwerte, gute Schulzeit haben, eine Schulzeit, an die er sich gerne erinnern wird. Eine Schulzeit, wie ich sie hatte. Er soll nicht aus Prinzip die trübe Suppe auslöffeln, die Jahrzehnte verfehlter Bildungs- und Integrationspolitik seiner Generation eingebrockt haben ...

Ich ertappe mich manchmal dabei, wie ich denke, wir sollten rechtzeitig umziehen, bevor unser Sohn eingeschult wird. Manchmal denke ich nun, dass ich meinen Sohn nicht opfern möchte.

Ich erschrecke dann vor mir selbst. Und vor der Gesellschaft, in der wir leben.

Kasten 3: Quelle: Patrick Bauer 2011, S. 183-188

Angesichts der allseits beklagten sozialen Selektivität des deutschen Bildungswesens überrascht allerdings die Ignoranz gegenüber strukturellen Fragen – oder auch nicht. So resümieren Brake und Büchner:

>»Schließlich müssen wir in Anbetracht der fortbestehenden sozialen Selektivität des Bildungsgeschehens davon ausgehen, dass Bildungsungleichheiten besonders auch in Bildungsinstitutionen sozial hergestellt werden ... Gerade deshalb ist es aber verständlich und unverständlich zugleich, warum sich nahezu alle politischen Parteien ... schwertun, die in Deutschland weitgehend stillgelegte Strukturdebatte über das dreigliedrige Schulsystem wieder offensiver aufzugreifen« (2012, S. 242).

Und Jürgen Oelkers fragt knapp und unmissverständlich: »Wie soll ›Inklusion‹ möglich sein in einem System, das strukturell auf Selektion angelegt ist?« (2012, S. 34).

Aber nicht nur ungelöste Strukturprobleme des deutschen Bildungswesens erzeugen eine gewisse Skepsis gegenüber der »Machbarkeit« einer inklusiven Schule, sondern auch die Einstellungen und Erfahrungen der relevanten Akteure in diesem System: der Eltern und Pädagogen (▶ Kap. 7).

Wie mächtig und erfolgreich Eltern sein können, zeigt exemplarisch der Streit um die Einführung der sechsjährigen Primarschule in Hamburg im Jahre 2010. Die von der damaligen schwarz-grünen Regierung initiierte Reform scheiterte am Votum der Eltern, und die Gründe für das Scheitern sagen nicht nur etwas über Macht und Einfluss von Eltern aus, sondern sind zugleich Fingerzeige auf das komplexe Bedingungsgefüge erfolgreicher Bildungsreformen in Deutschland (vgl. Ellger-Rüttgardt 2010a).

War es wirklich nur das Auftreten von 47 Chefärzten und anderen Spitzenmedizinern (Die Zeit Nr. 28 vom 8.7.2010) sowie der massive Einsatz unausgelasteter Damen aus den Elbvororten, die den Hamburger Volksentscheid scheitern ließen, oder sind die Ursachen vielleicht doch sehr viel komplexerer Natur und gewissermaßen hausgemacht? Unstrittig ist, dass eine konservative, gut situierte Elternschaft der Hansestadt mit hohem Einsatz gegen die Einführung der neuen Primarschule gekämpft hat. Unstrittig ist aber auch, dass viele Eltern der eher ärmeren Stadtquartiere ebenfalls gegen die Reform stimmten. Waren sie wirklich alle nur auf die Flötentöne der Wortführer des Protests hereingefallen oder hing ihre Ablehnung auch damit zusammen, dass sie von der Sinnhaftigkeit dieser Offensive des schwarz-grünen Senats nicht überzeugt waren?

Aus der Rückschau lässt sich ein ganzes Bündel von Faktoren benennen, das zum Misserfolg der Hamburger Senatspolitik führte:

- Die politisch Verantwortlichen unterschätzten die Komplexität des ambitionierten Schulgesetzes und vernachlässigten die Frage seiner angemessenen Implementierung. Die geplante Einführung eines Zwei-Säulen-Modells und einer sechsjährigen Primarschule bedeuteten eine tiefgreifende systemische Veränderung, die nicht per Federstrich und in kurzer Zeit zu realisieren war.
- Im selben Zeitraum beschloss der Senat eine Erhöhung der ohnehin schon hohen Elternbeiträge für die Hamburger Kindertagesstätten – eine Maßnahme, die Empörung und Spott hervorrief und die die Glaubwürdigkeit der Reform massiv erschütterte.
- Als sich in der Hansestadt energischer Widerstand formierte, versäumten es die politisch Verantwortlichen, diesen Protest ernst zu nehmen. Stattdessen kam es zu einem unversöhnlichen Machtkampf, dessen Ausgang bekannt ist und der einen Scherbenhaufen hinterließ.

Die damals wichtigste Oppositionspartei der Freien und Hansestadt Hamburg, die SPD, war in der Frage des neuen Schulgesetzes gespalten und vergab damit die Chance der Gestaltung und Einflussnahme. Die wirkliche Achillesferse der Reform war aber die vorgesehene »Entmachtung« der Eltern. Im geltenden Hamburger Schulgesetz heißt es in § 42, Abs. 3 klar und deutlich: »Die Sorgeberechtigten entscheiden, welche der Schulformen die Schülerin oder der Schüler im Anschluss an die Grundschule besuchen soll.« Dieses Recht der Schulwahl sollte den Eltern entzogen und »der Zeugniskonferenz der abgebenden Primarschule« übertragen werden (Mitteilung des Senats 2009, S. 4). Auch wenn der Senat die Abschaffung des Elternwahlrechts widerrief, so war das Kind bereits in den Brunnen gefallen und die Reform gescheitert.

Am Beispiel der misslungenen Primarschulreform in Hamburg wird überaus deutlich, dass es geradezu ein Anachronismus in der Gegenwart ist, bildungspolitische Debatten und Entscheidungen ohne Berücksichtigung gesamtgesellschaftlicher, hochkomplexer Rahmenbedingungen zu führen und zu treffen. Hierzu zählt auch die in Artikel 6 und 7 grundgesetzlich verankerte Gleichrangigkeit von Staats- und Elternwille. Eibe Riedel stützt sich in seinem »Gutachten zur Wirkung der internationalen Konvention über die Rechte von Menschen mit Behinderung und ihres Fakultativprotokolls auf das deutsche Schulsystem« neben der Rechtsprechung des Bundesverfassungsgerichts sowohl auf die UN-Kinderrechtskonvention (KRK) als auch die Behindertenrechtskonvention (BRK), wenn er schreibt:

»Gemäß der Rechtsprechung des Bundesverfassungsgerichts ist das Recht, den Bildungsweg eines Kindes zu bestimmen, Teil des vorrangigen elterlichen Erziehungsrechts. Das Wahlrecht der Eltern zwischen verschiedenen Bildungswegen und Schulformen darf nach Auffassung des Bundesverfassungsgerichts nicht mehr als notwendig begrenzt werden. Bezogen auf die Frage nach dem Zugang zur Bildung für Kinder mit Behinderung bedeutet dies, dass die Entscheidung der Eltern für oder gegen den Besuch einer Regelschule als wesentlicher Faktor stets zu berücksichtigen ist« (2010, S. 48).

Die Konsequenz für Bildungsreformen kann somit nur lauten: Wer Bildungsreformen in Deutschland durchsetzen will, benötigt dafür nicht nur parlamentarische Mehrheiten, sondern auch eine große Akzeptanz in der Elternschaft.

Schließlich sind bei der Implementierung einer inklusiven Schule nicht nur strukturelle und rechtliche Aspekte zu berücksichtigen, sondern auch die Frage nach ihrer praktischen Wirksamkeit. Wenn Ziel und Wege zwei verschiedene Ebenen sind, so der eingangs zitierte Bernfeld, und über die Tauglichkeit der Mittel allein der Erfolg entscheidet, dann muss diese Frage auch im Hinblick auf eine inklusive Schule gestellt werden.

Was wissen wir über die Erfolge von schulischer Inklusion? Wie weit gelingt »die Übernahme der pädagogischen Verantwortung für alle Schülerinnen und Schüler durch die allgemeine Schule« (Werning/Arndt 2013, S. 7)? Die Ergebnisse, und das dürfte kaum überraschen, sind nicht eindeutig (vgl. Biewer/Fasching 2014), und darauf haben Kritiker der Inklusion zu Recht hingewiesen (z. B. Speck 2010; Ahrbeck 2014). Auch wenn es an empirischen Studien zu den Wirkungen inklusiver Bildungssysteme in internationaler Perspektive mangelt (vgl. Hillenbrand 2014) und gerade für Deutschland das Fehlen längsschnittiger Studien bemängelt wird (Möller 2013, S. 24), so lassen sich doch Trends erkennen, die etwas über die Gelingensbedingungen einer inklusiven Schule aussagen (▶ Kasten 4).

Gelingensbedingungen für schulische Inklusion

Kasten 4: Quelle: Christian Huber 2014

Nach bisherigem Kenntnisstand ist davon auszugehen, dass »lernbehinderte« Schüler im allgemeinen Unterricht zwar bessere Leistungen erzielen, aber dort häufiger abgelehnt werden und somit ihre soziale Integration tendenziell misslingt (vgl. Huber 2009, 2014; J. Möller 2013), ein Umstand, der in Kapitel 9 erneut aufgriffen wird.

Ungeachtet aller äußeren Faktoren, auf die die Schule keinen Einfluss hat, muss der einzelnen Schule und ihren Akteuren dennoch eine überragende Bedeutung bei der Gestaltung einer inklusiven Schule zuerkannt werden. Die Bedeutung von positiver Einstellung, Kooperationsbereitschaft und -fähigkeit sowie der Gestaltung eines veränderten Unterrichts betrachtet auch die Schulforschung als entscheidend für die positive Entwicklung von Bildungssystemen.

Die neuere Schulforschung (vgl. Rolff 2007; Fend 2006, 2008) betont, dass die Implementierung von Schulreformen weniger durch eine Steuerung des Gesamtsystems gelingt als vielmehr durch ein Zusammenwirken der einzelnen Ebenen des Systems, wobei der einzelnen Schule eine zentrale Rolle zufällt. Der von Booth und Ainscow entwickelte und für deutsche Verhältnisse von Boban und Hinz (2003) adaptierte »Index für Inklusion« nimmt genau die jeweilige einzelne Schule in den Blick, in der sich unter Beachtung der Dimensionen Kulturen, Strukturen und Praktiken ein inklusives Schulprofil entwickeln soll.

Nach Rolff (2007) sind es drei Elemente, die Einfluss auf die Schulentwicklung nehmen, die aufeinander wirken und sich gegenseitig beeinflussen: Unterrichtsentwicklung, Personalentwicklung und Organisationsentwicklung. Diese drei Elemente haben ihren gemeinsamen Bezugspunkt in den Lernfortschritten und der Entwicklung der Kinder, die somit zum entscheidenden Gradmesser jeder Schulentwicklung werden. Auch Helmut Fend rückt in seiner »Neuen Theorie der Schule« das Handeln von Lehrpersonen in den Mittelpunkt seiner Analyse, indem er der Frage nachgeht, wie Akteure und Institutionen, die durch die Makro- und Mesoebene des Bildungssystems vorgegeben sind, interagieren. Lehrer als Akteure in sozialen Ordnungen folgen nach Fend zwar vorgegebenen Regeln, aber sie sind zugleich Schaffende, Gestaltende neuer Ordnungen und Regeln (vgl. Fend 2006, S. 179).

Die Bedeutung der einzelnen Schule und der in ihr Handelnden findet sich bestätigt durch empirische Untersuchungen zu den Indikatoren für eine erfolgreiche Beschulung von Kindern mit Behinderungen. Auf der Basis der Auswertung von Modellversuchen identifizierten Bochert und Schuck (1992) folgende Kriterien für die Voraussetzungen und Bedingungen von Fördererfolgen in integrativen Settings, die jeweils eng miteinander zusammenhängen:

- Qualität der Förderung
- Qualifikation des Personals

5 Gerechte Bildung: die inklusive Schule

- Kooperation und Koordination sozialer und pädagogischer Dienste
- Materielle und personelle Ressource (S. 193ff; vgl. auch Ellger-Rüttgardt/Wachtel 2002).

Die Qualität pädagogischer Förderung, die wiederum abhängig ist von der Qualität des pädagogischen Personals sowie der personellen und materiellen Ausstattung, ist somit der Angelpunkt für eine Implementierung und Evaluierung der inklusiven Schule (▶ Kasten 5).

Ausschuss: »Bildung, Schule und Erziehung« der DVfR (Deutsche Vereinigung für Rehabilitation

Leitung: Prof. Dr. Sieglind Luise Ellger-Rüttgardt
Rahmenbedingungen für ein inklusives Schulwesen
Die Gestaltung eines inklusiven Schulwesens in Deutschland bedeutet einen radikalen Systemwandel. Das historisch gewachsene deutsche Bildungssystem orientiert sich traditionellerweise an der Homogenität seiner Schülerschaft und ist damit ein nach Leistungskriterien ausgerichtetes selektives Bildungssystem. Die Entwicklung zu einem inklusiven Bildungs- bzw. Schulsystem erfordert demgegenüber die Orientierung an den Leitlinien von Heterogenität, Vielfalt und Teilhabe. Inklusion im Sinne von Heterogenität und Vielfalt meint nicht nur Menschen mit einer Behinderung, sondern schließt zum Beispiel Menschen mit Hochbegabung, Migrationshintergrund, Traumatisierungen in Folge von Krieg und Flucht, delinquente Menschen u. a., kurzum, alle Gruppen ein. ...
Gute Schulen zeichnen sich durch gute Beziehungen zwischen den Menschen aus, die in ihr tätig sind. Das tragende Fundament für jede Schulreform sind in erster Linie die pädagogischen Fachkräfte. Sie gilt es zu beteiligen, in ihrer Professionalität und ihrem Erfahrungsschatz ernst zu nehmen und sie mit den notwendigen Ressourcen zu unterstützen. Bedeutsam ist es weiterhin, Eltern, Schülerinnen und Schüler und andere Gruppen des Sozialraums an dem Pro-

> zess zu beteiligen. Inklusion als gesellschaftliche Aufgabe beginnt und endet nicht in der Schule, sondern schließt frühe Bildung, berufliche Bildung, Arbeit und Beruf, Freizeit und gesellschaftliche Teilhabe mit ein.
> In der Debatte um die inklusive Schule in Deutschland wird oft von deren »Gelingensbedingungen« gesprochen und damit ein technokratischer Habitus der »Machbarkeit« von Inklusion impliziert. Die Geschichte der Pädagogik lehrt, dass es in der Pädagogik immer auch ein Scheitern gibt – ein Scheitern trotz aller Motivation und aller Anstrengungen. Diese Erkenntnis führt zur Bescheidenheit.
>
> März 2015

Kasten 5: Quelle: Deutsche Vereinigung für Rehabilitation (DVfR) 2015

Auch wenn anzuerkennen ist, dass Inklusion eine besondere Herausforderung für die Institution Schule darstellt (vgl. Schwohl/Sturm 2010) und eine Vision ist, die voller Widersprüche steckt und vielleicht nie ganz zu verwirklichen sein wird, so gilt es doch, sich entschieden auf den Weg zu machen. Was in der Gegenwart zählt, ist das »Wertschätzen ... der hier und jetzt möglichen vielen kleineren Schritte, die in die inklusive Richtung weisen ... Jeder graduelle Schritt trägt dazu bei, umfassendere Formen des gemeinsamen Lernens vorzubereiten und leichter realisierbar zu machen« (Prengel 2012, S. 29). Diese verschiedenen kleinen Schritte bilden sich auch in unterschiedlichen Organisationsformen ab (vgl. Heimlich 2014; Trumpa u. a. 2014), und sie erweisen ihre Praxistauglichkeit in der Erarbeitung einer hochkomplexen inklusiven Didaktik, die allen Lernenden zu entsprechen versucht (vgl. Graumann 2002; Seitz 2008; Wember 2013; Kahlert/Heimlich 2014).

Folgt man dem nationalen Bildungsbericht von 2014 (Autorengruppe Bildungsberichterstattung), so gibt es durchaus Anzeichen für Veränderungen und Bewegung im deutschen Bildungssystem. Hierzu zählen der Ausbau der frühkindlichen Bildung, eine imposante Zunahme von Ganztagsschulen sowie schließlich die Zunahme der gemeinsamen Bildung und Erziehung von behinderten und nicht behinderten Schülern – ein Bereich, dem die Berichterstatter einen besonderen Schwerpunkt gewidmet haben.

Das auf den ersten Blick wohl überraschendste Ergebnis des Berichts ist der Umstand, dass die Zahl der inklusiv beschulten Kinder und Jugendlichen durchaus steigt, aber gleichzeitig der absolute Anteil von Schülern mit sonderpädagogischem Förderbedarf ebenfalls einen Zuwachs verzeichnet. Hierfür gibt es zweifellos mehrere Gründe, wie die Unsicherheiten und Ungenauigkeiten eines grundlegenden Systemwandels, aber auch die erhöhte Aufmerksamkeit, die »besonderen« Kindern und Jugendlichen zuteil wird, deren Zahl in den Problemquartieren der Großstädte auf 25-30 Prozent geschätzt wird. Unter Berücksichtigung sinkender Schülerzahlen ist die Quote der sonderpädagogisch geförderten Schüler zwischen dem Schuljahr 2000/2011 und 2012/2013 von 5,3 auf 6,6 Prozent gestiegen, wobei der größte Anteil (40 Prozent) nach wie vor auf den Schwerpunkt »Lernen« entfällt, aber zugleich eine deutliche Zunahme der Zahlen für die Schwerpunkte »geistige Entwicklung« sowie »emotionale und soziale Entwicklung« zu verzeichnen ist.

Eingedenk einer großen Streubreite zwischen den einzelnen Bundesländern ist davon auszugehen, dass etwa jede zehnte allgemeinbildende Schule in Deutschland eine Förderschule ist (vgl. Autorengruppe Bildungsberichterstattung 2014, S. 170), von denen wiederum zwei Drittel ganztägig arbeiten. Die Berichterstatter heben ferner hervor, dass sich die Bildungseinrichtungen für behinderte Kinder und Jugendliche seit Ratifizierung der UN-Konvention über die Rechte von Menschen mit Behinderungen in einer Phase des Übergangs befinden und sich die Zahl der Schülerinnen und Schüler mit sonderpädagogischen Förderbedarf, die eine allgemeinbildende Schule besuchen, seit 2000/2001 mehr als verdoppelt hat, so dass 2012/2013 jedes vierte Kind mit sonderpädagogischem Förderbedarf an sonstigen allgemeinbildenden Schulen unterrichtet wurde (vgl. a.a.O., S. 178).

Die Autoren formulieren schließlich Herausforderungen, die zu einer gewissen Vorsicht mahnen. Sie erinnern daran, dass es in Deutschland divergierende Vorstellungen über die bestmögliche Bildung von Menschen mit Behinderungen gibt, dass die

Forderung nach Inklusion auf ein historisch gewachsenes, hoch spezialisiertes Bildungssystem trifft, dass eine professionelle Diagnostik unerlässlich ist und das professionelle Selbstverständnis der pädagogischen Akteure zu berücksichtigen und weiter zu entwickeln ist. Damit eröffnet die Autorengruppe eine differenzierte, zukunftsweisende Perspektive für den langen Prozess einer Veränderung eines selektiven Bildungswesens hin zu mehr Akzeptanz von Heterogenität.

Fazit

Für alle Bildungssysteme moderner Gesellschaften gilt es, einen Ausgleich zwischen Gleichheit und Verschiedenheit herzustellen und ein Höchstmaß an Bildungsgerechtigkeit zu ermöglichen. Das deutsche Bildungssystem ist gekennzeichnet durch eine hohe Selektivität, die zugleich Ausdruck sozialer Ungleichheit ist. Die »soziale Grenze der Erziehung« sowie ungelöste Strukturprobleme des deutschen Bildungswesens markieren die Realisierungschancen einer inklusiven Schule, die nicht nur behinderte, sondern alle von Randständigkeit bedrohte Schüler im Blick hat. Eine erfolgreiche Verankerung einer inklusiven Schule ist maßgeblich abhängig von der Zustimmung der Akteure im Bildungssystem, der Pädagogen und Eltern. Schließlich entscheidet der empirisch nachweisbare Erfolg, das Gelingen eines inklusiven Unterrichts, der allen gerecht wird, über die Akzeptanz vor allem der bürgerlichen Mittelschichten, deren Handeln mehrheitlich weniger durch Solidarität als durch das Ringen um Statusverbesserung bzw. -sicherung gekennzeichnet ist.

Man muss das gesamte Bildungssystem im Blick haben, wenn man Reformen im Bildungssektor für behinderte und benachteiligte Schüler voranbringen will. Nichts wäre gewonnen, wenn man ein Teilsystem, nämlich das Sonderschulsystem abschaffte, ohne das gesamte Schulwesen auf den Prüfstand zu stellen, und das bedeutet, seine bisherige selektive Verfasstheit zu hinterfragen. Wie das Beispiel Hamburg zeigt, ist hierzu in breiten Teilen der deutschen Öffentlichkeit noch viel Überzeugungsarbeit zu leisten.

5 Gerechte Bildung: die inklusive Schule

> Die Entwicklung einer inklusiven Schule in Deutschland ist nur als Prozess realisierbar, der durch viele kleine Schritte gekennzeichnet ist. Die Fülle der Rahmenbedingungen, die zu beachten sind, mahnt zu Vorsicht und Augenmaß. Nicht Revolution, sondern der mühsame, langwierige Prozess der Reform ist das Gebot der Stunde.

6 Vorreiter in Sachen Inklusion: Die Stadtstaaten Berlin und Hamburg

»Die Kinder sind keine Schulware, die man in Primar- und Sekundarware und in Ausschuss teilen kann.«
Der Hamburger Volksschullehrer Armack 1890
»Schwachbefähigten Kindern ist das Zusammenleben mit geistig und körperlich normalen Kindern von der heilsamsten Bedeutung und es ist darum nur zu wünschen, diese in gut organisierten Volksschulen zu belassen.«
Der Berliner Lehrer Hermann Piper, Leiter der städtischen »Idiotenanstalt« in Dalldorf (Wittenau), 1892

Zwei Jahre nachdem der Deutsche Bildungsrat (1973) sein richtungweisendes Gutachten »Zur pädagogischen Förderung behinderter und von Behinderung bedrohter Kinder und Jugendlicher« veröffentlicht hatte, in dem er eine Abkehr von einer ausschließlich separaten Beschulung in Sonderschulen empfahl, eröffnete 1975 in Berlin die erste integrative Grundschule in der Bundesrepublik ihre Tore: die Fläming- Schule in Berlin-Schöneberg. 1983 folgte Hamburg mit der Einrichtung von drei Integrationsklassen an drei Standorten.

Von der Fläming-Schule ging ein Fanal aus, und ganze Heerscharen von Pädagogen pilgerten in den 1970er Jahren zu dem neuen Mekka der Integration in Berlin. Das Land Hamburg folgte dem Berliner Modell nur wenige Jahre später, aber es ging im weiteren Verlauf letztlich sehr andere Wege. An der Entwicklung der beiden Stadtstaaten möchte ich exemplarisch zeigen, wie anspruchsvoll die Umsetzung des Konzepts der inklusiven Schule in der Praxis ist und wie zahlreich die Faktoren sind, von denen es abhängt, ob sich eine bildungspolitische Rhetorik in erfolgreiche pädagogische Praxis verwandeln lässt.

Berlin

Das Genehmigungsschreiben der Berliner Senatsverwaltung vom Mai 1981, das die Rahmenbedingungen für den integrativen Zug der Fläming-Grundschule festlegte, belegt den besonderen Status des ersten Schulversuchs zum gemeinsamen Unterricht behinderter und nichtbehinderter Schüler in einer staatlichen Schule der Bundesrepublik. Die Klassengröße wurde auf 15 Schüler festgelegt, von denen bis zu fünf eine Behinderung aufweisen konnten. Die Klassenleitung beruhte auf einem Zwei-Pädagogen-System, das aus einem Lehrer bzw. Sonderschullehrer sowie einem pädagogischen Mitarbeiter (Erzieher, Sozialpädagoge o. ä.) bestand. Für die Integrationsklasse der vierzügigen Fläming-Schule galt zwar der Rahmenplan der sechsjährigen Berliner Grundschule, er konnte aber im Bedarfsfall durch individuelle Lehrpläne ersetzt werden, so dass auch Kinder mit einer geistigen Behinderung aufgenommen werden konnten. Zeugnisse schließlich wurden generell durch schriftliche Beurteilungen ersetzt (vgl. Stoellger 1983).

Die großzügige Ausstattung der Integrationsklasse der Fläming-Schule blieb allerdings singulär für die weitere Entwicklung der schulischen Integration im Lande Berlin. Schon der 1982 eingerichtete Schulversuch an der Uckermark-Grundschule in Berlin-Schöneberg, der ebenfalls wissenschaftlich begleitet wurde (vgl. Heyer/Preuss-Lausitz/Zielke 1990), musste deutliche Einschränkungen hinnehmen. Für die wohnortnah konzipierten Integrationsklassen der dreizügigen Uckermark-Schule war nun schon eine Klassengröße von 20 nichtbehinderten und in der Regel zwei behinderten Kindern vorgesehen, wobei sich die zusätzliche Personalausstattung durch Sonderpädagogen auf eine Stelle pro Jahrgangsstufe reduzierte. Die entscheidende Einschränkung waren jedoch die Aufnahmekriterien: geistig behinderte Schüler waren vom gemeinsamen Unterricht ausgeschlossen – eine Regelung, die in Berlin bis zum Schuljahr 1989/90 Bestand haben sollte (vgl. a.a.O., S. 21).

Es entsprach der Logik der Orientierung am Lebenslauf der Kinder, dass die Eltern der Fläming-Schüler eine Fortführung der Beschulung auch in der Sekundarstufe wünschten, und so kam es 1983 zur Einrichtung einer ersten Integrationsklasse an der Sophie-Scholl-Oberschule (Gesamtschule). Allerdings war diese Fortsetzung an Bedingungen geknüpft worden, wie etwa die unveränderten Organisationsbedingungen der Gesamtschule, also ein zielgleiches Lernen aller Schüler und Schülerinnen. Damit waren sowohl lern- als auch geistig behinderte Jungen und Mädchen von einem Besuch der Sophie-Scholl-Schule ausgeschlossen (vgl. Maikowski 1988; Stoellger 1990), was erst 1988 durch den Schulversuch einer zieldifferenten Integration an der Bröndly-Oberschule (Gesamtschule) revidiert wurde. Im Hinblick auf den Integrationsversuch an der Sophie-Scholl-Gesamtschule zieht Stoellger ein kritisches Fazit, das aufgrund seiner Differenziertheit auch heute durchaus noch Relevanz hat für die gegenwärtige Debatte um eine inklusive Bildung in der Sekundarstufe:

»Das gegenwärtige Gesamtschulkonzept ist allenfalls geeignet für normalbegabte körperbehinderte, sinnesgeschädigte und sprachbehinderte Schülerinnen und Schüler, sofern Unterstützung durch ambulant tätige Sonderschullehrer gewährt werden kann. Soll die Gesamtschule auch zieldifferent alle oder nahezu alle Behinderten integrieren, wird das Gesamtschulkonzept erhebliche Modifikationen erfahren müssen:

1. Neben den Veränderungen der Rahmenbedingungen der Lerngruppen (reduzierte Frequenzen und Zwei-Pädagogen-Systeme) benötigt die Gesamtschule dann eine personalintensive sonderpädagogische Infrastruktur, die sowohl individuelle Förderung (im Einzel- und Kleingruppenunterricht, sporadisch und permanent) als auch therapeutische Maßnahmen (z. B. Sprachtherapie, Psychomotorik und ähnliches) anbieten kann.
2. Die geltenden Rahmenpläne bzw. Lehrpläne müssen so modifiziert werden, dass auch lehrplanorientiert schulisches Lernen unterhalb des Niveaus der Jahrgangsklasse möglich wird. Dies hätte Konsequenzen für Aufstieg und Versetzung, Normarbeiten, Zeugnisse, für die Frage des Abgangs von der Gesamtschule und für die Schulabschlüsse« (Stoellger 1990, S. 126 f.).

Die vom CDU-Senat nur zögerlich unterstützte schulische Integration verlief in Berlin bis Ende der 1980er Jahre eher auf Sparflamme und zugleich entstanden ideologische Grabenkämpfe um den »richtigen« Ort der pädagogischen Förderung behinderter Schüler und damit um die zukünftige Rolle von Sonderschulen. Dennoch hatte die Etablierung der ersten Integrationsklasse in der Fläming-Schule und wenig später der Uckermark-Schule bundesweite Signalwirkung. Die allgemeine Begeisterung der Anfangszeit bestimmte auch die Berichte der wissenschaftlichen Begleitung (vgl. Stoellger 1983, S. 192).

Zugleich belebten diese ersten Schulversuche einer integrativen Beschulung die Debatte um eine Reform der Grundschule, der attestiert wurde, dass sie in Deutschland zu kurz und zu ausleseorientiert sei (vgl. Valtin /Sander/Reinartz 1984; Heyer/ Sack/Preuss-Lausitz 2003.

Die Quote der integrativ unterrichteten behinderten Schüler fiel in Berlin bis 1990 eher bescheiden aus; sie belief sich auf etwa 6,5 Prozent, und somit wurde der weitaus größte Teil von ihnen weiterhin in Sonderschulen unterrichtet. Im Schuljahr 1988/89 führten im damaligen West-Berlin elf allgemeine Schulen Integrationsklassen, in denen 105 Kinder mit einer Behinderung beschult wurden (vgl. Abgeordnetenhaus v. Berlin 1997).

Ein bildungspolitischer Durchbruch gelang in Berlin durch die Regierungsbildung von SPD und »Alternativer Liste« (AL) am 1. Januar 1989. Im September 1990 erfolgte eine Novellierung des Berliner Schulgesetzes, in dem im Paragraphen 10a zum ersten Mal festgelegt wurde, dass Bildung und Erziehung behinderter Schüler und Schülerinnen nicht mehr ausschließlich in Sonderschulen zu erfolgen habe (vgl. Heyer u.a. 1994, S. 194).

Eine unmittelbare Folge der Gesetzesänderung war eine Zunahme weiterer Schulversuche und damit ein deutlicher Anstieg der integrativ beschulten Kinder.

Unbefriedigend aus der Sicht vieler Befürworter der Integration blieb allerdings der Umstand, dass auch nach der neuen gesetzlichen Regelung geistig- und schwermehrfachbehinderte Schüler von der integrativen Beschulung ausgeschlossen blieben, dass eine gemeinsame Erziehung nur in der Grundschule erfolgen sollte und dass den Eltern weiterhin kein Wahlrecht zugestanden wurde. Diese Kritikpunkte beherrschten die bildungspolitischen Debatten der folgenden Jahre und führten schließlich 1996 zu einer erneuten Änderung des Paragrafen 10a, wonach nun den Eltern ein »eingeschränktes Wahlrecht« zuerkannt wurde.

Die über viele Jahre zögerliche Haltung der Berliner Senatsverwaltung gegenüber der schulischen Integration mag auch ein Ausdruck konservativer Bildungspolitik gewesen sein, entscheidender Grund war aber ganz offensichtlich die angespannte finanzielle Lage der Hauptstadt nach dem Fall der Mauer 1989. Es war das Diktat der Finanzverwaltung, die von Anfang an die integrative respektive inklusive Entwicklung des Berliner Schulwesens unter einen Haushaltsvorbehalt stellte. Dieser Haushaltsvorbehalt gilt laut Berliner Schulgesetz von 2004 bis zum heutigen Tag – ungeachtet des Vorrangs eines gemeinsamen Unterrichts und der Zuerkennung des Elternwahlrechts für alle Schulstufen und unabhängig von der Art der Beeinträchtigung. Der inzwischen allerorten verkündete »Schulfrieden«, der eher für Reformstillstand steht, beherrschte auch die Vereinbarungen von SPD und CDU zur Bildung einer Koalition im November 2011, in der es in Kap. 4 heißt: »Im Interesse eines Schulfriedens verändern wir die bestehende Schulstruktur nicht erneut.« Damit war zugleich vermacht, dass das Ziel einer inklusiven Schule weiterhin favorisiert, die Wahlfreiheit der Eltern garantiert, aber eine Deckelung der finanziellen Ressourcen für die sonderpädagogische Förderung weiterhin bestehen würde.

Im Januar 2011 legte die Berliner Senatsverwaltung ein »Gesamtkonzept inklusive Schule« vor, das eine Erhöhung der Inklusionsquote, eine Absenkung der Förderquote auf 6,5 Prozent, die Einrichtung inklusiver Schwerpunktschulen und gesonderter, regionaler Beratungs- und Unterstützungszentren sowie eine Zentralisierung der Diagnostik vorsah (vgl. Der Senat v. Berlin 2011). Angesichts massiver Kritik und ungelöster Finanzierungsfragen zog die neue Bildungssenatorin Sandra Scheeres diesen Plan zurück und beauftragte stattdessen einen Beirat, eine Empfehlung zur Umsetzung des Gesamtkonzepts »Inklusive Schule in Berlin« zu erarbeiten. Dieser Beirat bekräftigte in seiner Empfehlung von 2013 das »Recht auf Inklusion«, empfahl eine Zentralisierung der Diagnostik sowie die Einrichtung von Schwerpunktschulen, ferner eine verlässliche Grundausstattung der Grundschulen für die Gruppe der LSE-Kinder (Förderschwerpunkte Lernen, Sprache, Emotional-Soziale Entwicklung) und sprach sich schließlich für die Etablierung inklusiver Beratungs- und Unterstützungszentren auf bezirklicher Ebene aus (vgl. Senatsverwaltung 2013).

Wie nicht anders zu erwarten war, riefen einige Empfehlungen des Beirats Widerspruch hervor, wie eine zentralisierte Diagnostik sowie die Einrichtung neuer, von der Schullandschaft abgekoppelten Beratungs- und Unterstützungszentren, aber vor allem monierten Lehrer- und Elternverbände nahezu unisono die unzureichende Ausstattung der inklusive Schule.

Interview mit Rita Schaffrinna, Schulleiterin der Berliner Fläming-Grundschule am 26.11.2014 und 7.7.2015

Vorbemerkung: Die Fläming-Grundschule im Berliner Bezirk Tempelhof-Schöneberg war die erste Grundschule in der Bundesrepublik, die 1975 mit der Aufnahme behinderter Kinder pädagogisches Neuland betrat. Die Schule feiert im Jahr 2015 ihr 40-jähriges Bestehen und blickt somit auf eine langjährige Erfahrung mit Integration und Inklusion zurück.

Gegenwärtig besuchen knapp 600 Schüler und Schülerinnen die vierzügige, offene Ganztagsschule, deren Schüler zu gut einem Viertel nicht-deutscher Herkunft sind und von denen etwa 10 Prozent einen sonderpädagogischer Förderbedarf haben. Neben 33 Grundschul- und 7 Sonderpädagogen gehört zum Kollegium der Schule eine wechselnde Zahl pädagogischer Mitarbeiter und Therapeuten. Die Leitidee der Schule lautet:

»Eine Schule für alle – verschieden und einander ebenbürtig.«

Sieglind L. Ellger-Rüttgardt (E.-R.): Wenn Sie zurückblicken, was hat sich an Ihrer Schule gut entwickelt in all den Jahren und wo liegen vielleicht Probleme und Schwierigkeiten?

Rita Schaffrinna (S.): Eine gute Entwicklung ist, dass wir die Integration oder Inklusion hier an der Schule inzwischen auf breitere Füße gestellt haben. Das ist ganz offensichtlich,

denn behinderte Kinder finden sich in allen Klassen. Daneben haben wir Schwerpunktklassen, Klassen, in denen Kinder mit schweren oder schwersten Behinderungen gewissermaßen »gebündelt« beschult werden. Diese Klassen sind personell anders ausgestattet. Und damit wären wir auch schon bei dem Punkt, was sich verschlechtert hat, das ist nämlich die personelle Ausstattung. Es ist tatsächlich so, dass im Laufe der Zeit, seit ich hier Schulleiterin bin, nach und nach Stellen abgeschmolzen wurden. Wir fahren im Moment mit drei Stellen weniger und zwar bei etwa derselben Anzahl von Kindern mit einer Behinderung.
...
E.-R.: Die Kinder lernen ja gemeinsam in den jeweiligen Lerngruppen und in speziellen »temporären Förderangeboten«. Was ist darunter zu verstehen?
S.: Im Grunde sprechen Sie den Bereich der inneren und äußeren Differenzierung an. Die Kinder mit und ohne Behinderung lernen zusammen im Klassenverband. Die Kinder, die nach einem anderen Lehrplan beschult werden, erhalten natürlich andere Aufgaben als die Kinder, die nach den üblichen Rahmenlehrplänen unterrichtet werden, d. h. die Lernzugänge werden jeweils berücksichtigt, und es geht sehr handlungsorientiert für diese Kinder zu ...
...
E.-R.: Die Kinder werden also nach spezifischen, speziellen Lehrplänen unterrichtet?
S.: Richtig. Wir haben die Rahmenlehrpläne »Geistige Entwicklung« und »Lernen«, die uns das zieldifferente Arbeiten möglich machen. Alle anderen Kinder mit den unterschiedlichen Behinderungen werden nach den üblichen Rahmenlehrplänen unterrichtet, d. h. sie werden zielgleich unterrichtet.
E.-R.: Welchen Stellenwert haben Diagnostik und Förderpläne?
S.: Einen sehr hohen Stellenwert, denn ohne die Diagnostik wissen wir nicht, wie wir die Kinder fördern sollen. Wir haben glücklicherweise an unserer Schule einige Kolleginnen und Kollegen aus dem Fachbereich der Sonderpädagogik, die für die Fachrichtung »geistige Entwicklung« ausgebildet

sind, aber auch für Lernen, Sprache und Verhalten. Und auch die pädagogischen Mitarbeiterinnen und Mitarbeiter, die eng mit den Kindern mit den schweren Behinderungen zusammenarbeiten, haben eine große Erfahrung, und sie können auch einen diagnostischen Blick auf die Kinder werfen.
...
E.-R.: Wie entwickelt sich die Kooperation von Sonderpädagogen und Regelschullehrern an Ihrer Schule?
S.: Wir haben jetzt sechs oder sieben Kolleginnen aus dem Sonderschulbereich, das ist etwas ganz Selbstverständliches, die gehören zu meinem Stammpersonal, d. h. ich habe keine anderen abgeordneten Lehrer, außer von der Blinden- und Sehbehindertenschule, aber die anderen Kolleginnen gehören fest zu meinem Stamm. Und die Kooperation ist sehr, sehr gut, zumal es bei uns so geregelt ist, dass auch die Kolleginnen und Kollegen aus dem Sonderschulbereich in Regelklassen unterrichten, damit sie einfach auch eine Vergleichsgröße haben, nach der Devise »Was ist hier eigentlich das Übliche?«
...
E.-R.: Wie bewerten Sie den Umstand, dass es kein eigenständiges Studium der Sonderpädagogik mehr in Berlin geben soll?
S.: ... Ich halte es für einen Fehler. Wir sind angewiesen auf eine sehr gute fachliche Ausbildung. Ich habe Kolleginnen und Kollegen, die jetzt im Moment noch sehr gut ausgebildet sind und die sich auch immer weiterbilden. Diese haben eine ganz andere Sicht auf die Kinder, das ist einfach so ... Wenn ich einen Herzinfarkt habe, dann gehe ich ja auch nicht zur Frauenärztin, sondern zu jemandem, der sich damit auskennt oder von dem ich hoffe, dass er sich damit auskennt. Ich halte es für schwierig, wenn alle Generalisten sind.
...
E.-R.: Welche Erwartungen haben Sie an die Berliner Bildungspolitik und Bildungsverwaltung im Hinblick auf die inklusive Schule?
...

S.: Generell eine gute Unterstützung der Schulen, die sich wirklich auf den Weg machen. Wenn ich Mutter eines geistig behinderten Kindes wäre, und ich merkte, an der Schule will man mein Kind nicht haben, dann fände ich das schwierig. Dann weiß ich nicht, ob es dort gut aufgehoben ist. Wenn die Schule sagt: »Wir wissen nicht, ob es geht, aber wir probieren es mal«, dann ist das etwas ganz anderes, da ist eine ganz andere Energie. Ich muss auch sagen, dass die Kolleginnen und Kollegen ihre Sache sehr gut machen wollen. Sie wollen guten Unterricht machen, und sie befürchten einfach, dass sie alleine gelassen werden, was ja leider Gottes auch oft genug passiert...
E.-R.: Worauf kommt es letztlich an, dass Inklusion in der Schule gelingt?
S.: Ich glaube, es ist eine Frage der Akzeptanz. Ich kann mich an eine Sitzung mit Frau Volkholz (ehemalige Berliner Bildungssenatorin, Anm. E.-R.) erinnern, auf der sie über die innere Haltung der Kolleginnen und Kollegen zur Inklusion gesprochen hat. Sie meinte, es fehle an einer positiven Haltung gegenüber dem Thema. Aber Haltung ist etwas, so denke ich, dass man nicht verordnen kann. Haltung entsteht, und sie entsteht dadurch, dass die Kolleginnen und Kollegen Vertrauen entwickeln, dass sie a) nicht alleine gelassen werden und b) einen kompetenten – und da sind wir wieder bei den Sonderpädagogen – Pädagogen an der Seite haben, jemand, der ihnen sagt, welches die Bedürfnisse dieses Kindes sind und wie man es am besten fördert ... Das eigentlich Verrückte an dem Gedanken der Inklusion ist ja, dass er in einer aussondernden Welt umgesetzt werden soll. Er ist das komplette Gegenteil von dem, was momentan in der Gesellschaft passiert ... Das kann gesamtgesellschaftlich nur gut für uns sein.
...
E.-R.: Sollte es weiterhin Förderschulen und Sonderschulen geben?
S.: Ich glaube, dass es klug ist, wenn man sie hält, nicht zuletzt im Hinblick auf den Elternwillen ... Ich würde nicht für ein Entweder-Sein sein ... Es gibt sie, die schwerwiegen-

den Fälle, und deswegen würde ich nie die Inklusion gegen Sonderschulen ausspielen wollen. (▶ Anhang 2)

Kasten 1: Quelle: Interview mit Rita Schaffrinna, Schulleiterin der Berliner Fläming-Schule

Der bis in die Gegenwart bestehende Widerspruch zwischen bildungspolitischer Programmatik und realer pädagogischer Praxis ist Gegenstand nicht endender bildungspolitischer Debatten in der Hauptstadt, beispielhaft repräsentiert durch die Anfrage einer Abgeordneten mit dem Titel »Inklusion auf immer kleinerer Sparflamme?« vom Juli 2014. Aus der Antwort des Senats geht unmissverständlich hervor, dass sich die personelle Ausstattung des gemeinsamen Unterrichts im Laufe der Jahre kontinuierlich verringert hat, so dass es gerechtfertigt ist, von einem Verlust an Qualität zu sprechen (vgl. Abgeordnetenhaus Berlin, 17. Wahlperiode, Drucksache 17/14230).

Berlin spiegelt in besonderer Weise die sozialen Herausforderungen einer Einwanderungsgesellschaft mit ihren sozialen Exklusionstendenzen wider. Eine zunehmende »Sortierung« bestimmt die Berliner Bezirke, und sie schlägt sich nieder in der Zusammensetzung der Schülerschaft in den Grundschulen. Julia Friedrichs berichtet in ihrer Reportage über Berlin-Kreuzberg von der »geteilten Straße«, in der die Eltern der besseren Wohngegend, die von der anderen Straßenseite, die Grundschule des Viertels, zu meiden versuchen (Die Zeit Nr.28 v. 4.7.2013) – eine Erfahrung, über die auch Patrick Bauer berichtet hat (▶ Kap. 5) .Und der Berliner Grundschulpädagoge Jörg Ramseger, Träger des Grundschulpreises 2014, fragt in seiner Dankesrede: »Welche Chancen haben unsere Grundschulen...wenn das Bürgertum sich der Integrationsaufgabe der öffentlichen Schule mehr und mehr entzieht und die Schulbildung für seine Kinder auf einem zunehmend pluraleren Bildungsmarkt einkaufen kann...?« (Ramseger 2014, S. 9).

Eine »versteckte Segregation«, so Drope und Jurzek (2013), findet auch im Berliner Sekundarschulwesen statt, denn die von der Bildungsverwaltung proklamierte und gewünschte Gleichwertigkeit des zweigliedrigen Schulsystems (Gymnasium und Gemeinschaftsschule) existiert in der Realität nur eingeschränkt, da in sozio-ökonomisch schwachen Stadtteilen auch eine stärkere soziale Entmischung in den Schulen stattfindet. All diese Phänomene bleiben nicht ohne medialen Widerhall, und sie sind kein gutes Omen für die Entwicklung einer inklusiven Schule (▶ Kasten 2), die auf Vielfalt und damit auch soziale Mischung setzt.

Schulen in Berlin

Die Inklusion droht an fehlenden Lehrern zu scheitern
09.10.2014
Von Sylvia Vogt
Die Schüler mit Behinderungen werden mehr, die Förderstunden weniger und vom Konzept der Bildungssenatorin hört man nichts mehr: So kann Inklusion nicht gelingen, warnen Schulleiter und Gewerkschaften.
Bei der Inklusion geht es darum, dass alle Kinder zusammen lernen und nach ihren spezifischen Bedürfnissen gefördert werden.
Die Euphorie hat sich in Frustration verwandelt – so fasst Lothar Semmel vom GEW-Verband der Berliner Schulleiter (VBS) die Haltung vieler Pädagogen zur Inklusion zusammen. »Alle fortschrittlichen Kollegen haben damals die Inklusion als richtigen Weg begrüßt. Aber mit der Ausstattung, die wir haben, kann die Umsetzung nicht gelingen.«
Die Zahlen, die die GEW am Mittwoch vorlegte, sind eindrücklich. Während die Zahl der Schüler mit Behinderungen und Förderbedarf, die in Regelschulen unterrichtet werden, seit Jahren stark steigt, ist die Zahl der Lehrerstellen dafür kaum größer geworden. 1999 gab es 5120 Integrationsschüler, im Schuljahr 2013/14 waren es 12 330. Im gleichen Zeitraum gab es aber nur 200 entsprechende Lehrerstellen mehr. Vor 15 Jahren gab es noch fünf Förderstunden pro Woche für Kinder mit Verhaltensstörungen (sogenannter »Förderbedarf emotional-soziale Entwicklung«), inzwischen sind es noch zwei Extrastunden. »Eigentlich müsste die ganze Zeit jemand bei einem solchen Kind sitzen«, sagt Sem-

mel. Jemand, der mit dem Kind rausgeht, wenn es einen Wutanfall hat, oder noch besser – jemand, der dafür sorgt, dass es erst gar nicht zu solchen Ausbrüchen kommt.
Die Realität sieht aber anders aus. Eine Lehrerin ist allein in einer Klasse, in der es ein Kind gibt, das Sprachstörungen hat. Die Pädagogin sieht, dass das Kind Zuwendung und Förderung braucht, sie kann ihm aber nicht helfen, weil sie sich um 24 andere Schüler auch noch kümmern muss. Bei der Lehrerin führt das zu Frustration, bei dem Kind, das ansonsten normal begabt ist, zu dem Gefühl, dass es nicht mitkommt und nur stört. »Und das kann dann dazu führen, dass das Kind noch eine Lernstörung oder eine Verhaltensstörung dazu bekommt«, beschreibt Robert Giese, Leiter der Fritz-Karsen-Schule in Britz, eine Situation, wie er sie schon erlebt hat.

5000 Schüler bekamen weniger Förderstunden als ihnen zustehen
Eigentlich wäre es nötig, dass immer zwei Pädagogen in einer Klasse wären, da sind sich die Schulleiter einig. Aber es fehlt an allen Ecken und Enden. Dringend benötigte Sonderpädagogen sind bei den Lehrercastings kaum zu bekommen, erzählt Semmel. Rund 5000 Schüler in Berlin bekamen im letzten Schuljahr weniger Förderstunden als ihnen zustehen – das geht aus der Antwort der Senatsverwaltung auf eine Kleine Anfrage der Grünen-Abgeordneten Stefanie Remlinger hervor.
Statt aufzustocken, wird weiter gekürzt, gerade passierte das, wie berichtet, bei den Schulhelfern. Obwohl es in diesem Schuljahr 265 Kinder mehr gibt, die Unterstützung von Schulhelfern brauchen, ist die Gesamtzahl der Helferstunden nicht angehoben worden. Schulleiter Giese erläutert, was das praktisch bedeutet. An seiner Schule gibt es acht Kinder mit geistiger Behinderung, für die nach Gutachten insgesamt 58 Schulhelferstunden bewilligt worden sind. Eines der Kinder sitzt im Rollstuhl und ist so schwer behindert, dass es allein 30 Stunden davon benötigt, weil es rund um die Uhr Unterstützung braucht. Für die anderen sieben Kinder bleiben also nur 28 Stunden übrig, das ist umgerech-

> net nicht einmal eine Stunde am Tag. »Eines der Kinder benötigt Windeln und braucht auch dafür Unterstützung. Das ist aber nicht nur an einer Stunde in der Woche so.«

Kasten 2: Quelle: Der Tagesspiegel vom 9.10.2014

Es ist zu befürchten, dass die zunehmende soziale Selektivität des Bildungswesens vor allem negative Auswirkungen auf jene Schüler haben wird, die aus bildungsfernen und sozial schwachen Milieus stammen, Schüler also, die in besonderer Weise die Solidarität der Mehrheitsgesellschaft benötigen, die aber, so ist zu vermuten, langfristig erneut »abgehängt« und »unter sich bleiben« werden (▶ Kap. 9). Wer wird sich dann für diese Schüler stark machen, sich einsetzen für jene, die meist am Rande der Gesellschaft stehen und die über keine Lobby verfügen? Bislang waren es nicht selten die Sonderpädagogen, die sich um den einzelnen kümmerten und ihn oder sie auf seinem Lebensweg zu begleiten suchten. Aber diese Berufsgruppe soll es zukünftig in Berlin nicht mehr geben, denn mit dem neuen Lehrerbildungsgesetz wird das Lehramt Sonderpädagogik abgeschafft – ein trauriger Schildbürgerstreich im Zeitalter der Inklusion!

Hamburg

Als Hamburg 1983 an drei Grundschulen seine ersten Gehversuche in Richtung gemeinsamen Unterricht von behinderten und nichtbehinderten Kindern unternahm, hatte es zwei zentrale strukturelle Vorteile gegenüber Berlin: Erstens keine einschränkenden Aufnahmekriterien, denn im Grundsatz konnte jedes behinderte Kind aufgenommen werden, und zweitens eine relativ gute finanzielle Absicherung der Schulversuche. Diese beiden Strukturmerkmale prägten die folgende Zeit der Hamburger Schulversuche, und sie wurden begleitet von einem gewissen pragmatisch-hanseatischen Sinn für die Machbarkeit von Reformen, wie sie der damalige SPD-Schulsenator Joist Grolle in einer Rede im Hamburgischen Parlament, der Bürgerschaft, 1984 so formulierte: »Hamburgs Schulpolitik ... hat sich in den letzten Jahren und Jahrzehnten nie auf besonders exzentrischen Bahnen bewegt. Sie war immer eine Politik, in der Innovation und Bewahrung sich die Waage gehalten haben, in der Kontinuität und Fortschritt miteinander verträglich waren. Zu Zeiten, in denen es in anderen Bundesländern ein erbittertes Auf und Ab von Richtungskämpfen gab, sind in Hamburg Grundlagen gelegt worden, die bis heute konsensfähig geblieben sind« (zit. n. Lemke 2005, S. 118).

Der Hamburger Schulversuch »Integrationsklassen« unter der Ägide des Schulsenators Grolle startete im Schuljahr 1983/ 84 mit 9 behinderten und 37 nichtbehinderten Schülern in drei Klassen; im Jahre 1986/87 waren es 71 behinderte und 308 nichtbehinderte Schüler in 22 Klassen.

Die Hamburger Integrationsklassen, für die die Berliner Fläming- und Uckermark-Schule Pate standen, folgten zwei unterschiedlichen Organisationsmodellen, wobei das 11+4-Modell sich an schon bestehenden Kindergruppen aus dem Vorschulbereich orientierte, während das 18+2-Modell dem Gedanken der wohnortnahen Beschulung folgte. Jede Integrationsklasse wurde von drei Pädagoginnen geleitet, einer Grundschullehrerin, einer Sonderpädagogin und einer Erzieherin, so dass eine durchgängige Doppelbesetzung gewährleistet war. Ziel des integrativen Unterrichts war »die allseitige Förderung aller Kinder durch gemeinsame Lernsituationen« und die Anerkennung des Rechts »aller Kinder auf Unterschiedlichkeit ohne den Verzicht auf die Gemeinsamkeit« (Wocken 1987, S. 72 u. 76).

Auch in Hamburg erfüllten sich schon in der Anfangszeit die Erwartungen an die ersten Versuche einer gemeinsamen Beschulung von behinderten und nicht behinderten Kindern. So bescheinigte Hans Wocken in seinem Erfahrungsbericht allen Kindern eine Lebens- und Lernfreude, den nichtbehinderten Kindern gute Lernergebnisse und den behinderten Schülern Lern- und Entwicklungsfortschritte (vgl. a.a.O., S. 79). Als gelegentlich problematisch erwies sich nach Wocken allerdings die Gruppe der nichtbehinderten Schüler, die unerwartete Lern- und Verhaltensschwierigkeiten zeigten, sowie die unzureichende Fähigkeit der Pädagoginnen zur Zusammenarbeit.

Vergleichbar mit der Entwicklung in Berlin, plädierten auch die Hamburger Eltern für eine Fortsetzung des gemeinsamen

Unterrichts in der Sekundarstufe, und so wechselten im Schuljahr 1987/88 die ersten beiden Grundschulklassen in die 5. Klasse einer Hamburger Gesamtschule (vgl. Schley/Boban/Hinz 1989; Köbberling 1998).

Die sozialdemokratisch geprägte Hamburgische Bildungspolitik, die immer wieder für mehr Bildungsgerechtigkeit durch Verlängerung der Grundschulzeit und Einführung von Gesamtschulen eingetreten war (vgl. Lemke 2005; Kehl 1987), stand angesichts des Elternwahlrechts für die Integrationsklassen allerdings vor einem Dilemma: Die Tatsache, dass überproportional viele geistig- und körperbehinderte Schüler die Integrationsklasse besuchten, lern- und verhaltensgestörte Kinder hingegen in der Minderzahl waren, widersprach den Idealen einer Bildungspolitik, die auf Herstellung von Chancengleichheit setzte.

Ulla Kehl beschrieb in ihrer bildungspolitischen Analyse der Anfangszeit diese Problematik folgendermaßen:

»Das Elternrecht ist hier zu problematisieren. Elternrecht in dem Sinne, dass auf Antrag der Eltern eine Integrationsklasse eingerichtet wird, bedeutet: Eltern, die die Bereitschaft und Fähigkeit mitbringen, für ihre behinderten Kinder eine Integrationsklasse zu fordern, durchzusetzen und mitzutragen, erreichen die bessere, d.h. hier erst einmal finanziell besser ausgestattete Alternative zur Sonderschule. Kinder mit Lernbehinderungen, z.T. auch mit Verhaltensstörungen und Sprachbehinderungen, gehören zum überwiegenden Teil einer sozial benachteiligten Schicht an. Es ist zu fürchten, dass deren Eltern nur in geringem Maße die Qualifikation mitbringen, sich für einen solchen Schulversuch einzusetzen. Das Ergebnis wäre eine weitere Hierarchisierung innerhalb der Gruppe der Behinderten/Sonderschüler« (Kehl 1987, S. 56 f.).

Eine der möglichen, durchaus folgerichtigen Konsequenzen aus der sozialen Schieflage der Integrationsklassen war die Einrichtung des Schulversuchs »Integrative Regelklasse« (IR) im Schuljahr 1991/92, der bis 1997/98 lief. Diesen Weg hatte Hans Wocken in seiner Bilanz des Schulversuchs »Integrationsklassen« schon 1988 aufgezeigt, als er schrieb:

»In Elterninitiativen finden sich vornehmlich bildungsinteressierte und politisch artikulationsfähige Eltern zusammen. Es verwundert daher nicht, dass die Integrationsbewegung bislang im Wesentlichen eine bürgerliche Bewegung ist ... Grundschulen mit Integrationsklassen sind zur

Zeit nicht in sozialen Brennpunkten anzutreffen, dort, wo die soziale Not von Familien und die Schulprobleme ihrer Kinder am größten sind ... Um der Bildungsgerechtigkeit willen sind daher schon jetzt bildungspolitische Korrektive vonnöten. Das Modell der Elterninitiative bedarf einer Ergänzung durch das Modell der Schulinitiative« (Wocken 1988, S. 57).

Für die Einrichtung der Integrativen Regelklassen wurden zunächst 13 Grundschulen in sozialen Brennpunkten ausgewählt. Ihr hoch gestecktes Ziel war die Prävention, der Versuch, durch bessere Ausstattung der Grundschulklassen eine spätere Überweisung von lernbehinderten, sprachbehinderten und verhaltensgestörten Kindern auf die Sonderschule zu vermeiden. Durch den Verzicht auf eine Feststellungsdiagnostik sollte das Etikettierungs-Ressourcen-Problem umgangen werden (vgl. Katzenbach/Hinz 1999), und es bestand die Hoffnung, durch eine zusätzliche Ausstattung der Grundschulklassen (drei Sonderschullehrer- und eine Erzieherstelle für die Klassen 1 bis 4 einer zweizügigen Grundschule) das Ziel der Prävention erreichen zu können (vgl. Hinz u. a. 1998a).

Die Ergebnisse des Schulversuchs zwangen die beteiligten Wissenschaftler allerdings zu einer eher ernüchternden Bewertung. Die Hoffnung auf einen Anstieg der Leistungen, eine Verbesserung der emotional-sozialen Entwicklung der jeweiligen Kinder sowie eine Verringerung der Überweisungsquote an die Sonderschule wurde nur zum Teil erfüllt, und auffällig war die große Streubreite zwischen den einzelnen Schulen. Auf der Suche nach Erklärungen für die jeweiligen Befunde war die Gruppe der Wissenschaftler gespalten. Wocken und Hinz favorisierten eine »Milieuthese«, wonach die entscheidende Ursache für die erwartungswidrigen Resultate auf die unterschiedliche soziale Ausgangslage der Kinder zurückzuführen sei, und sie kritisierten unrealistische Erwartungen an den Schulversuch:

> »Der Schulversuch regt dazu an, das fälschliche Verständnis von Integration als Prävention oder Kompensation von Behinderungen aufzugeben. Nicht die Integration hat Risse bekommen, sondern das Zutrauen in die Idee der Kompensation ist geringer geworden. Die Kinder der Integrativen Regelklassen sind nicht durch Integration ›schlechter‹ geworden, sondern sie sind trotz Integration ›schlechter‹ geblieben« (Hinz u. a. 1998b, S. 580 f.).

Demgegenüber favorisierten Katzenbach u. a. eine »Risikohypothese«, der eine systemische Erklärung zu Grunde liegt, nämlich die These, dass die Ergebnisse auf die jeweilige Gestaltung von Unterricht zurückzuführen seien. Nach Auffassung von Katzenbach und den anderen Autoren war der Versuch »Integrative Regelklasse« keineswegs gescheitert, sondern bedurfte der qualitativen Weiterentwicklung: »Die Ergebnisse der vorliegenden Untersuchung zeigen, daß das an sich taugliche Konzept einer qualitativen Vertiefung bedarf und mit weiteren Ideen zur Weiterentwicklung der Grundschule konfrontiert werden muss« (a.a.O., S. 570). Sie machten zugleich geltend, dass beide Hypothesen, die Milieu- und die Risikohypothese, ihre Berechtigung haben und sich nicht ausschließen, sondern letztlich ergänzen (vgl. Katzenbach u. a. 1999, S. 588).

Als das Hamburgische Parlament am 1.8.1997 ein neues Schulgesetz verabschiedete, das weitreichende strukturelle Reformen wie die Zweigleisigkeit des Sekundarschulwesens (Gymnasium und Stadtteilschule) festschrieb, traf es auf ein breit gefächertes und quantitativ bedeutsames Angebot integrativer Pädagogik in der Hansestadt. So existierten an insgesamt 35 Schulen 187 Integrationsklassen, wobei 88 Klassen auf die Grundschule und 99 Klassen auf die Sekundarschule entfielen. Daneben bestanden 380 Integrative Regelklassen an 36 Grundschulen, und ergänzt wurde diese integrative Struktur durch die Einrichtung von »Regionalen Beratungs- und Unterstützungszentren« (REBUS), in denen multiprofessionelle Teams als externe Unterstützter gezielte Angebote für den Personenkreis der verhaltensauffälligen Schüler bereit stellen sollten (vgl. Pape 1998). Die große Akzeptanz für Integration spiegelte sich auch in dem neuen Schulgesetz wider, in dem es in § 3 hieß: »Das Schulwesen ist so zu gestalten, dass die gemeinsame Erziehung und das gemeinsame Lernen von Kindern und Jugendlichen in größtmöglichem Ausmaß verwirklicht werden können.«

Auch wenn die Einführung der sechsjährigen Primarschule durch Volksentscheid im Juli 2010 gescheitert war (▶ Kap. 5), gelang doch der entscheidende Durchbruch für eine rechtliche Verankerung einer inklusiven Bildung im Hamburgischen Schulwesen durch die Schulgesetzänderung vom Oktober

2009, die zum Schuljahr 2010/11 wirksam wurde. Unter Bezug auf den Art. 24 der UN-Konvention wurde *erstmalig* in der Bundesrepublik der Rechtsanspruch auf eine inklusive Bildung im § 12 festgelegt:

> »(1) Kinder und Jugendliche mit sonderpädagogischem Förderbedarf haben das Recht, allgemeine Schulen zu besuchen. Sie werden dort gemeinsam mit Schülerinnen und Schülern ohne sonderpädagogischen Förderbedarf unterrichtet und besonders gefördert. Die Förderung kann zeitweilig in gesonderten Lerngruppen erfolgen, wenn dieses im Einzelfall pädagogisch geboten ist«.

In Abs. 2 des Gesetzes werden alle Förderschwerpunkte aufgeführt und damit ihre grundsätzliche Gleichwertigkeit dokumentiert. Schließlich wurde in Abs. 3 und 4 niedergelegt, dass ein sonderpädagogischer Förderbedarf auf der Grundlage eines sonderpädagogischen Gutachtens festzustellen ist und dass »Art und Ausmaß der Hilfen in einem diagnosegestützten Förderplan« festzulegen sind (Mitteilung des Senats an die Bürgerschaft 2009).

Auffallend an der Gesetzesänderung war allerdings, dass der § 19 »Sonderschule« nur geringfügig verändert aus der Fassung von 1997 übernommen wurde und damit ein wenig isoliert in dem neuen Schulgesetz steht. Er lautet:

> »Sonderschulen sind entsprechend dem Förderbedarf ihrer Schülerinnen und Schüler in ihrer Arbeit auf die Förderschwerpunkte Lernen- und Leistungsverhalten, Hören, Sehen, Sprache, emotionale und soziale Entwicklung, geistige Entwicklung und körperliche und motorische Entwicklung ausgerichtet. Im Rahmen einer Sonderschule können mehrere Förderschwerpunkte sowohl als organisatorische als auch pädagogische Einheit geführt werden. Den Sonderschulen kann eine Vorschulklasse angegliedert sein«.

Damit wurde ausgesagt, dass es auch zukünftig besondere Organisationsformen für alle benannten Förderschwerpunkte geben soll, aber es fehlten konzeptionelle Aussagen zur Rolle dieser Sonderformen in einem inklusive Bildungswesen.

Der Anteil der integrativ geförderten Schüler in den Jahrgangsstufen 1 und 5 verdoppelte sich bereits im Schuljahr 2010/11, und der Senat sah sich veranlasst, angesichts der Vielfalt und dem Nebeneinander sehr unterschiedlicher Förderformen und Ressourcenausstattungen eine stärkere Vereinheitlichung des Systems sonderpädagogischer Förderung in der Hansestadt voran zu treiben.

In einer Pressemitteilung vom 23.11.2011 stellte Schulsenator Ties Rabe »Eckpunkte für ein inklusives Bildungskonzept vor (Kasten 3), die die weitere Entwicklung der inklusiven Bildung in Hamburg skizzierten.

Schulsenator Rabe stellt Eckpunkte für ein inklusives Bildungskonzept vor

23. November 2011 14:40 Uhr
Seit Änderung des Schulgesetzes zum Schuljahr 2010 nutzen viele Eltern von Kindern mit sonderpädagogischem Förderbedarf ihr neues Wahlrecht und melden ihre Kinder nicht mehr an Sonderschulen, sondern an allgemeinen Schulen an. Viele Schulen waren auf diesen Ansturm von Schülerinnen und Schülern mit sonderpädagogischem Förderbedarf nicht vorbereitet. Schulsenator Ties Rabe hat jetzt Eckpunkte für ein neues Konzept zur inklusiven Bildung vorgestellt.
Senator Rabe: »Wir wollen diesen ausgegrenzten Kindern neue Chancen eröffnen. Das Durcheinander der ersten beiden Jahre wollen wir beenden und die gute Idee vernünftig und handwerklich sauber umsetzen. Dafür werden wir ab dem Schuljahr 2012/13 ein umfassendes Förderkonzept mit der höchsten Ressourcenausstattung aller westdeutschen Bundesländer starten. Unser Konzept umfasst:

- Fortbildungen für Lehrkräfte und Maßnahmen zur Weiterentwicklung von Schule und Unterricht
- eine genaue und sachgerechte Verteilung der zusätzlichen Pädagogen und Fachkräfte
- zahlreiche schulorganisatorische Maßnahmen zur Umsetzung der Inklusion.«

In einem ersten Schritt hatte Senator Rabe zum Schuljahr 2011/12 bereits über 120 zusätzliche Stellen für Erzieher und Sozialpädagogen bereitgestellt, um die Förderung zu verbessern. Rabe: »Damit haben wir die Zahl der Stellen für

die Förderung von Kindern mit sonderpädagogischem Förderbedarf erheblich aufgestockt. Jetzt müssen wir die eingesetzten Mittel richtig steuern und passgenau da einsetzen, wo auch die Kinder sind. Zurzeit ist das Personal eher nach dem Zufallsprinzip auf Hamburgs Schulen verteilt, einige Schulen sind hervorragend ausgestattet, andere eher gering...
Schulsenator Rabe: »Im Vergleich zu allen anderen Bundesländern ist Hamburg mit diesen Eckpunkten zur inklusiven Bildung sehr gut aufgestellt. Leider hat die stürmische Einführung der Reform viele Schulen belastet. Politik, Behörde und Schulen müssen deshalb noch viel Arbeit investieren. Es ist eine große Aufgabe und wird Zeit brauchen, bis alle Schulen ihre Erfahrungen gesammelt und Schritt für Schritt das Schulleben und den Unterricht auf die neue Situation eingestellt haben. Aber wir werden jetzt nicht auf halbem Wege stehen bleiben. Viele gute Beispiele zeigen, dass inklusive Bildung gelingen kann. Unsere Eckpunkte bieten dafür die richtige Grundlage.«

Kasten 3: Quelle: Behörde für Schule und Berufsbildung 2011, S. 159

Ungeachtet breiter Zustimmung zu den Kernaussagen der Eckpunkte des Senators, wie etwa dem Recht auf inklusive Beschulung, der Zuweisung von systemischen und individuellen Ressourcen, der Einrichtung von Bildungs- und Beratungszentren sowie der Aussicht auf Fortbildungs- und Unterstützungsprogramme für Pädagogen, gab es durchaus kritische Rückfragen an das vorgestellte Konzept. Problematisch, da nicht kompatibel mit dem Hamburgischen Schulgesetz, erschien die Unterscheidung zwischen Kindern mit »sonderpädagogischen Förderbedarf« in den Bereichen Lernen, Sprache, emotionale und soziale Entwicklung (LSE) auf der einen Seite und »Kinder mit Behinderungen« (geistige Entwicklung, körperliche und motorische Entwicklung, sinnesbehinderte, Autismus) auf der anderen Seite. Diese Unterscheidung, so wurde argumentiert, ließe sich fachlich nicht begründen, denn es gibt in der Theorie keine unterschiedliche Wertigkeit von Behinderungen. Sicherlich unbeabsichtigt, aber de facto, schuf diese Unterscheidung ein Zwei-Klassen-System von behinderten Schülern, denn die Zuweisung zusätzlicher Unterrichtsstunden fiel für die sogenannten LSE-Kinder deutlich geringer aus. Diese Ungleichbehandlung setzte sich fort in der Frage der Diagnostik. Nur für behinderte Schüler sollte ein individuelles Diagnoseverfahren mit einem Feststellungsgutachten erstellt werden; für die Kinder mit einem LSE-Förderbedarf wurde eine pauschale, d.h. systemische Zuweisung vorgenommen – in Abhängigkeit von der Schülerzahl und der sozialen Lage der Schule. Problematisiert wurde ferner die Aussage, dass es in der Sekundarstufe I vor allem die Stadtteilschulen sind, die behinderte Schüler aufnehmen sollen; die Gymnasien hingegen wurden nicht ernsthaft ins Kalkül einbezogen. Auch hier manifestierte sich ein Zwei-Klassen-Denken, das dem Geist einer inklusiven Schule widerspricht (vgl. Ellger-Rüttgardt 2011d, 2013a).

Der Startschuss für die Einführung des Konzepts einer inklusiven Bildung fiel in Hamburg im Schuljahr 2010/11, und wie nicht anders zu erwarten war, kam es angesichts des radikalen Systemwandels und der vielen offenen Fragen zu zahlreichem Protest in der Hansestadt (▶ Kasten 4).

Schulleiter wollen 50 Mio. Euro mehr – Ohne zusätzliche Lehrer- und Förderstunden sei die Inklusion an den Stadtteilschulen in Gefahr

Farmsen-Berne. Wegen der wachsenden Zahl von Kindern mit sonderpädagogischem Förderbedarf an ihren Schulen schlagen die Leiter der Stadtteilschulen jetzt Alarm. »Die personelle Ausstattung reicht nicht, um für alle Schüler ein passendes individuelles Lernangebot sowie die notwendige Begleitung und Unterstützung im Unterricht zu gewährleisten«, sagt Pit Katzer, Leiter der Erich-Kästner-Schule in Farmsen und einer der Sprecher der Vereinigung der Stadtteilschulleiter.

Wie berichtet, hat sich der Anteil der Kinder, denen ein Förderbedarf in den Bereichen Lernen, Sprache sowie emotionale und soziale Entwicklung (LSE) attestiert wurde, an die-

ser Schulform erneut deutlich erhöht. Nach einer Erhebung der Schulleiter beträgt die Quote der LSE-Kinder, die im Zuge der Inklusion jetzt an einer Stadtteilschule angemeldet wurden, in den künftigen fünften Klassen 15,6 Prozent. Im vergangenen Jahr waren es noch 10,8 Prozent. Die finanziellen Zuweisungen der Schulbehörde sind dagegen auf der Basis eines Anteils von nur acht Prozent berechnet.
Die Schulleiter fordern nun, dass sich die Zuweisung zusätzlicher Lehrerstunden an der tatsächlichen Zahl der LSE-Schüler orientiert und nicht an Planzahlen. Außerdem müsste die Zahl der Förderstunden pro Kind erhöht werden: von drei auf fünf Stunden pro Woche, »um allen Schülern im Unterricht gerecht zu werden«, wie es in einer Mitteilung der Schulleiter-Vereinigung heißt.
»Wir sind uns bewusst, dass die Erfüllung unserer Forderungen viel Geld kostet. Wenn die Inklusion hochwächst, werden langfristig 40 bis 50 Millionen Euro pro Jahr zusätzlich benötigt«, schreiben die Schulleiter. Allerdings seien für die Einführung der später gescheiterten Primarschule 65 Millionen Euro vorgesehen gewesen, während die Inklusion »derzeit ausschließlich durch Umverteilung innerhalb des Schuletats finanziert werde«. Ausdrücklich bekennen sich die Schulleiter zur Verantwortung für die Weiterentwicklung einer inklusiven Pädagogik und Didaktik.
Nach Berechnungen der Gewerkschaft Erziehung und Wissenschaft (GEW) fehlen an den Stadtteilschulen rund 350 Lehrkräfte und an den Grundschulen noch einmal 200 Pädagogen für eine gelingende Inklusion. Kosten: rund 30 Millionen Euro. »Inklusion geht nicht im Sparmodus. Das Konzept läuft in Hamburg Gefahr, vor die Wand zu fahren«, sagt die GEW-Vorsitzende Anja Bensinger-Stolze.
»Es rächt sich jetzt, dass Schulsenator Ties Rabe zu schnell zu viele Förderschulen geschlossen hat«, sagt Anna von Treuenfels (FDP). Rabe müsse wenigstens zur Einzelfalldiagnose zurückkehren, um den jahrelangen Streit darüber zu beenden, ob die Zahl der LSE-Kinder wirklich gestiegen ist. (pum)

Kasten 4: Quelle: Hamburger Abendblatt vom 20.2.2014

Elternvertretungen, Lehrerverbände, Oppositionsparteien, Gewerkschaften und Behindertenverbände beklagten eine übereilte, flächendeckende Einführung der Inklusion, aber vor allem ihre unzureichende personelle Absicherung. Ein besonders neuralgischer Punkt war die Situation der Grund- und Stadtteilschulen in sozial belasteten Stadtvierteln, wo die Gruppe der LSE-Kinder unerwartet hoch anstieg, nämlich um 5.323 zwischen 2009 bis 2013 (Behörde für Schule und Berufsbildung 2014, S. 70).

Die Hamburgische Bildungspolitik reagierte auf die zum Teil dramatischen Situationen, indem sie die Fehlentwicklung untersuchen ließ und die Bildungsverwaltung entsprechend gegensteuerte (▶ Kasten 5). So wiesen Schuck und Rauer (2014) nach, dass verschiedene Faktoren zu einem Anstieg der LSE-Schüler, vor allem derjenigen mit Lernschwierigkeiten, geführt hatten, wie Schwierigkeiten und Fehler bei der Diagnostik, aber auch eine höhere Aufmerksamkeit für »Problemkinder« und schließlich der Umstand, dass Kinder vor allem aus den IR-Klassen bislang gar nicht diagnostiziert worden waren.

Auch das uneinheitliche Diagnoseverfahren wurde revidiert und ab dem Schuljahr 2014/15 ersetzt durch eine individuelle Diagnostik für alle Schüler und Schülerinnen, bei denen ein sonderpädagogischer Förderbedarf vermutet wird. Die Diagnostik erfolgt seitdem in einem zweistufigen Verfahren, nach einheitlichen Maßstäben und in enger Zusammenarbeit von allgemeiner Schule und den Regionalen Bildungs- und Beratungszentren (ReBBZ), wobei die letzteren über die Feststellung des sonderpädagogischen Förderbedarfs entscheiden.

Interview mit Angela Ehlers, Martin Gustorff, Michaela Peponis, Behörde für Schule und Berufsbildung Hamburg am 28.8. 2014

Vorbemerkung:
Dr. Angela Ehlers ist Leiterin des Referats »Inklusion, Grundsatzfragen der inklusiven Bildung und sonderpädagogischen Förderung«. Martin Gustorff übt die Schulaufsicht über die speziellen Sonderschulen sowie die Bildungs- und

Beratungszentren »Sehen« und »Hören« der Hansestadt aus. Michaela Peponis leitet und beaufsichtigt die »Regionalen Bildungs- und Beratungszentren« (ReBBZ) des Stadtstaates sowie das Bildungs- und Beratungszentrum »Pädagogik bei Krankheit« (BBZ).

Sieglind L. Ellger-Rüttgardt (E.-R.): Seit dem Schuljahr 2010/11 setzt Hamburg ein inklusives Schulkonzept in die Praxis um. Was ist aus Ihrer Sicht schon gelungen und welche Aufgaben sind noch zu lösen?
Michaela Peponis (P.): Gelungen ist sicherlich, dass jeder, der im Hamburger Bildungssystem arbeitet, sich dieser Thematik nicht mehr entziehen kann und darf, weil die Situation so ist, dass in allen Schulformen – so auch in den Gymnasien – das Thema Inklusion angekommen ist ... Das Dringlichste ist sicherlich, sich jede einzelne Schule und ihr Profil anzuschauen. Wie ist jede Schule in der inklusive Bildung aufgestellt? Was brauchen Lehrkräfte noch an Kompetenzen, an Ausstattung, an Fortbildung, um wirklich professionell inklusiv zu beschulen?
Martin Gustorff (G.): ... In Hamburg hat man angefangen, Inklusion flächendeckend zu betreiben. Im Gegensatz dazu gibt es andere Bundesländer, die sich noch längst nicht auf den Weg gemacht haben ... Nun zu dem, was noch zu entwickeln ist. Wenn man in die Schulen guckt, muss man feststellen, dass sich da durchaus noch Entwicklungsbedarfe abzeichnen ... Wenn ich auf die Ebene schaue, die wir hier vertreten, die Bildungsadministration, dann müssen wir sagen: Wir haben eine Drucksache »Inklusion«, die ein wichtiger Schritt ist, aber die als Konzept noch lange nicht fertig ist. Sie ist quasi das erste Release. Wir haben zum Beispiel ein Schulgesetz, das in keiner Weise inklusiv ist, sondern eigentlich sehr segmentierend, und das bildet sich auch in der Praxis ab ...
Angela Ehlers (E.): Was wirklich gelungen ist, ist die Tatsache, dass sich ein ganzes Bundesland auf der Grundlage eines einheitlichen Konzeptes auf den Weg gemacht hat und dass dieses Konzept, die Drucksache, an der sicherlich noch

ganz viel nachzubessern ist, von niemandem mehr infrage gestellt wird ...
E.-R.: Es gibt die Unterscheidung zwischen Schülern mit sonderpädagogischem Förderbedarf und Kindern mit Behinderung. Halten Sie diese Unterscheidung für vertretbar oder sehen Sie Änderungsbedarf?
G.: Als Zwischenschritt halte ich es für vertretbar...
P.: Ich glaube schon, dass es hier im Haus Verständnis dafür gibt, dass Kinder mit speziellen Bedürfnissen alle gleich wichtig und gleichwertig sind, dass für alle gleichermaßen gilt: Sie brauchen die Unterstützung, die ihnen zusteht.
E.-R.: Damit können wir direkt anschließen an die Frage der Ressourcen. Es wird ja häufig bemängelt, dass die systemische Ressource für die sogenannten LSE-Kinder geringer ausfällt als für die übrigen behinderten Kinder. Damit stellt sich wiederum die Gerechtigkeitsfrage. Wie sehen Sie das Verhältnis von systemischer und individueller Ressource? Ich möchte an den Bildungsbericht von 2014 erinnern, der ja sagt, man muss ein ausgewogenes Verhältnis zwischen Pauschal- und Individualzuweisung finden.
P.: Das sehe ich genauso, ich habe aber noch keine Antwort darauf. Ich hoffe sehr, wenn wir in eine neue Zeitrechnung durch das veränderte Diagnoseverfahren gehen, dass wir danach auch handlungssicherer sein werden, was die Ressourcenzuweisung betrifft ...
E.: ... vom Grundsatz her denke ich, dass die systemische Ressource für diese drei Förderschwerpunkte Lernen, Sprache sowie emotionale und soziale Entwicklung, wie sie in Hamburg gestrickt ist, nämlich im Schnitt 3,5 Stunden pro Kind, wirklich auskömmlich ist, wenn man wirklich so damit umgeht, wie es eigentlich gedacht ist, nämlich dass die belasteten Schulen mehr bekommen als die nicht so belasteten und dass man auch wirklich ehrlich damit umgeht ...
...
E.-R.: Nun zur Rolle der Sonderpädagogen. Sie sind häufig in mehreren Klassen unterwegs. Wo ist ihre Heimat? Und wie ist die Ausbildungssituation, gibt es genügend Nachwuchs?

G.: Der große Paradigmenwechsel für die Lehrerinnen und Lehrer ist sicherlich, dass sie, anders als sie es in der Ausbildung gelernt haben, oft keine eigene Klasse mehr haben ... Schon in der Ausbildung müsste sich etwas ändern, denn man legt seine Prüfung für eine eigenständige Unterrichtsstunde ab, aber nicht unbedingt für ein inklusives Setting. Eine andere Frage ist natürlich: Wie erwirbt man die Spezialkompetenzen für eine Fachrichtung, also für Sehen, Hören, geistige Entwicklung etc.? Hierfür haben die speziellen Sonderschulen nach wie vor eine wichtige Funktion. Das alles vernünftig in die Ausbildung zu integrieren, die spezifische Fachlichkeit zu entwickeln und zugleich eine Schnittstelle zur allgemeinen Schule zu finden, das wird nicht einfach sein. Da stehen wir erst noch ganz am Anfang.

P.: Wir müssen es hinbekommen, dass eine Sonderpädagogin, ein Sonderpädagoge sowohl im Sonderschulsystem als auch in der Inklusion kompetent ist, zu unterrichten. Wir brauchen also eine Ausbildung in beiden Säulen. Und was die Heimat der Sonderpädagogen betrifft, so müssen wir Heimat anders definieren. Heimat ist eben nicht mehr mein Klassenraum, den ich mir schön gestaltet habe, sondern ein Sonderpädagoge in der Inklusion hat sozusagen eine systemische Heimat.

E.-R.: Was ist Ihre Vision eines inklusive Bildungswesens in Hamburg? Wird es weiterhin Regionale Bildung- und Beratungszentren sowie spezielle Sonderschulen geben?

P.: Meine Vision ist, dass wir irgendwann das Wort »Inklusion« nicht mehr brauchen, sondern dass wir eine Schule haben werden, egal ob zweigliedrig, dreigliedrig, eingliedrig, darüber möchte ich gar nicht diskutieren. Ich möchte, dass wir zu einer Schule kommen, die eine gezielte, individuelle Förderplanung und Förderung macht ...

E.: Meine Vision ist, dass wir irgendwann dahin kommen, dass wir Bildungseinrichtungen haben, die im Stadtteil, im Bezirk Einrichtungen sind für das gemeinsame Leben und Lernen, die einbezogen sind in den Sozialraum und die alle Menschenkinder, die dorthin kommen wollen, willkommen heißen ... egal, ob sie Flüchtlinge sind, ob sie aus Armutsla-

gen kommen, ob sie eine Behinderung haben oder ob sie besonders begabt sind ... Ich wünsche mir ferner, dass die speziellen Einrichtungen nicht mehr irgendwo auf der grünen Wiese stehen, sondern dass solche Einrichtungen immer bei den allgemeinen Schulen sind und dass es zwischen ihnen einen engen und kooperativen Austausch und keinen Zaun gibt ...
G.: Inklusion 2.0 wäre für mich, dass sich Schulen aufmachen, anderen Unterricht zu machen. Dass vor allen Dingen Lehrer der allgemeinen Schulen sich noch deutlicher öffnen ... Ein weiterer Punkt ist, dass es eine allgemeine Schule geben sollte, in der wir nicht mehr unterscheiden, wer braucht einen Förderplan und wer nicht, sondern in der jede Schülerin, jeder Schüler einen Entwicklungsplan hat und zwar für sein Lern- und Entwicklungsniveau ...

Kasten 5: Quelle: Interview mit Angela Ehlers, Martin Gustorff und Michaela Peponis

Die sonderpädagogische Förderung in Hamburg zeichnet sich seit der Schulgesetzänderung von 2009 nicht nur durch eine stetige organisatorische und finanzielle Nachsteuerung der inklusiven Bildung aus, sondern zugleich durch ein Anwachsen und einen Ausbau der einzelnen Förderschwerpunkte. So stieg der Anteil der Schüler und Schülerinnen mit sonderpädagogischen Förderbedarf von 4,7 Prozent im Schuljahr 2009/10 auf 6,9 Prozent im Schuljahr 2013/14; von diesen Schülern des Jahrgangs 2013/14 besuchten 58,2 Prozent allgemeine Schulen während 41,8 Prozent an Sonderschulen bzw. Regionalen Bildungs- und Beratungszentren (ReBBZ) unterrichtet wurden (Bildungsbericht Hamburg 2014, S. 71 f.). Dabei stieg nicht nur die Zahl der Schüler mit sonderpädagogischen Förderbedarf, sondern sie differenzierte sich auch weiter aus, wie die Aufnahme der Schwerpunkte »Autismus« und »Mehrfachbehinderung« belegen. Diese Entwicklung deutet an, dass ein leistungsfähiges inklusives Schulsystem sich nicht durch Abbau und Einsparungen auszeichnet, sondern durch einen hohen Grad an kostenintensiver Differenzierung, der sich auch in einer Organisationsvielfalt niederschlägt.

Dabei gilt es zu betonen, dass sowohl die systemischen Korrekturen im Hinblick auf die inklusive Bildung als auch Ausbau und Differenzierung des sonderpädagogischen Angebots letztlich nur zu realisieren waren, weil die hamburgische Politik willens und in der Lage war, hierfür kontinuierlich ansteigende Finanzmittel bereitzustellen.

Damit bestehen unverzichtbare Voraussetzungen für die Weiterentwicklung der inklusiven Schule in Hamburg, die nach der Koalitionsvereinbarung der neuen rot-grünen Regierung vom April 2015 weiterhin im Zentrum der hanseatischen Bildungspolitik stehen soll.

Betrachtet man das gesamte Hamburger Schulwesen, so bleiben jedoch ungelöste Strukturprobleme bestehen, wie die große Kluft zwischen Gymnasium und Stadtteilschule, denn das Prestige des Gymnasiums ist nach wie vor bei der Mehrzahl der Hamburger Eltern ungebrochen wirksam. Der proklamierte »Schulfrieden« wird zwar dafür sorgen, dass dieses heiße Eisen des Zwei-Säulen-Modells möglichst lange nicht angefasst wird – ob und wie lange sich dieser schwelende Konflikt um die Schulstruktur aber aus der bildungspolitischen Debatte verbannen lässt, bleibt offen. Denn es könnte durchaus sein, dass die weitere Ausbreitung der Inklusion im Sekundarschulbereich, und zwar auch im Gymnasium, eine systemsprengende Wirkung für die starre Zweigliedrigkeit entfaltet und damit Perspektiven für eine größere organisatorische Vielfalt entstehen lässt.

Fazit

Berlin und Hamburg verfügen über eine lange reformpädagogische Tradition, die bis in das 19. Jahrhundert zurück reicht und die eine der Voraussetzungen für die Etablierung einer inklusiven Schule in den beiden Stadtstaaten seit etwa 40 Jahren ist. An der Entwicklung der gemeinsamen Erziehung von behinderten und nichtbehinderten Kindern in beiden Städten lassen sich weitere Faktoren erkennen, die entscheidend sind für eine erfolgreiche Umsetzung bildungspolitischer Ziele in konkrete pädagogische Praxis an deutschen Schulen.

Zum einen ist es elementar, Eltern und Pädagogen für eine neue Form des Lernens zu gewinnen, wobei die professionellen Pädagogen in die Lage versetzt werden müssen, diese veränderte Aufgabe erfolgreich meistern zu können; hierzu sind Angebote von Fortbildung und Supervision unerlässlich. Schließlich bedarf es einer Bildungspolitik und -bürokratie, die bereit und fähig sind, auskömmliche materielle und personelle Rahmenbedingungen bereitzustellen und die sich selbst als lernende Institutionen verstehen, die in Kooperation mit den Akteuren vor Ort die Erkundung und Erprobung eines pädagogischen Neulandes kritisch begleiten und unterstützen.

Die bisherige Entwicklung zeigt, dass Ideologie der Feind jeder Pädagogik ist, deren Erfolg und Wirksamkeit sich allein durch die Erfahrung in der Praxis legitimiert und beweist. Bislang spricht vieles dafür, dass es Hamburg in den letzten Jahren besser als Berlin gelungen ist, die Spanne zwischen bildungspolitischer Rhetorik und erfolgreicher pädagogischer Praxis zu verringern und somit zukunftsweisende Schneisen für die inklusive Schule zu legen; die sich folgerichtig anschließende Frage nach der Schulstruktur bleibt allerdings auch in der Hansestadt weiterhin ausgeklammert.

7 Pädagogische Professionalität im Wandel

19. November 1957
»Lieber Herr Germain,
Mir ist gerade eine allzu große Ehre erteilt worden ... Als ich die Neuigkeit erfuhr, galt mein erster Gedanke – nach meiner Mutter – gleich Ihnen. Ohne Sie, ohne diese freundliche Hand, die sie dem armen kleinen Jungen, der ich damals war, gereicht haben, ohne Ihren Unterricht und Ihr Beispiel wäre dies niemals eingetroffen ... Und ich möchte Ihnen versichern, dass all Ihre Anstrengungen, Ihre Arbeit, Ihr großzügiges Herz nie vergessen sein werden bei einem Ihrer kleinen Schüler, der, trotz seines Alters, nicht aufgehört hat, Ihr dankbarer Schüler zu sein. Ich umarme Sie von ganzem Herzen, Albert Camus«
(Brief Albert Camus an seinen Grundschullehrer anlässlich der Verleihung des Nobelpreises für Literatur)
Quelle: Le premier homme (Der erste Mensch). Paris 1994, S. 327

Welcher Pädagoge wäre nicht gerne ein geliebter, moderner Monsieur Germain, an den sich ehemalige Schüler mit Freude erinnern, und entspräche damit einem Idealbild, das Ewald Terhart, nicht ganz ohne Ironie, so gezeichnet hat:

> »Er ist pünktlich und zuverlässig im Dienst, er ist freundlich gegenüber Schülern, Kollegen, Eltern und Vorgesetzten, er ist fleißig, engagiert und belastbar, und er hat die Belange seiner Schule, seiner Klassen und einzelner Schüler im Auge. Seine Fachkompetenz in seinen Unterrichtsfächern ist genauso hoch entwickelt wie seine didaktisch-methodischen sowie pädagogisch-erzieherischen Fähigkeiten. Sein Unterricht ist angemessen anspruchsvoll; die Lernfortschritte seiner Schüler sind beachtlich. Er bemüht sich darum, eine positive Lernhaltung sowie ein lernförderliches Klima in den von ihm unterrichteten Klassen zu etablieren. Andere (Fach) Kollegen übernehmen gerne seine Klassen. Als Person erfreut er sich einer natürlichen Autorität gegenüber den Schülern, er wird von ihnen geachtet und geschätzt. Er bildet sich in seinen Fächern und hinsichtlich seiner pädagogisch-didaktischen Fähigkeiten fort, übernimmt die Betreuung von Praktikanten oder Referendaren, er kann konstruktiv

mit beruflichen Beanspruchungen umgehen und wehrt zugleich zu hohe Belastungen erfolgreich ab. In Arbeitsgruppen zeigt er seine Teamfähigkeit; an Elternsprechtagen versteht er es, Eltern ein klares, differenziertes Bild ihrer Kinder zu vermitteln und – wo nötig – konstruktive Hinweise zu geben. Er identifiziert sich voll und ganz mit seinem Beruf – und kann doch vom Beruf abschalten« (Terhart 2006, S. 42).

Aber die Wirklichkeit, wie sie uns die empirische Bildungsforschung präsentiert, sieht anders aus: »Das eigentliche Problem des Schulalltags ist vermutlich nicht, dass es zu wenige ideale Lehrer gibt, sondern zu viele wirklich schlechte« (a.a.O., S. 46). Jedermann, zumindest in Europa, hat eine Schule besucht, und jeder hat Erinnerungen an gute und schlechte Lehrer und Lehrerinnen. So verwundert es nicht, dass der Lehrerberuf ein immer wiederkehrendes Thema von Boulevard, Feuilleton, Wissenschaft und Politik ist. Die Süddeutsche Zeitung bringt in ihrer Wochenendausgabe vom 31. Juli 2010, rechtzeitig vor Beginn eines neuen Schuljahres, einen groß aufgemachten Report mit dem Titel »Krise ohne Ende: Lehrer«. Hier werden die gängigen Vorurteile gegenüber dem Lehrerberuf hinterfragt und die wachsende Tendenz in der deutschen Gesellschaft kritisiert, Lehrer und Lehrerinnen für alle gesellschaftlichen Probleme haftbar zu machen. Es heißt dort:

> »Nach den Missbrauchsskandalen gibt es großes Kopfnicken, wenn man sagt, die Schule solle nicht in sämtliche Lebensbereiche eindringen. Auch die Proteste gegen das eng getaktete achtjährige Gymnasium sowie das Hamburger Plebiszit gegen die sechsjährige Primarschule gehen in diese Richtung. Andererseits aber schicken wir uns an, immer mehr Verantwortung auf den Lehrer abzuwälzen, der alles heil machen soll, möglichst aber unter höchst korrekter Zurücknahme seiner Autorität und Persönlichkeit. Das geht einfach nicht zusammen. Man müsste stattdessen dem Lehrer mehr vertrauen, ohne ihn als Gesellschaft strukturell zu überfordern.« (▶ Kasten 1)

Von Beruf Lehrer

von Johann Osel
Und mit normalen Eltern, die der Institution Schule generell vertrauen, hat es ein Lehrer immer seltener zu tun. Es wachsen dagegen die Extreme: Eltern, die ihre Kinder fast ver-

nachlässigen, und Eltern, die sich derart fordernd einbringen, als säßen sie selber auf der Schulbank. Für beide sind Lehrer nicht richtig ausgebildet, für beides sind Abläufe eines Schultags nicht gemacht. Lehrer sind keine Sozialarbeiter, wenn sie Glück haben, bekommen sie einen an die Seite gestellt.
Die zweite Gruppe von Vätern und Müttern werden oft »Helikopter-Eltern« genannt, jederzeit zum Landeanflug bereit. Das ist heute Alltag: Da klagen Eltern vor Gericht, wegen schlechter Noten; da ist die Telefonnummer der Schulleitung in der Kurzwahl gespeichert; da wird viel von »wir« gesprochen: Wir schreiben morgen eine Mathearbeit, wir müssen ein Referat machen. Wobei Letzteres teils stimmt, viele Lehrer können daheim vorbereitete Dinge gar nicht mehr fair benoten.
Unabhängig von Exzessen setzt sich der Gedanke durch: Lehrer gelten als Dienstleister, bei der Pflege der Bildungsbiographie. Dass zur Reifung eines jungen Menschen Rückschläge gehören, ein Suchen, ein Ausprobieren – kaum noch gestattet.

Kasten 1: Quelle: Süddeutsche Zeitung vom 14./15.6.2014

Das politische Fernsehmagazin »Panorama« strahlt am 22.8.2013 den Dokumentarfilm »Lehrer am Limit« aus, der in einer 6. Klasse einer Hamburger Stadtteilschule spielt. Sein Thema ist die Überforderung von Pädagogen angesichts einer überdurchschnittlich hohen Zahl lernschwacher Schüler in Schulen von sozialen Brennpunkten. Aber selbst das Gymnasium ist keineswegs mehr eine Idylle im deutschen Schulwesen, wie der Spielfilm »Frau Müller muss weg« sehr handfest vorführt, und in der Frankfurter Allgemeinen Sonntagszeitung vom 25.1.2015 ist zu lesen:

> »Inzwischen hat sich die Kampfzone ausgeweitet, mitten ins Gymnasium hinein. Denn der Run auf das Abitur hat dazu geführt, dass der Auftrag der Gymnasiallehrer hochkomplex geworden ist. Nun geraten sie von zwei Seiten unter Beschuss: Sie sollen einerseits die Öffnung des Gymnasiums für die sogenannten nichttraditionellen Abiturienten mittragen,

eigentlich erst möglich machen. Andererseits sollen sie das Abitur zugleich gegen den Ansturm jener Schüler verteidigen, die gern ›bildungsfern‹ genannt werden« (Füller 2015).

Es verwundert also nicht, wenn jeder dritte Lehrer in Deutschland – und nicht nur hier – sich ausgebrannt fühlt, so die Studie »Burnout im Bildungssystem«, in Auftrag gegeben von dem »Aktionsrat Bildung« des Verbandes der bayerischen Wirtschaft, und dass der Lehrerberuf zunehmend unter Nachwuchssorgen leidet. Und dennoch scheint die Mehrzahl der tätigen Lehrer ihren Beruf zu mögen, denn die OECD gab im Juni 2014 ihre Untersuchung TALIS (Teaching and Learning International Survey) bekannt, in der es heißt: »Neun von zehn Lehrern im OECD-Raum ... sind zufrieden mit ihrer Arbeit und beinahe acht würden sich noch einmal für den Beruf entscheiden. Gleichzeitig beklagen mehr als zwei Drittel der Lehrer, ihre Tätigkeit werde von der Gesellschaft nicht genügend gewürdigt.«

Der Bildungsjournalist Tanjev Schultz bricht eine Lanze für die Lehrer in ihrem Wirrwarr von unterschiedlichen Anforderungen (▶ Kasten 2).

Es ist aber nicht leicht, jeden Tag ein Held zu sein. Was viele Pädagogen bedrückt und demotiviert, ist die Diskrepanz zwischen den offiziellen Beteuerungen, wie unschätzbar wertvoll ihre Arbeit doch sei, und dem offensichtlichen Mangel an Konsequenzen aus dieser Wertschätzung. Dieser Mangel wird Lehrern deutlich, wenn sie erleben müssen, wie den Schulen Ressourcen verweigert werden und jedes Jahr von Neuem der Kampf schon um die Grundversorgung mit ausreichend Personalstellen ausbricht.
Viele Lehrer haben in den vergangenen Jahren gesehen, wie ihre Freiräume, pädagogisch nachhaltig zu arbeiten, eher kleiner als größer geworden sind. Sie fühlen sich von Reform zu Reform gehetzt, sie sind beschäftigt mit dem Ausfüllen von Formblättern und dem Abarbeiten der Lehrpläne und Prüfungsvorgaben, und sie lassen sich davon manchmal auch verrückt machen und von ihren eigentlichen Aufgaben

ablenken. Sie werden verwaltet und verwalten in der Folge auch ihre Schüler.
Der Burnout, den viele Lehrer erleiden, ist ein Symptom nicht nur für instabile Persönlichkeiten, sondern vor allem für grundlegende Defizite in der Aus- und Fortbildung und in der Gestaltung des Arbeits- und Lebensraumes Schule. Das beginnt bei der oft kargen und kläglichen Ausstattung der Räume und des Lehrerzimmers und geht weiter mit den vielen Erlassen und Verordnungen, die die Kultusministerien über die Schulen ausschütten. Vernachlässigt werden die kontinuierliche didaktische Arbeit, das Lernen der Pädagogen voneinander im Team, die Verbesserung des Unterrichts.

Kasten 2: Quelle: Schultz 2012, S. 100 f.

Heinz Bude plädiert angesichts der Ambivalenz des Lehrerberufs, des nicht aufhebbaren Dilemmas zwischen individueller Gerechtigkeit und übergeordnetem Gleichheitsgrundsatz, für eine professionelle Autonomie dieses Berufsstandes. »Nur wer sich als Teil einer beruflichen Tradition mit einer eigenen professionellen Ethik und besonderen berufspraktischen Erfahrungen begreift, kann die tägliche Herausforderung der Vermittlung zwischen Individualisierung und Egalisierung meistern« (Bude 2011, S. 113). Bude geht scharf ins Gericht mit Bildungssystemen, die sich als »optimierungsfähige Dienstleistungsorganisationen« begreifen, aber nicht mehr als Institutionen. »Organisationen werden nach ihrem Output in Zielzahlen beurteilt, Institutionen nach der Übereinstimmung mit ihrem Sinn« (ebenda; s. Kasten 3).

Behandelt man Institutionen wie Organisationen, so ändert sich die Art und Weise der Autorisierung des Wissens. Es haben dann nicht mehr diejenigen das letzte Wort, die die Tradition kennen und die Arbeit vor Ort machen, sondern diejenigen, die die Tests auswerten oder am Computer die Kennzahlen überprüfen. Das kann nicht bedeuten, dass Institutionen sich gegenüber jeder Kritik immunisieren können. Es geht vielmehr darum, wer am Ende das Sagen hat. Der Unterschied zeigt sich in der Haltung zum Personal: Man kann die Beschäftigten als optimierbare Ressource oder als konstitutiven Bestandteil behandeln. Im ersten Fall setzt man Anreize, etabliert Kontrollinstanzen und droht mit Kündigung; im zweiten stärkt man die traditionelle Ethik der Selbstkorrektur, reorganisiert die internen Foren der wechselseitigen Kritik und unterstreicht den Zusammenhang von Loyalität und Leistung.

Den Lehrerinnen und Lehrern drängt sich der Eindruck auf, dass die Regie der Reform nach außen verlagert worden ist und sie selbst zu Ausführenden von Programmen degradiert worden sind, die aus Ländern mit ganz anderen Traditionen und Gesellschaften mit ganz anderen Verhältnissen importiert worden sind. Es ist schließlich nicht so, als ob sie noch nie über Bildungsgerechtigkeit nachgedacht hätten. So hat das genaue Gegenteil einer Reprofessionalisierung des Lehrberufs stattgefunden. Von der Ethik des Berufs, von den Vorteilen der kollegialen Kritik und vor allem von den Bedingungen der Unmöglichkeit, Individualität und Egalität zusammenzubringen, war nie die Rede ...

Eine wirkliche, das heißt tiefgehende und nachhaltige Verbesserung der Bildungsverhältnisse in Deutschland lässt sich nicht gegen, sondern nur mit dem Personal der Institution erreichen, der wir unsere Kinder in die Hand geben. Es ist wie im Leben sonst auch: Eine Veränderung der Verhältnisse kommt nicht dadurch zustande, dass man beklagenswerte Schwächen schwächt, sondern einzig und allein dadurch, dass man vorhandene Stärken stärkt. Für den Lehrberuf gelingt das über eine praktisch fordernde, aber psychisch entlastende Vorstellung von Professionalität, die auf die Gewinnung von Handlungsautonomie durch Selbstkritik zielt.

Kasten 3: Quelle: Bude 2011, S. 114 f.

Ohne Zweifel ist die Gestaltung einer inklusiven Schule, die auf Heterogenität der Schülerschaft setzt, einen veränderten

Unterricht erfordert sowie eine reformierte Lehrerbildung impliziert (vgl. Döbert/Weishaupt 2013), eine neue und einschneidende Herausforderung für alle Lehrergruppen, auch wenn momentan nicht alle von ihnen in gleichem Maße betroffen sind. In dem gemeinsamen Papier von Kultusministerkonferenz (KMK) und Hochschulrektorenkonferenz (HRK) von 2015 mit dem Titel »Lehrerbildung für eine Schule der Vielfalt« ist zu lesen: »Die Gestaltung von Schulen, in denen Vielfalt als Normalität und Stärke anerkannt und wertgeschätzt wird, ist eine Aufgabe der Lehrerinnen und Lehrer aller Schulen« (KMK/HRK 2015, S. 2).

Folgt man den Ergebnissen der empirischen Bildungsforschung, dann ist allerdings zu konstatieren, dass eine erhebliche Kluft zwischen bildungspolitischer Programmatik und realer schulischer Praxis klafft: »Lehrkräfte bemühen sich zwar offensichtlich zunehmend um einen schüleraktiven und methodisch abwechslungsreichen Unterricht. Die Umsetzung von organisatorisch komplexeren Elementen, die eine adaptive Unterrichtsgestaltung erlauben, scheint indes nach wie vor selten zu sein und in eher bescheidenem Ausmaß realisiert zu werden« (Wischer 2007, S. 426). Hierzu passen auch Ergebnisse einer Befragung von Grundschulpädagogen und Lehrkräften mit der Fachrichtung Lernen, die beide »einer erheblichen Ausweitung von Heterogenität ... sehr kritisch gegenüber stehen« (Kemena/Miller 2011, S. 132) und sich somit mehrheitlich gegen eine Abschaffung der Förderschule mit dem Schwerpunkt Lernen aussprechen.

Ein Erklärungsmuster für diese Befunde liegt zweifellos in der Komplexität von Unterricht mit heterogenen Lerngruppen, und damit stellt sich die skeptische Frage, ob und wie es Lehrern gelingen kann, diese Herausforderungen zu meistern (vgl. auch Ramseger 2014). Sabine Reh erinnert daran, dass die historischen Prozesse von Institutionalisierung und Professionalisierung in Deutschland bis heute hin Auswirkungen auf Mentalitäten und Wahrnehmungsprozesse von Lehrern haben. So ist die Vorstellung von der Schulklasse als einer homogenen Lerngruppe tief verankert bei den Akteuren, und dies erklärt, warum es Lehrern nicht leicht fällt, mit Heterogenität umzugehen: »Strukturell hat das deutsche Schulsystem ... Selektionsmaßnahmen perfektioniert und in langen Berufstraditionen haben sich Mentalitäten gebildet, hat sich sozusagen ein Wahrnehmungsraster ›Schulklasse‹ herausgebildet, das die Sicht auf den einzelnen und seinen Lernprozess erschwert« (Reh 2005, S. 84).

Die inklusive Schule ist ebenfalls eine besondere Herausforderung für die Gruppe der Sonderpädagogen, die traditionell als Oberbegriff all jene speziellen Pädagogen umfasst, die bislang vorwiegend in besonderen Schulen für behinderte und beeinträchtigte Schüler und Schülerinnen tätig sind. Auch wenn zum Berufsverständnis von Sonderpädagogen zentral der Blick auf das einzelne Kind gehört, sie somit zum Umgang mit Heterogenität prädestiniert erscheinen, so sind sie doch durch die Einbindung in ein selektives Schulsystem ebenfalls geprägt von der Idee der Homogenität.

Die Anbindung an die Institution Sonderschule ist allerdings seit der Integrationsbewegung brüchig geworden, und die Konzepte einer inklusiven Schule beschleunigen diesen Prozess einer »deinstitutionalisierten« Berufsrolle der Sonderpädagogen. Diese Entwicklung dürfte nicht problemlos vonstatten gehen, denn die »Heimat« in einer Institution hat immer auch sinnstiftende Funktion für die berufliche Identität, nicht zuletzt durch den fachlichen Austausch mit Kollegen.

Aber nicht nur das Verhältnis zu den schulischen Institutionen verändert sich, sondern auch die Beziehung zu der Klientel. Schwankte das berufliche Selbstbild in der Vergangenheit zwischen Machtausübung und Empathie (vgl. Ellger-Rüttgardt 2010b; 2011c), so dürfte eine paternalistische Haltung, nicht jedoch die Überzeugung von der Anwaltschaft für behinderte und benachteiligte junge Menschen (vgl. Benkmann 2001; Haeberlin 1996; Ackermann/Dederich 2011; Fornefeld 2008) der Vergangenheit angehören. Das gleiche gilt für die überkommenen Abgrenzungsbemühungen gegenüber anderen Lehrergruppen, denn Subsidiarität (vgl. Reiser 1998) ist nun das einigende Band der sonderpädagogischen Zunft.

Sonderpädagogen, so lautet der Konsens, sind Lehrer und Lehrerinnen, die die klassischen Aufgaben von Unterricht und Erziehung erfüllen, und zwar an unterschiedlichen Lernorten. Darüber hinaus liegen ihre Aufgabenfelder in der Diagnostik,

Beratung, Kooperation, in individuellen Angeboten für einzelne Schüler sowie in der Förderplanung (vgl. Melzer/Hillenbrand 2013; Werner/Quindt 2014). Fragt man nach der »Besonderheit« der Heil- und Sonderpädagogen, so ist zu betonen, dass kein prinzipieller, sondern nur ein gradueller Unterschied zwischen ihnen und den Lehrern und den Lehrerinnen an allgemeinen Schulen besteht, der sich in der unterschiedlichen Perspektivität und der Übernahme spezifischer Aufgaben wie Beratung, Diagnostik und Förderplanung ausdrückt. Die Sonderpädagogin ist diejenige, die sich für gestörte, erschwerte Lern- und Entwicklungsprozesse einzelner Kinder verantwortlich fühlt und die sich bemüht, mit einer angemessenen Handlungskompetenz pädagogisch-erzieherisch und gegebenenfalls auch therapeutisch tätig zu werden, aber vorwiegend nicht als Einzelkämpferin, sondern als Mitglied eines Teams. Sonderpädagogische Professionalität, so wird übereinstimmend formuliert, ist gekennzeichnet durch eine »spezifische Reflexions- und Handlungskompetenz« (Lindmeier 2000, S. 166), die sich jeweils funktions-, nicht aber institutionsbezogen abbildet (vgl. Kanter 2003, S. 141). Auch wenn in einer reformierten Lehrerbildung alle Pädagogen sonderpädagogische Grundkenntnisse erwerben sollen, so ist doch mehrheitlich unstrittig, dass eine spezifische sonderpädagogische Qualifikation auch zukünftig unverzichtbar sein wird. In dem Papier von KMK und HRK heißt es hierzu: »Eine vertiefende, über die genannten Basiskompetenzen hinausgehende, sonderpädagogische Expertise von Lehrkräften ist weiterhin unverzichtbar« (2015, S. 3).

Es gehört zur Berufserfahrung und professionellen Tradition von Sonderpädagogen, dass »Lehrpersonen zu den wirkungsvollsten Einflüssen beim Lernen« gehören (Hattie 2014, S. 280; vgl. auch Wember 2013), und daher ist es unerlässlich, die Pädagogen an dem Prozess der Bildung einer inklusiven Schule zu beteiligen und ihre Erfahrungen ernst zu nehmen. Nach Tenorth ist beim Inklusionsthema nicht die richtige Gesinnung das Problem, sondern die praktische Umsetzung und »die Leistung, die heute primär zur Debatte steht, das ist die Leistung der Pädagogen« (Tenorth 2013, S. 38; vgl. auch Wischer 2007, S. 431).

Wie sehen Sonderpädagogen nun ihre Aufgabe in der inklusiven Schule und welche Erfahrungen machen sie? Die »Hinwendung zur Ebene der Akteure« (Terhart 2015, S. 9), unternahm ich in Interviews, die ich 2013 mit Sonderpädagogen an den 2012 neu eingerichteten »Regionalen Bildungs- und Beratungszentren« (ReBBZ) in Hamburg (▶ Kap. 6) geführt habe. Ich befragte die Pädagogen und Pädagoginnen u. a. nach den Veränderungen ihrer Berufsrolle, einer neuen Unterrichtskultur sowie ihren Visionen im Hinblick auf eine inklusive Schule. Hinsichtlich der Veränderungen der pädagogischen Berufsrolle äußerten sich die Befragten zusammengefasst wie folgt.

Zusammenarbeit und damit die Entstehung einer Teamkultur wird von allen Akteuren als unerlässliche Voraussetzung für die Etablierung einer inklusiven Schule angesehen. Zugleich wird darauf verwiesen, dass Teamarbeit ein Novum im Selbstverständnis vieler Pädagogen darstellt und dass dies längerfristige Lernprozesse impliziert. Hilfreich für alle Schulen wäre eine regelmäßige Supervision, die den Prozess der Teambildung begleitet. Einhellig bemängelt werden Strukturschwächen, die die Entstehung einer pädagogischen Teamkultur erschweren. Als Faktoren hierfür benannt werden einerseits fehlende Teamzeiten – auch wenn einige Schulen diese aus eigenen Ressourcen schaffen. Besonders ehemalige Gesamtschulen verfügen über das Jahrgangssystem und damit die Tradition der Teambildung. Ferner erschwert die stundenweise Aufteilung der Sonderpädagogen auf zahlreiche Klassen die Bildung von Teams. Schließlich stehen unterschiedliche Besoldungs- und Arbeitszeitmodelle einer Kooperation »auf gleicher Augenhöhe« im Wege. Die Befragten betonen, dass Sonder- und Sozialpädagogen nicht beliebig austauschbar sind, sondern unterschiedliche Aufgaben zu erfüllen haben. Wenn es um Beratung und Unterstützung eines inklusiven Unterrichts geht, kann diese Aufgabe nur von Sonderpädagogen geleistet werden, denn Sozialpädagogen unterrichten nicht.

LSE-Kinder, so die Akteure, repräsentieren keine »leichten« Behinderungen und bedürfen speziell ausgebildeter Sonderpädagogen. Kritisch hinterfragt wird das fehlende Berufsbild der Schulbegleiter und eine fehlende Überprüfung der Nachhaltigkeit ihrer Tätigkeit. Angemerkt wird auch eine Verunsicherung der Rolle der Sonderpädagogen, die häufig sowohl zum Kollegium der allgemeinen Schule als auch dem des ReBBZ gehören.

Wörtliche Äußerungen der befragten Akteure:
»Bei der Umsetzung der Inklusion sind wir alle miteinander ein lernendes System.«
»Alles ist ein Prozess, alle lernen neu, auch die Sonderpädagogen wissen nicht, wie es wirklich geht. Wir brauchen mehr Workshops und ganz viele Hospitationen, dabei lernt man am meisten, wenn man woanders etwas abgucken kann.«
»Es hat lange gedauert, bis man überhaupt zusammen im Unterricht sein konnte, ja, bis Lehrer den Unterricht öffneten und bereit sind zu teilen. Früher war es so: ‹Sie nehmen das Kind und gehen in den Nebenraum›.«
»Teamkultur ist die Voraussetzung für Inklusion; Inklusion ist die Aufgabe des gesamten Teams.«
»Eine Teamkultur wird entstehen, es bleibt den Lehrern gar nichts anderes übrig. Aber man weiß noch nicht genau, was entstehen wird, man muss lernen, alle aufeinander zu beziehen.«
»Die Zeit für Teamkooperation ist nicht vorgesehen, wir schneiden das aus dem Fleisch. Wenn das Team funktionieren soll, muss die Schule Funktionszeiten geben, das Team muss sich einmal in der Woche eineinhalb Stunden zusammensetzen.«
»Um eine Kultur der Teamarbeit zu entwickeln, wäre es gut, wenn mindestens zwei oder drei Lehrer für eine Lerngruppe verantwortlich wären und feste Planungszeiten hätten. Das muss im Stundenplan verankert sein, dann kann man auch Elternarbeit gemeinsam gestalten und gemeinsam am Förderplan arbeiten.«
»Supervision von außen ist notwendig, um zu verhindern, dass es knallt.«
»Es wäre gut gewesen, wenn man vor der Gesetzesänderung den Schulen Unterstützung gegeben hätte.«
»Sonderpädagogen gucken anders auf das einzelne Kind, sie haben eine andere Sicht und Herangehensweise. Sie hinterfragen alles und versuchen der Sache auf den Grund zu gehen. Sie haben eine Grundakzeptanz für jedes einzelne Kind.«
»Die Verantwortung für das Kind, das auffällig ist, liegt immer bei den Sonderpädagogen. Die sollen immer alles heile machen. Dabei ist das Fehlverhalten häufig verursacht durch das System.«

Befragt nach dem Entstehen einer neuen Unterrichtskultur an den allgemeinen Schulen lassen sich folgende Hauptaussagen identifizieren: Im Hinblick auf eine gewandelte Unterrichtskultur in der allgemeinen Schule herrscht unter den Befragten ein uneinheitlicher, ambivalenter Eindruck vor. Danach erproben insbesondere die Grundschulen neue Lehr- und Lernmethoden; es wird aber einhellig darauf verwiesen, dass Formen des offenen Unterrichts häufig nicht den pädagogischen Bedürfnissen der Schüler mit Lern- und Verhaltensschwierigkeiten entsprechen. Unisono wird betont, dass diese Kinder und Jugendlichen klare Strukturen sowie persönliche Bindung und Führung benötigen. Insgesamt herrscht der Eindruck vor, dass sich der Unterricht in der Sekundarstufe I nur an einigen Schulen verändert hat, dass das traditionelle Lernarrangement für die LSE-Schüler, die »Extramappe« oder die äußere Differenzierung ist. Erschwerend für die LSE-Schüler ist das starke Fachlehrerprinzip. Es wird ferner darauf verwiesen, dass auch in der Sekundarstufe I Formen des gemeinsamen und individuellen Lernens eingeübt werden müssen, was die Anwesenheit mehrerer Personen verlangt. Angesichts der Heterogenität und Komplexität in der Sekundarstufe I erscheint eine Doppelbesetzung, zumindest überwiegend, unerlässlich. Förderpläne werden als ein wichtiges Instrument für die Analyse der Lernsituation eines jeden Kindes und für die Gestaltung differenzierender Lernprozesse angesehen. Ein großes Hindernis auf dem Weg zu einer neuen Unterrichtskultur sind oft nicht adäquate räumliche Gegebenheiten. Insbesondere die alten Gebäude erschweren unterrichtliche Differenzierungen.

> **Wörtliche Äußerungen der befragten Akteure:**
> »Es hapert nicht an der Weiterentwicklung von Unterrichtskonzepten, da ist viel Bewegung und Entwicklung, aber es ist fraglich, ob alles für ›unsere Schülerschaft‹ passt. Sie brauchen klare Strukturen, Ansprechpartner, direkte Instruktion.«
> »Es besteht eine große Bereitschaft der Lehrer, sich auf Inklusion einzulassen, daran wird Inklusion nicht scheitern, eher an Dingen, die man nicht bedacht hat, wie z. B. den Aufbau neuer Lernkulturen.«
> »Viele Schulen sagen jetzt, wir arbeiten mit offenen Unterrichtsformen. Aber wie das tatsächlich umgesetzt wird, ist sehr unterschiedlich. Manchmal arbeiten sie nur auf unterschiedlichen Seiten in ihrem Mathebuch, aber eben alle im gleichen Mathebuch.«
> »Der Unterricht verändert sich ganz stark in unserem Stadtteil. Hier leben viele Kinder, die herausfordernd sind, ein hoher Migrationsanteil, viele Kinder in Armut, da funktioniert traditioneller Unterricht nicht.«

»Konzepte entstehen an vielen Schulen, aber es ist schwer, das alles umzusetzen. Da ist viel Fortbildung notwendig, eine Kollegin des ReBBZ macht z. B. an einer Stadtteilschule kollegiale Beratung.«

»Eine veränderte Unterrichtskultur an den allgemeinen Schulen erfolgt nur schleppend, das ist auch schwierig angesichts der großen Heterogenität, es fehlt oft ein individualisiertes, methodisch-didaktisches Handwerkszeug. Am weitesten sind die Grundschulen, sie haben heute Schüler aus zwanzig bis dreißig Nationen in einer Klasse, das ist etwas ganz anderes als vor zwanzig Jahren.«

»Wenn ich träumen darf: Ein Zwei-Pädagogen-System, ja! Diese Art von Unterricht ist ein horrender Aufwand für die Lehrer, und es geht im Team besser.«

»Im Sinne der systemischen Beratung ist es wichtig, sich Unterricht anzusehen, aber das braucht Zeit, aber so weit sind wir noch nicht.«

»Es ist ein großes Problem, dass die Zeit an den ReBBZ fehlt, um sich mal einen Vormittag freizuschaufeln; das war bislang kein einziges Mal möglich, seitdem wir hier zusammen arbeiten. Ich bräuchte mehr als ein Jahr und ich wäre noch nicht an jeder Schule gewesen.«

Gefragt nach der Vision einer »guten Schule«, in der auch behinderte und benachteiligte Schüler ihren Platz finden, fallen die Antworten der befragten Pädagogen sehr ähnlich aus. Eine »Schule für alle« wird als eine wunderbare Vision gesehen, deren Verwirklichung in naher Zukunft aber als nicht realistisch eingeschätzt wird. Schulische Inklusion sollte nach Meinung der Akteure als ein Prozess verstanden werden, der Zeit benötigt und bei dem allmählich immer neue Aufgaben hinzukommen. Momentan fehlen nicht nur Ressourcen und geeignete Räumlichkeiten, sondern es ist vor allem zu berücksichtigen, dass alle Handelnden sich auf neue Organisationen einstellen müssen (es fehlt an professioneller Organisationsentwicklung).

Die befragten Akteure plädieren vor dem Hintergrund ihrer Erfahrungen für eine Vielfalt von Bildungsangeboten und Settings in einem vernetzten Sozialraum. Ihre Vision als Sonderpädagogen ist, sich in der Region »um alle Schülerinnen und Schüler zu kümmern, die eine besondere Problematik haben und die besonderer Hilfen bedürfen«. Die Interviewpartner gehen nicht davon aus, dass auch zukünftig die allgemeine Schule allen schwierigen Kindern gerecht werden kann, und sie formulieren übereinstimmend die Überzeugung, dass die ReBBZ gerade auch als Bildungseinrichtung bzw. Schule für einen kleinen Prozentsatz von Schülern dauerhaft gebraucht werden

(Zunahme der Zahl älterer Schüler), da diese Schüler gegenwärtig, so die einhellige Auffassung, »keine Chance im allgemeinen Schulsystem haben«. Die ReBBZ sollten der Ort sein, an dem auf die Qualität der Diagnostik und der sonderpädagogischen Förderung an den allgemeinen Schulen geachtet wird.

Angesichts der Erfahrungen der ersten Monate wird negativ vermerkt der hohe administrative Aufwand (etwa die Zusammenführung beider Bereiche), ferner die geringe Beteiligung und damit Wertschätzung der Akteure vor Ort bei der Entwicklung des Konzepts einer inklusiven Schule und schließlich das Fehlen an Zeit, um der Vielfalt an Herausforderungen begegnen zu können. Beklagt wird die Ohnmacht der Pädagogen bei Einzelschicksalen und formuliert wird die Sorge, dass die LSE-Schüler die Verlierer der inklusiven Schulentwicklung sein könnten.

Einhellig positiv bewertet wird die gute Kooperation der Teams auf der persönlichen Ebene an den ReBBZ, und eindrucksvoll ist nach Wahrnehmung der Interviewpartner die hohe Bereitschaft der Lehrer an den allgemeinen Schulen, sich auf das Thema Inklusion einzulassen.

Wörtliche Äußerungen der befragten Akteure:

»Inklusion sollte stärker in der Gesellschaft ankommen und nicht als Spielball der Gesellschaft genutzt werden.«

»Sonderschulen wie im ReBBZ sollten erhalten bleiben, die braucht man auch noch in zehn, fünfzehn Jahren für bestimmte Kinder.«

»Die Regelschule sollte das hinbekommen, was wir hier machen; davon ist sie noch weit entfernt und ich bin skeptisch, dass dieses überhaupt eines Tages zu realisieren ist.«

»Die allgemeine Schule sollte so gut aufgestellt sein, dass in den Bildungsabteilungen der ReBBZ weniger Kinder sind.«

»Inklusion ist eine gesamtgesellschaftliche Aufgabe, nicht nur eine Aufgabe der Schule. Inklusion muss normal sein, die Überzeugung, die gehören zu uns. Diese gesellschaftliche Akzeptanz braucht aber noch fünfzehn Jahre.«

»Das System Gymnasium und Stadtteilschule ist in Frage zu stellen, denn richtige Inklusion heißt, dass alle Kinder in eine Schule gehen. Die Gesamtschulen haben bewiesen, dass das geht. Beim Zwei-Säulen-Modell ist die Stadtteilschule die Restschule.«

»Die allgemeine Schule sollte so gut werden, dass wir überflüssig werden. Aber das ist noch ein langer Weg und ich glaube nicht, dass wir überflüssig werden.«

»Ich bin fest davon überzeugt, dass es einen kleinen Prozentsatz von Schülern gibt, für die wir separierende Einrichtungen vorhalten müssen, weil sie keine Chance im allgemeinen Schulwesen haben.«

»Notwendig ist eine Haltung, dass das Besondere das Normale ist, dann ist es auch Wurst, an welchem Standort so ein Kind wäre. Das hängt auch alles von der Lebensphase ab; in der Pubertät brauchen sie ihresgleichen, eine Gruppe – das ist aber keine Aussage gegen Inklusion!«

»Eine Schule für alle, in der alle Kinder mit sonderpädagogischem Förderbedarf die gleiche Ressource erhalten«.

Fazit

Lehrpersonen, ihre Einstellungen, Haltungen und Handlungsweisen sind entscheidend für den erfolgreichen Aufbau eines inklusiven Schulsystems in Deutschland. Daher gilt es, die professionelle Autonomie des pädagogischen Berufsstandes zu stärken. Der Umgang mit einer heterogenen Schülerschaft gehört nicht zur Tradition pädagogischer Professionalität in Deutschland, sie erfordert daher neue und langfristige Lernprozesse seitens der pädagogischen Akteure. Ob und inwieweit es Grenzen in der Gestaltung eines inklusiven Unterrichts gibt, welche Formen praktikabel sind und Akzeptanz finden, auch bei den Eltern, wird in letzter Instanz durch die Akteure im pädagogischen Feld entschieden.

Die berichteten Aussagen von Hamburger Pädagogen und Pädagoginnen, mehrheitlich Sonderpädagogen, zum Aufbau der inklusive Schule in diesem Stadtstaat, spiegeln die Erfahrungen der Anfangszeit, mitgeteilt im Jahr 2013. Sie belegen zum einen die großen Anfangsschwierigkeiten, die mit einem einschneidenden Systemwandel verknüpft sind, aber auch Elan, Optimismus und die Hoffnung auf eine bessere, gerechtere Schule. Die tief verankerte Überzeugung von der Verantwortung und Anwaltschaft für all jene Schüler, die mehrheitlich auch gesellschaftlich benachteiligt sind, erzeugt bei diesen Pädagogen zugleich eine wachsame und kritische Haltung gegenüber allen schulischen Systemveränderungen, deren Prüfstein allein das Wohl des einzelnen Kindes und Jugendlichen ist.

8 Wie läuft es im Ausland mit der Inklusion? Drei europäische Beispiele

»I believe that it is important for disability studies to be pluralist, and to recognize that there are diverse views among disabled people, and different responses to the complex question raised by disability.«
Tom Shakespheare 2006, S. 6

Die in Kapitel 3 erfolgte Analyse internationaler Dokumente zur Behindertenpolitik ließ deutlich werden, dass sie der Adaption an nationale Traditionen und Bedingungen bedürfen. Diesen Aspekt möchte ich im Folgenden aufgreifen und vertiefen, indem ich am Beispiel von Frankreich, Luxemburg und Schweden zu zeigen versuche, wo vergleichbare gemeinsame Problemlagen, aber zugleich auch spezifische nationale Besonderheiten in der Diskussion um eine inklusive Gesellschaft und Schule liegen.

Der Verweis auf das vermeintlich fortschrittliche Ausland, der Topos »Ausland«, ist beliebt in der pädagogischen Reformdebatte (vgl. Zymek 1975; Herrlitz 2000) und somit auch in der Debatte um den »richtigen« Ort für Unterricht und Erziehung behinderter Schüler. Nun führt ein Blick in die vorliegende Forschungsliteratur zu dem eher nüchternen Fazit, dass »die Erforschung der transnationalen Zivilgesellschaft im Bildungsbereich noch in ihren Anfängen« steht (Fuchs/Schriewer 2007, S. 146) und dass es aus vielerlei Gründen unzulässig ist, ausländische Modelle auf deutsche Verhältnisse übertragen zu wollen.

> »Mittlerweile ist ... klar geworden, dass man bei der Übertragung von in anderen Kulturen und Bildungssystemen offenbar erfolgreichen Praktiken und Strategien der Bildung sehr viel größere Vorsicht walten lassen muss ... Bei der Herauslösung und Übertragung bestimmter, *hier* besonders erfolgreicher Dinge nach *dort* kann es erstens zu schweren Transportschäden kommen und zweitens kann es sein, dass die eingesetzten Pflanzen im neuen Biotop nicht richtig anwachsen ... Die Idee, von über-

all her nur das Beste einzusammeln, zusammenzufügen und zu Hause umzusetzen, damit alles besser wird, ist ein bildungspolitischer Kinderglaube« (Terhart 2015, S. 8; vgl. auch Lüth 2000; Lenhart 2007; Schriewer 2007; Blömeke 2014).

Bezogen auf unterschiedliche heil- und sonderpädagogische Konzeptionen bemerkt Gottfried Biewer: »Begriffe, Konzepte, Zielvorstellungen und Methoden einer Pädagogik bei Menschen mit Behinderungen ... sind kaum zu vereinheitlichen. Dies zeigt nicht nur die Vielfalt der Ansätze im deutschsprachigen Raum, auch international zeigt sich hier kein anderes Bild« (2009, S. 194).

Dennoch ist es sinnvoll, sich mit der Frage zu beschäftigen, welche Lösungen andere Gesellschaften angesichts ihrer jeweiligen historischen, kulturellen, sozialen, politisch-ökonomischen und geographischen Bedingungen für Bildung und Erziehung behinderter Schüler gefunden haben und wie gegenwärtig in ihnen die Forderung nach Inklusion diskutiert wird (vgl. auch Bürli 1997; Bürli u. a. 2009; Hausotter 2008; European Agency 2011). Dieser Blick über den Zaun ist vor dem Hintergrund der Globalisierung geradezu unvermeidlich, denn internationale Organisationen als »global players« (▶ Kap. 3) nehmen verstärkt Einfluss auch auf nationale Bildungssysteme (vgl. Ellger-Rüttgardt 2008b, 2011b), die wiederum aufgerufen sind, sich in den internationalen Meinungsbildungs- und Entscheidungsprozess einzumischen und ihn aktiv mitzugestalten.

Frankreich

Im Jahre 2007 erhielt in Frankreich Daniel Pennac den renommierten Literaturpreis »Renaudot« für sein Buch »Chagrin d'école« (Schulkummer). Das Thema dieses Buches ist der schlechte Schüler, der irgendwie quer zum System Schule liegt, der einfach nicht voran kommt, wie der Krebs (cancre), oder genauer gesagt: der Schmerz, den alle teilen, die mit diesem Phänomen konfrontiert sind, der Schüler selbst, die Eltern und auch die Lehrer (vgl. Pennac 2007, S. 21). Und dieses Buch ist zugleich ein Plädoyer für die Liebe, das Engagement von Lehrern, die keinen ihrer Schüler fallen lassen.

In der französischen Wochenzeitschrift »Le Nouvel Observateur« vom 11. Februar 2010 erschien die Titelgeschichte »Ich will nicht mehr zur Schule gehen« (Je veux plus aller à l'école). Danach leidet ein Prozent der französischen Schüler an Schulangst. Nach psychologischer Behandlung kehren 50-60 Prozent von ihnen zurück in die allgemeine Schule, 30 Prozent finden Aufnahme in besonderen Klassen, Schulen oder Internaten, deren Anzahl aber zu gering ist, und bei 10 Prozent von ihnen bleiben alle Interventionen erfolglos. Als Ursache wird die rigide, leistungsorientierte französische Schule benannt, die seit den 1970er Jahren zwar eine stärkere gesamtschulartige Struktur hat, deren Pädagogik sich aber nicht veränderte und die nach wie vor der Idee von Homogenität folgt. Eine Reaktion auf den schulischen Misserfolg vieler Schüler ist die immense Zunahme privaten Nachhilfeunterrichts. Die Zeitung »Le Monde« vom 17. Juni 2011 titelte auf der ersten Seite: »Les élèves francais dopés au soutien scolaire privé. Un marché de 2.2 milliards d'euros, record européen. (Französische Schüler werden durch private Nachhilfe gedopt. Ein Markt von 2,2 Milliarden Euro, ein europäischer Rekord). Somit überrascht es auch nicht, dass der Verlag »Hachette« Arbeitshefte für die großen Ferien auf den Markt bringt, die auf die verschiedenen Altersstufen zugeschnitten sind und den Erfolg in der neuen Klassenstufe durch Wiederholung des letzten Klassenpensums ermöglichen sollen.

Der PISA-Bericht vom Dezember 2013 verwies Frankreich nicht nur auf einen bescheidenen 25. Platz auf der internationalen Rangliste, sondern bescheinigte dem Land zugleich eine hohe soziale Selektivität des Bildungswesens – eine Diskussion, die uns in Deutschland nur allzu gut bekannt ist, und bezeichnenderweise wurde Deutschland nun auch für den Bildungsbereich als Modell zukünftiger notwendiger Reformen benannt (vgl. Le Monde v. 4.2.2014). Auch die OECD ermahnte im November 2013 Frankreich zu mehr Reformanstrengungen, nicht zuletzt im Bildungssystem (▶ Kasten 1).

Die OECD kritisierte die wachsende Spreizung. Am oberen Ende würde eine kleine Zahl von Absolventen der »Grandes

Ecoles« Karriere machen, doch gleichzeitig blieben viele Junge auf der Strecke. 16,6 Prozent der Franzosen zwischen 20 und 24 Jahren hätten heute gar keinen Schul- oder Berufsabschluss. Die berufliche Lehre sei nicht ausreichend verbreitet. Die Verlierer der Bildungssysteme stammen dabei oft aus Familien, deren Eltern bereits zu den Benachteiligten gehörten.

Kasten 1: Quelle: FAZ vom 14.11.2013: OECD fordert von Frankreich mehr Reformen

Dabei sind es vor allem die Vorstädte, die Banlieues, in denen der soziale Sprengstoff liegt, wo Exklusionsprozesse voranschreiten, der Front National auf dem Vormarsch ist und wo selbst Bibliotheken in Brand gesteckt werden mit dem Slogan »Wir brauchen keine Bücher, wir brauchen Arbeit« (Süddeutsche Zeitung vom 14./15.2.2015).

Was die Erziehung und Bildung behinderter Schüler betrifft, so gebührt Frankreich zweifellos der Ruhm und die Ehre, im Zeitalter der Aufklärung viele Pioniere der Heilpädagogik hervorgebracht zu haben (vgl. Ellger-Rüttgardt 2008a) – Großtaten, die allerdings keine nachhaltige Wirkung in der Folgezeit hatten. Der Ausschluss eines großen Teils behinderter Schüler vom nationalen Bildungswesen ist der entscheidende Grund für den Tatbestand, dass bis auf den heutigen Tag, anders als in Deutschland, nicht das Erziehungsministerium für die Bildung und Erziehung aller behinderten Kinder und Jugendlichen zuständig ist. Gemäß der historischen Entwicklung sind es vor allem Kinder mit Lernstörungen und einem leichteren Grad von Lernbehinderung, die in den Zuständigkeitsbereich des Erziehungsministeriums fallen, während für die übrigen Gruppen der Behinderten das Gesundheits- bzw. das Arbeits- und Sozialministerium verantwortlich zeichnen. Und diese scharfe ministerielle und damit auch institutionelle Trennung ist ein bedeutsames Hindernis auf dem Weg zu einer inklusive Schule in Frankreich (vgl. Plaisance 2009; Amaré/Martin-Noureux 2012).

Vor dem Hintergrund der Bildungsdebatte der 1960er Jahre um Demokratisierung und Chancengleichheit wurde auch in

Frankreich die Forderung nach gesellschaftlicher Integration behinderter Menschen erhoben. Dabei wurde zugleich der Missstand beklagt, dass auch im 20. Jahrhundert keineswegs alle behinderten Kinder und Jugendlichen in den Genuss von Bildung kamen. Dieser doppelte Gedanke, umfassende soziale Teilhabe behinderter Menschen und ein Höchstmaß an Gemeinsamkeit von behinderten und nicht behinderten, fand seinen Niederschlag in dem »Orientierungsgesetz für Behinderte« (La loi d'orientation en faveur des personnes handicapées) von 1975, das immer wieder als Meilenstein einer neuen Bildung- und Sozialpolitik für Behinderte Erwähnung findet. Dieses Gesetz, dessen Leitlinie die Autonomie behinderter Menschen ist, unterstrich zwar die prinzipielle Existenzberechtigung von Sondereinrichtungen, ließ aber keinen Zweifel an einer Präferenz gegenüber mehr Gemeinsamkeit von behinderten und nichtbehinderten Menschen in den Bereichen Bildung, Arbeit, Wohnen und Freizeit (vgl. Ellger-Rüttgardt 2006).

Im Februar 2005 erließ die französische Regierung das Gesetz Nr. 2005-102 »Pour l'égalité des droits des chances, la participation et la citoyenneté des personnes handicapées« (das Gesetz über die Gleichheit von Rechten und Chancen, über gesellschaftliche Teilhabe und Bürgerrechte), dessen Verabschiedung zahlreiche parlamentarische Debatten und intensive Lobbyarbeit vorangegangen waren. Die entscheidende Neuerung bestand in der gesetzlichen Verankerung einer Schulpflicht für behinderte Schüler (obligation scolaire), die bislang, so sei erinnert, nicht gegeben war, da lediglich eine Erziehungspflicht (obligation éducative) bestanden hatte.

Die gegenwärtige Struktur der pädagogischen Förderung behinderter Schüler in Frankreich weist vier unterschiedliche, parallel existierende Organisationsformen auf: die Einzelintegration, der Besuch einer Sonderklasse an einer allgemeinen Schule, eine partielle Integration und schließlich der Besuch einer Sonderschule. Angesichts des hohen Leistungsdrucks der französischen Schule stellt die große Gruppe der Schüler mit Lernschwierigkeiten (élèves en difficulté) ein ungelöstes Strukturproblem dar; sie beziffert sich am Eingang in die dritte sowie die sechste Klasse auf jeweils ca. 15 bis 25 Prozent (vgl. Roiné 2014, S. 19 f.). Traditionell wird die Mehrzahl dieser

Schüler zwar nicht wie bislang in Deutschland in Förderschulen unterrichtet, wohl aber in besonderen Klassen und Abteilungen (RASED, Reseau d'aides spécialisées aux élèves en difficulté), die den allgemeinen Schulen angegliedert sind.

Die große Aufmerksamkeit für den Film »Ziemlich beste Freunde« auch in Frankreich selbst (▶ Kasten 2), der Erfolg des Romans »Chagrin d'école« von Daniel Pennac und die Sehnsucht nach einer anderen Schule, wie sie in dem Film »Avoir et etre« zum Ausdruck kommt, sind Zeichen für den Wunsch nach einer Gesellschaft, in der Gleichheit und Brüderlichkeit nicht nur proklamiert, sondern tatsächlich gelebt werden, eine Gesellschaft, in der Schwäche, Verletzbarkeit und gegenseitige Abhängigkeit Anerkennung finden und denen mit Solidarität begegnet wird .

> Die Menschen wollen ein sinnvolles Leben führen, sie wollen sich nicht fortgesetzt drängen und hetzen lassen. Jeder weiß oder ahnt doch zumindest, dass die menschliche Existenz zerbrechlich ist. Man glaubt nicht mehr an das Trugbild des ewig jungen und starken schönen Menschen. Die Zerbrechlichkeit muss wieder von den Rändern ins Zentrum der Gesellschaft rücken ...
> Wer hält zu uns, wenn wir verwundbar geworden sind? An wen können wir uns wenden? Haben wir dann noch einen Platz in der Gesellschaft?
> Die Regisseure wollten diese besondere Hinwendung zweier Personen zueinander zeigen, deren Begegnung völlig unwahrscheinlich war. Beide betonen, dass es sie stark gemacht habe, sich in ihrer jeweiligen Verletzlichkeit zusammenzuschließen ...
> Die Verletzlichkeit birgt wider Erwarten einen Schatz, den es zu entdecken gilt. Unsere Gesellschaft kann tatsächlich gerechter und menschlicher werden, wenn wir wieder an den tieferen Sinn der Solidarität anknüpfen. Denn nur sie bietet eine Antwort auf die fundamentale Frage nach dem Sinn des Lebens ...
> Gerade Menschen mit Behinderung haben, manchmal zu einem hohen Preis, gelernt, dass die gesellschaftlich gültigen

> Werte – Leistung, Effizienz, Rentabilität – nicht mit Glück einhergehen. Glück hängt vielmehr mit unserer wechselseitigen Abhängigkeit zusammen ...
> Wenn uns klar wird, dass wir das *Andere* brauchen, dass wir zusammen da sind, einer für den anderen, dann erst begreifen wir, was wechselseitige Abhängigkeit wirklich bedeutet.

Kasten 2: Quelle: Pozzo di Borgo/Vanier/de Cherise 2012, S. 9 ff.

Was das französische Schulwesen betrifft, so ist unübersehbar, dass zahlreiche Hürden zu überwinden sind, damit auch behinderte Schüler in ihm ihren angemessenen Platz finden können. Hierzu zählen vor allem die Durchsetzung der Schulpflicht für alle behinderten Schüler, eine Flexibilisierung des Curriculums und damit die Anerkennung zieldifferenten Lernens, eine veränderte, stärker pädagogisch orientierte Lehrerbildung, aber vor allem ein Mentalitätswandel, der Abschied nimmt von allgemeingültigen Leistungsnormen und stattdessen Verschiedenheit und Differenz als Basis jeden pädagogischen Handelns akzeptiert und propagiert (vgl. Gardou 2014; Plaisance 2009). Die von französischen Fachvertretern geforderte »kulturelle Revolution« im gesellschaftlichen Umgang mit Behinderung und behinderten Menschen ist nicht zuletzt dank zahlreicher medialer Anlässe eingeläutet worden (vgl. Kristeva/Gardou 2006), aber es wird zweifellos ein langwieriger Prozess sein, bis der Wandel in den Einstellungen zu einer Veränderung gesellschaftlicher Praxis führen wird, der auch seinen Niederschlag in einem reformierten Schulsystem findet.

Luxemburg

Das kleine Großherzogtum Luxemburg, mit einer Fläche von 2586 km² und 100.000 Einwohnern, gelegen zwischen den großen Nachbarn Frankreich und Deutschland, wird im europäischen Konzert leicht übersehen. Dabei ist Luxemburg gerade aus europäischer Perspektive bedeutsam, nicht nur weil es zu den Gründungsmitgliedern europäischer Institutionen (EU,

Europarat) gehört, sondern weil sich zwei große Kulturen hier begegnen, drei offizielle Landessprachen gepflegt werden (Letzebuergesch, Deutsch, Französisch), der Ausländeranteil bei über 40 Prozent liegt und jeden Tag ein zusätzlicher hoher Prozentsatz ausländischer Arbeitnehmer aus der Großregion nach Luxemburg pendelt.

Das luxemburgische Schulsystem gliedert sich in eine zweijährige Vorschule ab dem vierten Lebensjahr, gefolgt von einer sechsjährigen gesamtschulartigen Grundschule (école fondamentale) und einer vierjährigen, stark differenzierten Sekundarstufe (enseignement secondaire). Die wohl größte Herausforderung des luxemburgischen Schulsystems liegt in seiner sprachlich-kulturellen Vielfalt und zwar sowohl im Hinblick auf seine Schülerschaft als auch auf sein Curriculum. So wird Luxemburgisch als »Muttersprache« in der Vorschule gesprochen und anschließend in der Grundschule auf Deutsch alphabetisiert, wobei bereits in der zweiten Klasse ein Unterricht in französischer Sprache folgt; verbindlich für alle Schüler ist schließlich Englisch als vierte Sprache ab der achten Klasse.

Es liegt auf der Hand, dass Schüler und Schülerinnen aus bildungsfernen Milieus und/oder ausländischer Herkunft oft an den sprachlichen Anforderungen scheitern, was immer wieder den Ruf nach Reformen laut werden lässt, denn ein hoher Prozentsatz der Schüler verlässt die luxemburgische Schule ohne einen Abschluss, wobei die größte Gruppe unter ihnen portugiesischer Abstammung ist (vgl. Schill 2013). Bemängelt wird ferner die hohe Quote der Klassenwiederholungen, und in dem ersten Bildungsbericht über das Luxemburger Schulwesen von 2015 heißt es dazu kritisch: »Es ist beunruhigend, dass die Maßnahme der Klassenwiederholung in Luxemburg sehr häufig angewendet wird und dass Luxemburg im Hinblick auf die Anzahl von Klassenwiederholungen im internationalen Vergleich einen absoluten Spitzenplatz einnimmt. So zeigt sich, dass am Ende der Grundschulzeit bereits ein Viertel der Schülerinnen und Schüler eine Klasse wiederholt haben« (Ministère de l'Education nationale 2015b, S. 132). Für Schüler, die den Anforderungen der allgemeinen Schule nicht entsprechen, werden seit 1998 besondere Förderstunden angeboten (Service Réeducatif Ambulatoire, SREA), in deren Genuss auch behinderte Schüler kommen können (vgl. Limbach-Reich 2009) und die in den Folgejahren einen deutlichen Zuwachs erfuhren.

Eine allgemeine, aber kostenpflichtige Schulpflicht besteht in Luxemburg seit 1881. Der kostenlose Schulbesuch erfolgte erst durch das Gesetz von 1912, das allerdings Kinder mit körperlichen oder kognitiven Einschränkungen ausschloss. Von schulischer Exklusion ausgenommen waren lediglich sinnesbehinderte Kinder und Jugendliche, für die seit Ende des 19. Jahrhunderts besondere Bildungsanstalten existierten und deren Schulpflicht 1923 gesetzlich geregelt worden war.

Mit dem Gesetz von 1973 und der Etablierung der »Education différenciée« (differenzierte Erziehung, Sondererziehung) wurde das Bildungsrecht für alle behinderten Schüler zum ersten Mal in Luxemburg gesetzlich verankert, das vorrangig in Schulen und Klassen der »Education spéciale« realisiert wurde (Ministère de l'Education nationale 2013). Eine Weiterentwicklung und Neuakzentuierung erfolgte 1994 durch ein Gesetz, das nun neben der Beschulung in besonderen Institutionen eine verstärkte Teilnahme behinderter Schüler am Unterricht der allgemeinen Schule favorisiert. Die Einbeziehung behinderter Schüler in die allgemeine Schule wird auch durch das luxemburgische Gesetz über die Schulpflicht vom Februar 2009 unterstrichen, in dem es in Artikel 10 heißt: »Kinder mit Förderbedarf können ihrer Schulpflicht nachkommen, indem sie einen ihren Bedürfnissen ... angepassten differenzierten Unterricht erhalten.«

Luxemburg hat 2011 die Behindertenrechtskonvention ratifiziert und 2012 einen Aktionsplan zur Umsetzung der Konvention vorgelegt (vgl. Ministère de la famille et de l'intégration 2012). Bezogen auf den Schulbereich wird als langfristiges Ziel die inklusive Regelschule benannt, aber zugleich die Überzeugung formuliert, dass auch zukünftig Förderschulen unverzichtbar sein werden (vgl. Limbach-Reich 2013, S. 202 ff.; Schill 2013, S. 74 ff.) – eine Position, die allerdings von einigen Elternvereinigungen kritisiert wird, die für eine bedingungslose schulische Inklusion eintreten.

Gegenwärtig können luxemburgische Eltern, denen ein uneingeschränktes Wahlrecht zusteht, sich für vier verschiedene Formen der Beschulung ihres behinderten Kindes entscheiden:

- Unterricht in einer luxemburgischen Regelschule
- teilweise Integration in einer sogenannten Kohabitationsklasse an einer Regelschule bzw. partieller Unterricht mit den Schülern der Regelschule
- Unterricht in einer regionalen Sonderschule in Luxemburg
- Beschulung in einer anerkannten Einrichtung im Ausland (vgl. Limbach-Reich 2009, S. 91).

Die Unterstützung der Schüler mit einem pädagogischen Förderbedarf (besoin éducatif) erfolgt durch das Lehrpersonal der Education différenciée, das stundenweise als Ambulanzlehrer an den einzelnen Schulen tätig ist und in der Regel nicht zum Kollegium der allgemeinen Schule gehört. Im Schuljahr 2007/08 wurden 689 luxemburgische Schüler durch die Education différenciée betreut, wobei auch im Bereich der Sonderziehung eine nahezu 50-prozentige Repräsentanz ausländischer Nationalitäten auffällig ist.

Im Schuljahr 2013/14 stieg die Zahl der sonderpädagogisch betreuten Schüler und Schülerinnen auf 835, wobei der Anteil der Schüler ausländischer Herkunft sogar auf 51,4 Prozent stieg.

So wie in allen Ländern beobachtbar, ist auch in Luxemburg eine Abnahme der inklusive Beschulung mit steigendem Alter zu verzeichnen, was vor allem auf das hohe Anforderungsniveau der Sekundarschule, aber auch auf Besonderheiten der Persönlichkeitsentwicklung in der Adoleszenzphase behinderter Jugendlicher zurückzuführen sein dürfte.

Die Anforderungen an ein inklusives Schulsystem hat in Luxemburg vor allem die Education différenciée in den letzten Jahren aufgegriffen und Reformvorschläge für eine Weiterentwicklung des Systems sonderpädagogischer Förderung entwickelt. Das von einer Expertengruppe vorgelegte Papier »Sycops« (Le système de compétences en pédagogie spéciale«) entwirft das Bild eines sonderpädagogischen Systems, das an den Prinzipien von Individualisierung, Subsidiarität, Kooperation, Beratung, Professionalität und Qualitätsentwicklung ausgerichtet ist (▶ Kasten 3) und das für eine stärkere Verzahnung von allgemeinen und besonderen Schulstrukturen eintritt.

> **Leitbild des sonderpädagogischen Kompetenzsystems**
>
> Das sonderpaedagogische Kompetenzsystem (SKS) ist ein fortschrittliches, dynamisches, lernendes System mit sonderpädagogischer Kompetenz.
> Als Dienstleister und fester Bestandteil des öffentlichen Bildungswesens versteht das SKS seinen Auftrag, die Bildung, Erziehung, Qualifizierung, Beratung, Begleitung und Unterstützung der SEN Kinder und jungen Menschen subsidiär zum Regelschulwesen und unabhängig des Bildungsortes zu gewährleisten.
> Dies mit dem Ziel der größtmöglichen Autonomie, psychischer Integration, Partizipation und des Wohlbefindens der SEN Kinder und jungen Menschen.
> Das SKS nimmt gegenüber den Eltern, Erziehungsberechtigten, Familien, Professionellen, Institutionen und anderen Nachfragern beratende, begleitende und unterstützende Funktionen wahr.

Kasten 3: Quelle: Back u. a. 2011, S. 87

Die Herausforderungen, vor denen ein inklusives Schulsystem in Luxemburg steht, sind vielfältig. Sie betreffen zum einen die allgemeine Schule, die bislang in nur geringem Maße auf behinderte Schüler vorbereitet ist, sei es durch Aus- und Fortbildung ihrer Lehrer, eine Differenzierung des Curriculums sowie einen Mentalitätswandel des pädagogischen Personals. Die Sonderpädagogik selbst, die als Eckpfeiler der inklusiven Schule unerlässlich ist, befindet sich in Luxemburg in einer eher schwachen Position, da das Großherzogtum an seiner Universität keine Sonderpädagogen ausbildet und somit eine professionelle Identitätsbildung als auch Interessenvertretung dieser pädagogischen Spezialdisziplin erschwert sind. Die begrenzte Autonomie eines jeden Schulwesens und damit seine Abhängigkeit vom Gesellschaftssystem zeigt sich auch in Luxemburg, wo die geltende Dreisprachigkeit Barrieren und Grenzen für die Teilhabe behinderter Menschen am Leben der Gesellschaft errichtet, die nur schwer zu überwinden sind.

Schweden

Schweden, ein Land mit einer eindrucksvollen Oberfläche von nahezu 450.000 km² bei einer Einwohnerzahl von nur knapp zehn Millionen, galt viele Jahre in Deutschland als Vorbild einer fortschrittlichen Gesellschafts- und Bildungspolitik. Insbesondere das stark »idealisierte schwedische Schulsystem« (Ringarp/Rothland 2008, S. 511) erschien den zahlreichen deutschen Besuchern als Projektionsfläche eigener pädagogischer Wünsche und Träume. Starken Widerhall in der deutschen Debatte um eine schulische Integration behinderter Schüler fand das idealisierte Schwedenbild, da unter Bezug auf das vermeintlich fortschrittliche Schweden eine Abschaffung des deutschen Sonderschulsystems gefordert wurde. Dieser einseitige, interessengeleitete Blick auf Schweden war sicherlich nur möglich, weil er selektiv, oberflächlich und ohne jede Beachtung historischer Entwicklungen erfolgte.

Spätestens seit den für Schweden ernüchternden PISA-Ergebnissen von 2013 schwankt das Bild eines fortschrittlichen Musterlandes im Bereich der Bildung auch in den Medien, und die Wochenzeitung »Die Zeit« titelt in ihrem PISA-Spezial vom 5.12.2013: »Tief im Norden. Schweden war der Sehnsuchtsort der deutschen Pädagogik. Nun hat der Pisa-Schock das Land erreicht. Wie konnte das geschehen?« Dieses Erstaunen verwundert, denn die eher ernüchternden Entwicklungen des schwedischen Schulsystems, die sich zum Teil in den PISA-Ergebnissen niederschlagen, waren schon seit längerem bekannt und daher lohnt ein Blick zurück.

Schweden führte 1842 die Schulpflicht ein, die aber erst gegen Ende des 19. Jahrhunderts tatsächlich eingelöst wurde (vgl. Altstaedt 1977; Barow 2009). Ähnlich wie in Deutschland entstand bereits im 19. Jahrhundert das Problem der »Schulversager«, dem, nicht anders als in Deutschland, durch die Bildung von Hilfsklassen begegnet wurde, die allerdings, und dies im Unterschied zu Deutschland, aufgrund der geographischen Bedingungen eines zum Teil dünn besiedelten Landes immer nur den Charakter von Klassen bzw. Abteilungen an der allgemeinen Schule hatten. Wiederum vergleichbar der Funktionsbestimmung in Deutschland dienten die schwedischen Hilfsklassen sowohl der besonderen Qualifizierung dieser Schülerschaft als auch der Entlastung der Volksschule. Der Anteil der in separaten Klassen unterrichteten Schüler erreichte seinen Höhepunkt in den Jahren 1963/64 mit 3,15 Prozent, um dann nach der Einführung der neunjährigen Grundschule bis 1969/70 auf 2,48 Prozent zu sinken (vgl. Altstaedt 1977, S. 277).

1944 führte Schweden die Schulpflicht für »bildungsfähige Schwachsinnige« ein, zweifellos ein pädagogischer Fortschritt, der allerdings relativiert wird durch seine stark utilitaristisch geprägte Begründung. So war diese bildungspolitische Maßnahme eingebettet in eine ökonomisch ausgerichtete »rationale« Sozialpolitik, der es um Senkung der Kosten für behinderte Menschen bei gleichzeitiger Ausnutzung der Arbeitskraft bislang »unnützer« Gesellschaftsmitglieder ging. Konsequenterweise blieben die als »bildungsunfähig« geltenden Personen von allen Bildungsmaßnahmen ausgeschlossen und wurden Pflegeheimen bzw. Asylen zugewiesen, wo dann auch im größeren Umfang die seit Einführung des Sterilisationsgesetzes 1934/35 gesetzlich legitimierten Sterilisationen durchgeführt wurden. Auch wenn in Schweden, anders als in Deutschland zur NS-Zeit, Zwangssterilisationen gesetzlich ausgeschlossen waren, so ist doch aufgrund schwedischer Forschungen davon auszugehen, »dass es zahlreiche Situationen gab, die de facto von Zwang oder zwangsähnlichen Situationen gekennzeichnet waren« (Barow 2009, S. 250). Schätzungen besagen, dass bis 1975 etwa 63.000 geistig behinderte Personen, vornehmlich Frauen, sterilisiert wurden (vgl. Barow 2002, S. 310). Eine separierende, aussondernde und restriktive Behindertenpolitik blieb in Schweden bis Ende der Fünfzigerjahre dominant, und sie war verbunden mit einem kontinuierlichen Anstieg von Plätzen in Internats-Sonderschulen und Pflegeheimen.

Ein radikaler Wandel im Umgang mit behinderten Menschen in Skandinavien und damit auch Schweden erfolgte durch die Formulierung des Normalisierungsprinzips, wie es 1959 im dänischen Fürsorgegesetz durch Niels Erik Bank-Mikkelsen niedergelegt worden war (▶ Kasten 4).

Das Prinzip der »Normalisierung«

Als Ziel einer modernen Betreuung von geistig Behinderten sehen wir die möglichst weitgehende »Normalisierung« ihrer Lebensbedingungen an. Für Kinder bedeutet die Normalisierung, daß sie in einer ihnen gemäßen, wenn möglich in der gewohnten Umgebung leben und spielen, in den Kindergarten und später in geeignete Schulen gehen. Erwachsene sollen das Recht haben, ihr Elternhaus zu verlassen, angelernt oder beruflich angeleitet zu werden und schließlich einer geregelten Beschäftigung nachzugehen. Für Kinder wie für Erwachsene gehört eine sinnvolle Freizeitgestaltung und Erholung zur Gestaltung eines normalen Lebens. So streben wir die Eingliederung der Behinderten in die Gemeinschaft auf jede nur mögliche Weise an. Wir wollen ihnen helfen, von ihren Fähigkeiten Gebrauch zu machen, so begrenzt sie auch immer sein mögen. Wie alle anderen Menschen haben die Behinderten ein unabdingbares *Recht auf die bestgeeignete Behandlung, Förderung und Eingliederung*. Ebenso unbestreitbar ist, daß jeder Umgang mit *ihnen in ethisch einwandfreier Weise* gestaltet werden muß.

Wenn wir uns für die Behinderten um normale Lebensbedingungen bemühen, so sind wir damit nicht aus der Verpflichtung entlassen, notfalls für ihre spezielle Pflege und Unterstützung zu sorgen. Wir akzeptieren sie, wie sie sind, und lehren sie, mit ihrer Behinderung zu leben.

Kasten 4: Quelle: Niels Erik Bank-Mikkelsen 1974, S. 76

Es ist offensichtlich, dass der Jurist Bank-Mikkelsen, ein Widerstandskämpfer im besetzten Dänemark und Internierter in KZ-Haft, durch das Erleben der menschenverachtenden Nazi-Ideologie und -Praxis eine vertiefte Sensibilisierung für die Lebenssituation besonders gefährdeter Menschengruppen wie geistig Behinderte entwickelt hatte.

Das Normalisierungsprinzip trat einen internationalen Siegeszug an, denn es veränderte nicht nur die Behindertenpolitik in den skandinavischen Ländern, sondern auch in England, den USA und Kanada (vgl. Kugel/Wolfensberger 1974) und schließlich auch in Deutschland, wo es seit den siebziger Jahren Einfluss auf eine reformorientierte Behindertenpolitik nahm (vgl. Thimm 1995; Fischer u. a. 1996). Angestoßen durch die 1962 eingesetzte Kennedy-Kommission zu Fragen der geistigen Behinderung wurde die »Internationale Liga der Vereinigungen für geistig Behinderte« gegründet, die in Anlehnung an die 1948 von den Vereinten Nationen proklamierten »Allgemeinen Menschenrechte« eine »Deklaration der allgemeinen und speziellen Rechte der geistig Behinderten« 1968 veröffentlichte (▶ Kasten 5).

Deklaration der allgemeinen und speziellen Rechte der geistig Behinderten

Weil die *allgemeine Deklaration der Menschenrechte*, wie sie von den Vereinten Nationen angenommen wurde, proklamiert, daß alle Mitglieder der menschlichen Familie ohne irgendeinen Unterschied die gleichen unveräußerlichen Rechte der Menschenwürde und Freiheit haben; und weil die *Deklaration der Rechte des Kindes*, wie sie ebenfalls von der UNO angenommen wurde, den besonderen Anspruch des körperlich, geistig oder sozial behinderten Kindes auf spezielle Behandlung, Erziehung und Betreuung nach seinen jeweiligen Erfordernissen proklamiert, darum bringt die *Internationale Liga der Vereinigungen für geistig Behinderte* die allgemeinen und die besonderen Rechte der geistig Behinderten in folgender Weise zum Ausdruck:
Artikel I
Der geistig behinderte Mensch hat die gleichen Grundrechte wie andere Bürger des gleichen Landes und gleichen Lebensalters.
Artikel II
Der geistig Behinderte hat Anspruch auf die geeignete erforderliche medizinische Versorgung, auf jede mögliche Entwicklung seiner körperlichen Kräfte und auf eine so geartete heilpädagogische Erziehung, Förderung, Eingliederungshilfe

und Betreuung, daß er seine Kräfte und Fähigkeiten im besten nur möglichen Ausmaß entwickeln kann, ganz unabhängig davon, wie schwer seine Behinderung sein mag. Kein geistig Behinderter darf von solchen Förderungsmöglichkeiten aus Gründen der dadurch entstehenden Kosten ausgeschlossen werden.
Artikel III
Der geistig Behinderte hat einen Anspruch auf wirtschaftliche Sicherstellung und einen angemessenen Lebensstandard. Er hat ein Recht auf produktive Arbeit oder eine entsprechende sinnvolle Beschäftigung.
...
Vor allem – der geistig behinderte Mensch hat Anspruch auf unsere Achtung!
(Jerusalem, den 24. Oktober 1968)

Kasten 5: Quelle: Kugel/Wolfensberger 1974, S. 90 f.

In Schweden waren es die Pioniere Bengt Nirje (▶ Kasten 9), Ombudsmann des Elternverbandes für »entwicklungsgestörte Kinder«, und Karl Grunewald, ein hoher Vertreter der schwedischen Sozialverwaltung, die in engem Kontakt zu Bank-Mikkelsen standen und für eine grundlegende Verbesserung der Lebensbedingungen geistig behinderter Menschen in Schweden eintraten, die 1967 in die Verabschiedung eines reformorientierten Betreuungsgesetzes mündete.

Aus einem Gespräch mit Bengt Nirje (1924-2006) am 29.8.2005 in Uppsala

Vorbemerkung: Der Schwede Bengt Nirje war seit 1961 Ombudsmann des Elternverbandes für »Entwicklungsverzögerte Kinder«.

Sieglind L. Ellger-Rüttgardt: Bengt, warum interessierte Sie die Arbeit mit behinderten Menschen?
Bengt Nirje: Ihre Situation erinnerte mich ein wenig an die der Flüchtlinge. Die hatten alles aufgegeben, aber sie hatten

> eine Hoffnung für die Zukunft. Diese Cerebralparetiker hatten eigentlich kein Vertrauen in die Zukunft, aber sie waren doch ein bisschen neugierig. Ich lernte sehr viel; ich lernte, wie allein sie waren und wie machtlos. Ich war zuerst schockiert, als ich begann, mit geistig Behinderten zu arbeiten, als ich die ersten Institutionen sah, die ersten Behinderten mit Wasserköpfen, mit Microcephalus. Ich war erschrocken, und ich habe geweint, als ich das gesehen habe. Aber ich wusste, meine Tränen rechnen nicht, das ist nicht interessant. Interessant ist, was ich machen kann. Das war die Grundlehre aus meiner Arbeit mit den Flüchtlingen. Meine Arbeit war, ihre Probleme, ihre Gefühlswelt zu verstehen und die Richtung zu finden, was man am besten machen kann, um ein Vertrauen zu schaffen, sodass sie verstehen und mithelfen.
> Ich fand die Standards in den meisten Einrichtungen als zu niedrig. Worüber ich am meisten erschrocken war, waren die Kinder. Es waren zu viele Kinder in einem Raum mit zu wenig Personal. Sie waren nackt oder nur mit wenig Kleidung bedeckt, Urin war auf dem Boden, die Sitzplätze waren nicht genügend für alle, sie hatten keine Spielsachen und mitten unter ihnen ein erschrecktes junges Mädchen von 16 Jahren, die die Helferin war.
> Über Bank-Mikkelsen habe ich erfahren, dass im August 1963 eine Konferenz in London und Haag über geschützte Werkstätten stattfindet und die habe ich besucht.

Kasten 6: Interview mit Bengt Nirje 2005

Wie stark der schwedische Einfluss auch in den Folgejahren auf dem internationalen Parkett blieb, belegt die von den schwedischen Behindertenorganisationen erarbeitete »Agenda 22 – Umsetzung der UN-Standardregeln auf lokaler und regionaler Ebene«, die 2001 in Schweden erschien und 2004 ins Deutsche übertragen wurde (▶ Kap. 3).

Die Gesellschafts- und Bildungspolitik der konstitutionellen Monarchie Schweden wurde seit den 1970er Jahren geprägt durch die staatliche Wohlfahrtspolitik der Sozialdemokratie, die sich an den Zielen von Demokratie, Gleichheit, Solidarität und Sicherheit orientierte. 1962 wurde die neunjährige Einheitsschule (grundskolan) eingeführt, woran sich seit 1970 eine stark nach beruflichen und akademischen Ausbildungsgängen differenzierte dreijährige Sekundarschule (gymnasieskolan) anschließt. In Anlehnung an das Normalisierungsprinzip wurde für behinderte Schüler seit den sechziger Jahren ein stärker gemeinsamer Unterricht in der allgemeinen Schule angestrebt, wobei die Mehrheit dieser Schüler in Sonder- oder Klinikklassen, angegliedert an die Regelschule, unterrichtet wurde (vgl. Magne 1991; Rosenquist 1993).

Das Ende der Ära einer sozialdemokratischen Wohlfahrtspolitik wurde mit einem Wahlsieg der bürgerlichen Parteien 1991 eingeläutet und seitdem wird die schwedische Gesellschafts- und Bildungspolitik, ungeachtet erneuter Regierungswechsel, durch sehr ambivalente Entwicklungen bestimmt. Kennzeichen dieser neuen Politik sind Ziele von Kosteneffizienz, Leistungsorientierung, Deregulierung und Dezentralisierung auch im Bildungsbereich und zugleich eine deutliche Rücknahme staatlichen Einflusses durch stärkere Kommunalisierung. Freie Schulwahl und Wettbewerbe zwischen den Schulen folgen dem Marktprinzip, wonach die Nachfrage das Angebot regelt. Die »Einführung marktähnlicher Verhältnisse im Schulwesen« (Ringarp/Rothland 2008, S. 505) hat zur Folge, dass die soziale Segregation im schwedischen Schulwesen zunimmt. So ist ein Anstieg privater Schulen zu verzeichnen, der sich im Schuljahr 2009/10 auf 11 Prozent aller Grundschüler und auf 28 Prozent der Gymnasiasten belief. Die Koppelung von sozialer Herkunft und Schulerfolg manifestiert sich in freier Schulwahl und einer ausgeprägten Wohnsegregation. Die Einführung von Vergleichsarbeiten und eines Notensystems ab der sechsten Klasse widerspricht dem Ideal einer »Schule für alle«, und die Zunahme von Rassismus, Mobbing, Gewalt und Vandalismus an den Schulen sind auch Ausdruck einer konkurrenzorientierten Schule, in der sozial benachteiligte und behinderte Schüler besonders gefährdet sind (vgl. Ringarp/Rothland 2008; Barow/Persson 2011).

Am Beispiel der Entwicklung des schwedischen Schulsystems seit etwa drei Jahrzehnten lässt sich eindrucksvoll ablesen, wie abhängig ein Schulsystem, und insbesondere seine schwächste Klientel, von den politisch-ökonomischen Rahmenbedingungen des jeweiligen Landes ist. So wird übereinstimmend berichtet, dass die Zahl der Schüler, die keinen Abschluss erreicht, auf 20 Prozent angestiegen ist, dass Fördermaßnahmen für leistungsschwache Schüler an der Grundschule zurückgefahren wurden und auch die sonderpädagogische Förderung behinderter Schüler eingeschränkt wurde. Ferner wird kritisiert, dass freiwerdende Lehrerstellen nicht selten durch kostengünstigeres Personal ersetzt werden, was auch für die Sonderpädagogen zutrifft. Aufgrund von Überforderungen werden verstärkt wieder Formen äußerer Differenzierung durch die Bildung von separaten Gruppen oder Überweisung in Schul-Tagesheime favorisiert. Und eine Folge des pädagogischen Qualitätsverlustes ist schließlich die Tendenz, dass Eltern vermehrt besondere Institutionen wählen, da sie dort eine bessere Förderung für ihr behindertes Kind erwarten (vgl. Kriwet 1996; Merzbacher 2000; Barow/Persson 2011).

Was die Zahl der sonderpädagogisch betreuten Schüler in Schweden betrifft, so schwanken die Schätzungen von 2007 zwischen 2,3 und 3,1 Prozent der Grundschüler, von denen mindestens die Hälfte in gesonderten Gruppen unterrichtet wird (vgl. Barow/Persson 2011, S. 26). Hier scheint in den letzten Jahren eine erhebliche Steigerung eingetreten zu sein. Nach Angaben der Nationalen Schulbehörde (Skolverket) erhielten 2013 13,9 Prozent aller Grundschüler eine besondere pädagogische Förderung, und 1,4 Prozent von ihnen wurden in Sonderklassen unterrichtet. Dabei stieg auch in Schweden die Quote der förderbedürftigen Schüler mit zunehmendem Alter bis zur Klasse 9 an.

Schweden hat frühzeitig richtungsweisende Impulse für eine an den Normen von Gleichheit, Demokratie und Solidarität ausgerichteten Behindertenpolitik und -praxis formuliert – Ideen, die bis zum heutigen Tag international wirksam sind. Das Land kann auch in der Bildungspolitik auf Erfolge in den Anstrengungen für ein egalitäres Schulwesen zurückblicken, und die neunjährige »Schule für alle« galt viele Jahre hierzulande als ein leuchtendes Vorbild. Diese fortschrittsorientierte Bildung- und Sozialpolitik war eingebettet in eine relativ homogene und prosperierende Gesellschaft, deren Parameter sich seit den 1990er Jahren allerdings verändert haben. Internationale Finanz- und Wirtschaftskrisen, internationale Misserfolge des Schulsystems, hohe Jugendarbeitslosigkeit und die im Verhältnis zur Bevölkerung höchste Flüchtlingsquote in Europa haben die schwedische Gesellschaft verändert und das Ideal des sozialdemokratisch geprägten »Volksheims« verblassen lassen; der stabile Wahlerfolg der »Schwedendemokraten« (im Dezember 2014 lag er bei 13 Prozent) sind ein Hinweis auf ungelöste innergesellschaftliche Konfliktlagen Schwedens. Damit repräsentiert das nordeuropäische Land in seiner Krisenhaftigkeit all jene europäischen Staaten, die angesichts globaler Herausforderungen und Erschütterungen ihre nationale Identität und Politik neu auszubalancieren suchen.

Fazit

Alles ist eine Frage der Perspektive – auch und gerade im internationalen Vergleich. »Integrationsklassen« in Frankreich (Classes d'Intégration Scolaires, CLIS) sind aus deutscher Sicht »Sonderklassen«, und wenn in Schweden von einer »Schule für alle« die Rede ist, dann ist zu berücksichtigen, dass in ihr Sonderklassen für geistig Behinderte lediglich angegliedert sind, aber kein gemeinsamer Unterricht stattfindet; gleiches gilt für Luxemburg. Die vorgestellten Länder Frankreich, Luxemburg und Schweden zeigen, dass es kaum möglich ist, direkte Vergleiche zwischen ihnen anzustellen, denn zu verschieden sind ihre historischen, kulturellen, politisch-ökonomischen und geographischen Bedingungen. Aber dennoch existieren sehr wohl ähnliche Problemlagen in den jeweiligen Ländern.

Hinsichtlich der Forderung nach einer inklusiven Beschulung, die sich alle drei Länder auf die Fahnen geschrieben haben, ist ablesbar, wie sehr diese spezifische und hochkomplexe pädagogische Aufgabe abhängig ist von der Verfasstheit der jeweiligen Gesellschafts- und Bildungssysteme. Eine stärkere gesamtschulartige Schulstruktur, wie sie in allen drei Ländern vorhanden ist und die als ein Merkmal erfolgreicher nationaler Schulsysteme gilt (vgl. Lenhart 2007), ist zwar eine gute Voraussetzung, aber keinesfalls eine Garantie für mehr Gemeinsamkeit von behinderten und nichtbehinderten Schülern. Strukturelle Maßnahmen müssen in jedem Fall ergänzt werden durch einen veränderten, zieldifferenten Unterricht, eine veränderte Lehrerprofessionalität, eine im allgemeinen Schulsystem verortete sonderpädagogische Kompetenz und schließlich die Bereitstellung ausreichender finanzieller Mittel. Diese Bedingungsfaktoren, so lässt sich resümieren, gelten international und jedes Land ist aufgerufen, diese Parameter einer inklusive Schule in ihren jeweiligen Bildungssystemen Geltung zu verschaffen und sie mit Leben zu erfüllen.

9 Das »Kreuz mit den Lernschwachen« – oder Grenzen der Pädagogik

»Nirgends in der Welt gibt es das HK (Hilfsschulkind).
Es gibt nur Kinder mit vielgestaltiger Individualität,
die sog. Hilfsschulen besuchen.«
Frieda Buchholz 1939, S. 1

»In jedem Fall wäre es … ein Fortschritt, anzuerkennen,
daß es in Wirklichkeit so etwas wie ›das normale Kind‹
nicht gibt, sondern nur *Kinder*, die unterschiedliche
Stärken und Schwächen haben und die in der Ausbildung ihrer Fähigkeiten alle als Individuen berücksichtigt werden müssen.«
Martha C. Nussbaum 2010, S. 291

Wenn gegenwärtig Kritik an »der Sonderschule« geübt wird, dann sind in aller Regel nicht etwa Sonderschulen für blinde, gehörlose, körperbehinderte oder auch geistig behinderte Schüler gemeint, sondern die Förderschule mit dem Schwerpunkt Lernen, ehemals Hilfs- oder Lernbehindertenschule genannt, die immer wieder als Schule der Aussonderung und des gesellschaftlichen Abseits betitelt wird. Es ist zutreffend, dass diese Schulform im europäischen Maßstab eine Besonderheit darstellt, die in dieser Ausprägung in keinem anderen Land existiert. Mit einem Anteil von ca. 40 Prozent repräsentiert die Schülergruppe mit dem Schwerpunkt Lernen nach wie vor die größte Gruppe unter den Sonderschülern in Deutschland (vgl. Autorengruppe Bildungsberichterstattung 2014, S. 163), und würde man diese Gruppe aus der Statistik herausrechnen, dann käme Deutschland auf Zahlen von Sonderschülern wie sie etwa dem internationalen Durchschnitt entsprechen. Nahezu zwangsläufig stellt sich somit die Frage, warum sich in Deutschland diese Schulform entwickelte, warum sie expandierte und bis in die Gegenwart besteht. Diese Frage ist, wie so oft, ohne die Aufdeckung historisch-vergleichender Zusammenhänge kaum zu beantworten.

Die Anfänge der Hilfsschulentwicklung in Deutschland liegen in der ersten Hälfte des 19. Jahrhunderts, als sowohl die zunehmende Durchsetzung der Schulpflicht und die damit entstehenden Probleme von Heterogenität und erhöhter Komplexität als auch die sozialen Folgen der Frühindustrialisierung das Phänomen des Schulversagens in der Volksschule entstehen ließen. Besonders in Industriestädten wurden sogenannte Hilfs-, Armen- oder Nachhilfeklassen für die zurückbleibenden Schüler eingerichtet, verknüpft mit der Hoffnung, diesen Kindern einen Anschluss an das Pensum der Elementarschule zu vermitteln (vgl. Ellger-Rüttgardt 2008 a, S. 152 ff. u. 2012a, S. 40 ff.).

Der ausbleibende Erfolg dieser pädagogischen Maßnahmen und die sich verfestigende Überzeugung von dem organisch bedingten »Schwachsinn« der betreffenden Schüler führte in der zweiten Hälfte des 19. Jahrhunderts zu der Forderung nach einer neuen Schulform mit aufsteigenden Klassen: die Hilfsschule. Diese Forderung hatte Erfolg, da sie nicht nur den vorherrschenden Interessen der Volksschullehrer nach Entlastung entgegenkam, sondern vor allem den ideologischen Grundlagen der Wilhelminischen Bildungs- und Sozialpolitik entsprach. Für das Wilhelminische Herrschaftssystem war die Hilfsschule zum einen ein Instrument zur Disziplinierung und Loyalitätssicherung im Rahmen der Auseinandersetzung mit der »sozialen Frage« und zum anderen eine Bildungseinrichtung, die die in ihrem Anforderungsniveau gestiegene Volksschule von allem »Ballast« befreien und zugleich basale Qualifizierungsaufgaben übernehmen sollte (vgl. Ellger-Rüttgardt 2003, S. 62 ff.).

Die neue Institution Hilfsschule stieß aber keineswegs auf einhellige Zustimmung in Deutschland, sondern rief immer wieder Kritik hervor, eine Kritik, die angesichts herrschender Machtverhältnisse und Interessenkonstellationen keine große Resonanz erfuhr, somit wirkungslos blieb und in Vergessenheit geriet. Im Wilhelminischen Kaiserreich waren es zum einen Eltern von Hilfsschulkindern, die sich gegen die Aufnahme ihres Kindes in die Hilfsschule zur Wehr setzten (▶ Kasten 1), aber auch einzelne Pädagogen, die aus politischen und pädagogischen Gründen die neue Schulform ablehnten, und sie führten Argumente ins Feld, die die aktuelle Kritik an der Förderschule bereits vorwegnahmen.

9 Das »Kreuz mit den Lernschwachen«

> **Beschwerde des Braunschweiger Schmiedes und Händlers W. J. vom 16. März 1910**
>
> Auf Ihre Entscheidung vom 14. d. M. tut es mir leid, mich nicht damit einverstanden erklären zu können. Ich muß Sie deshalb freundlichst bitten mit meinem Sohn K. nochmals Rücksicht zu nehmen und ihn in der jetzigen Schule zu gelassen. Auf alle Fälle gebe ich die Hoffnung noch nicht auf, daß er mit seinen Schulkenntnissen doch noch gute Fortschritte machen wird. Schließlich kommt es mir nicht darauf an, ihm weiter Nachhilfestunden durch einen Lehrer geben zu lassen, selbst auf die Gefahr hin, daß er eventuell ein Jahr länger die Schule besuchen müßte, wie sonst üblich. In der Erwartung, daß Sie meiner Bitte Gehör schenken und auf ein altes Sprichwort zurückkommend, ‚Rom ist auch nicht in einem Tage erbaut' sehe ich der Erfüllung meiner Bitte zu stetem Dank im voraus entgegen und empfehle mich Ihnen ehrerbietigst.

Kasten 1: Quelle: Schularchiv der Förderschule Braunschweig, zit. n. Ellger-Rüttgardt 2003, S. 130

Die Kritiker der Hilfsschule aus der Volksschullehrerschaft wiesen darauf hin, dass das Entstehen von Schulversagen maßgeblich von sozialen Faktoren bestimmt wurde und das »Schwachsinn« bzw. »schwache Befähigung« ein von den jeweiligen schulorganisatorischen Bedingungen abhängiger, relativer Begriff ist. Folglich vertraten diese Kritiker die Auffassung, dass die geistige Leistungsfähigkeit eines Menschen nicht anlagemäßig festgelegt, sondern durch eine Fülle von Faktoren beeinflussbar ist. Die Hilfsschule als eigenständige Schulform wurde aus pädagogischen und sozialpolitischen Gründen abgelehnt, da sie den schulleistungsschwachen Kindern keine optimale Förderung zuteil werden ließ und zudem die gesellschaftliche Integration der Betroffenen erschwerte bzw. vereitelte. Nach Ansicht dieser Gegner aus dem Kreis der Volksschullehrer widersprach die Hilfsschule dem Ideal der allgemeinen Volksschule, die nicht allein eine Schule für die Fähigen, sondern zugleich die Bildungsstätte für die Minderbegabten und Benachteiligten sein sollte. Angeprangert wurden sowohl die Volksschullehrerschaft, die allzu gern die schwierigen Fälle in die Hilfsschule »abschob«, als auch die Hilfsschullehrer, die aus einer Mischung von berufsständischen Egoismus und politischer Reaktion kein Interesse an einer Veränderung der bestehenden gesellschafts- und bildungspolitischen Verhältnisse zeigte und in der Hilfsschule ein willkommenes Instrument zur Profilierung einer selbständigen Lehrergruppe erblickte (vgl. Ellger-Rüttgardt 1980).

Als Alternative zur Hilfsschule wurde von den Kritikern eine grundlegende Reform der Volksschulorganisation gefordert, die sowohl den leistungsstarken als auch den schwachbegabten Schülern zu ihrem Recht verhelfen sollte. Die Forderungen waren: Senkung der Klassenfrequenzen, Reduzierung und inhaltliche Veränderung des Lehrplans, methodische Verbesserungen, Verlängerung der Schulzeit, Umgestaltung der traditionellen Lernschule in eine sozialpädagogisch orientierte Schule, Förder- und Nachhilfeunterricht sowie »Kernunterricht« für alle Kinder und schließlich der Einsatz von speziell ausgebildeten Lehrern in den Grundschulen – alles Forderungen, die uns in der Gegenwart allzu vertraut sind.

Einen bemerkenswerten Erfolg erzielten die Hilfsschulkritiker in der Reichshauptstadt Berlin, in der man sich zunächst weigerte, selbstständige Hilfsschulen einzurichten und stattdessen »Nebenklassen« installierte, die einen doppelten Zweck verfolgten: entweder Rückführung in die Volksschule durch entsprechenden Förderunterricht oder aber im Falle eines sich erweisenden »Schwachsinns« Aufnahme in die städtische »Idiotenanstalt«. Angelpunkt der Berliner Kritik an der Hilfsschule war, dass Schulversager unterschiedlicher Provenienz aufgenommen wurden und die synonym verwendeten Begriffe »schwachsinnig« und »schwachbefähigt« äußerst schwammig waren.

Aber auch die Hauptstadt vermochte sich langfristig nicht dem »modernen« Hilfsschultrend zu entziehen; 1911 wurden die Nebenklassen in Berlin aufgelöst und die erste Hilfsschule eingerichtet.

Abgesehen von der eher sporadischen Kritik galt die Hilfsschule nicht nur in Deutschland, sondern auch im europäischen

9 Das »Kreuz mit den Lernschwachen«

Ausland als eine Institution des pädagogischen Fortschritts. Heinrich Kielhorn, Motor der deutschen Hilfsschulbewegung, empfing in seiner Braunschweiger Hilfsschule zahlreiche ausländische Besucher, wie das Gästebuch der Schule belegt (vgl. Ellger-Rüttgardt 1981, S. 275). Diese Besucher kamen aus Großbritannien, Frankreich, den Niederlanden, Ungarn, Skandinavien, und sie waren voll des Lobes für dieses neue reformpädagogische Experiment, da sie alle, nachdem die Schulpflicht in ihren Ländern durchgesetzt worden war, ein Problem einte, nämlich das der »Schulversager«. In Braunschweig sahen sie eine mögliche Lösung des Problems: Ausgliederung jener »Hemmnisse«, die den durchschnittlichen Erwartungen nicht entsprachen und ihre Beschulung in kleineren Klassen mit reduziertem Lehrplan, Klassen, die zwar teurer waren als die großen Volksschulklassen von bis zu 80 oder gar 100 Schülern, die aber die Volksschule »entlasteten« auf ihrem Weg zu einem höheren Niveau und zudem noch jenen eine bescheidene Qualifikation vermittelten, die als ständige »Klassenwiederholer« mit nur sehr geringen Kenntnissen die Volksschule verließen.

In historisch-vergleichender Perspektive ist nun die Frage von Interesse, warum sich letztlich in der Mehrzahl der europäischen Länder diese neue Schulform nicht oder nur in bescheidenem Umfang durchzusetzen vermochte. Damit rücken zugleich die Besonderheiten dieser Sonderschule in den Blick, die bis heute hin Anlass für Kritik und Ablehnung sind. Ich möchte im Folgenden einen Blick auf die Debatte um die Hilfsschule in Frankreich lenken, denn sie gibt Hinweise auf die vielfältigen Gründe, die auch in anderen europäischen Ländern dazu führten, dass dem deutschen Modell der Hilfsschule der internationale Erfolg versagt blieb.

Versucht man zu verstehen, warum sich im weiteren Verlauf in Frankreich schulische Einrichtungen für »Schwachbegabte« und »Schulversager« nur in wenigen Städten und zudem vorrangig in Form von Klassen bzw. Abteilungen, nicht jedoch als selbstständige Schulen entwickelten, so lassen sich mehrere Aspekte benennen:

- Zunächst ist ein wichtiges, unterscheidendes Strukturmerkmal die Tatsache, dass die allgemeine Schulpflicht in Frank-

reich über 100 Jahre später als in Deutschland eingeführt wurde. Daraus folgte, dass sich das Problem des Schulversagens im französischen Schulsystem später und weniger manifest zeigte als in vergleichbaren deutschen Bildungsinstitutionen.
- Unterschiedlich waren auch die allgemeinen politischen Rahmenbedingungen für die Herausbildung eines Bildungswesens für schulschwache Schüler. Das deutsche Hilfsschulwesen entwickelte sich im Wilhelminischen Kaiserreich und erfuhr generell eine Förderung seitens des Staates, der sowohl an einer Qualifizierung leistungsschwacher Schüler als auch an einer Loyalitätssicherung und Disziplinierung im Rahmen der Auseinandersetzung um die soziale Frage interessiert war. Die Diskussion in Frankreich um besondere schulische Einrichtungen für Schwachbegabte und Zurückgebliebene vollzog sich hingegen zur Zeit der dritten französischen Republik (seit 1875) und vor dem Hintergrund des Erbes der französischen Revolution. Das öffentliche französische Schulsystem der damaligen Zeit war geprägt von einem republikanischen, laizistischen Geist. In diesem System verkörperten vor allem die Volksschullehrer die Idee einer demokratischen Republik. Wenn man bedenkt, dass nicht Pädagogen, sondern Mediziner die treibende Kraft bei der Propagierung von Hilfsklassen in Frankreich waren, wenn berichtet wird, dass Lehrer anlässlich der Erhebung von Statistiken berichteten, sie hätten keine »anormalen« Kinder bzw. nur einen geringen Anteil von etwa ein Prozent, dann darf vermutet werden, dass die uninteressierte bzw. ablehnende Haltung vieler Lehrer gegenüber einem Hilfsschulsystem auf einer dezidiert radikaldemokratischen Einstellung basierte. Angesichts der Tatsache, dass die Mehrheit der schulschwachen Schüler aus den ärmeren Volksschichten stammte, betrachteten viele französische Pädagogen eine Überweisung an eine Hilfsklasse zweifellos als ein soziales Unrecht, an dem sie nicht beteiligt sein wollten (vgl. Ellger-Rüttgardt 1990, S. 110 u. 2008 a, S. 173 ff.).
- Weitere bedeutsame Gründe für die nur zögerliche Einrichtung von Hilfsklassen bzw. -schulen in Frankreich lagen in der strittigen Definition einer Hilfsschulklientel, in Statusin-

teressen der französischen Volksschullehrer in Abgrenzung zu den Medizinern, in einer fehlenden berufsständischen Organisation der französischen Hilfsschullehrer sowie schließlich in den mangelnden finanziellen und politischen Rahmenbedingungen.

Betrachten wir die Entwicklung in weiteren europäischen Ländern, wie etwa dem skandinavischen Raum, so sind noch weitere Ursachen für die ausbleibende längerfristige internationale Verbreitung der Hilfsschule zu benennen. Hierzu zählen neben den erwähnten politischen, ideologischen, ökonomischen, professionellen, administrativen Aspekten zweifellos auch geographische und demographische Faktoren, denn in dünn besiedelten, weiträumigen Ländern war es schlicht unmöglich, ein derart dichtes Netz von Hilfsschulen zu errichten, wie es in einem bevölkerungsstarken, von zahlreichen großen Städten geprägten Land wie Deutschland durchaus zu realisieren war.

Die Entwicklung der Hilfsschule in Deutschland zeichnete sich nach dem Ersten Weltkrieg, ungeachtet einiger bildungspolitischer Veränderungen, durch eine ungebrochene Kontinuität aus. Der Weimarer Schulkompromiss mit der vierjährigen gemeinsamen Grundschule brachte keine grundlegende Reform des Schulwesens, und auch die Existenz eines separaten Sonderschulwesen wurde weder diskutiert noch in Frage gestellt. Dennoch gab es vereinzelte Versuche, die Idee der »Einheitsschule« in die Praxis umzusetzen, und hierzu zählten auch die Hamburger »Versuchsschulen« (vgl. Rödler 1987), denn sie hatten sich auf die Fahne geschrieben, keine Schüler der Hilfsschule zu überweisen. Umso bemerkenswerter war die Tatsache, dass dieser ungeschriebene Grundsatz 1923 durchbrochen wurde, als die Hamburger Versuchsschule »Berlinertor« 15 Kinder an die Hilfsschule überwies. Diese Maßnahme erfuhr scharfe Kritik seitens der Elternschaft, worauf die Lehrer mit dem Argument konterten, dass die betreffende Schülergruppe von der Zahl der potentiellen Hilfsschüler überfordert gewesen wäre. Ungeachtet des theoretischen Anspruchs auf »Nichtaussonderung« entschied man sich angesichts einer schwierigen Gruppensituation für die Reduktion von Komplexität durch die Ausschulung einer Minderheit von schwierigen Schülern.

Die Verteidigungsworte des Lehrers Peters verdienen auch heute noch Beachtung, weil sie auf grundlegende strukturelle Herausforderungen eines inklusiven Unterrichts verweisen (▶ Kasten 2).

Kontroverse an der Hamburger Versuchsschule »Berlinertor« von 1923

Wir wollen vor einem Dogmatismus warnen! Am Anfange unseres Weges stehen große Ideen, weithin leuchtende Fackeln: lasst uns in Gemeinschaft leben, lasst uns keine natürlich gewachsenen Gruppen, keine Freundschaften trennen, weil ein Unterrichtsstoff es erfordert, lasst uns Schwache und Starke beieinander behalten, sie mögen sich gegenseitig helfen und fördern; auch wer Hilfe gibt, erstarkt daran.
Sind alle diese Gedanken Wirklichkeit geworden? Nein! Nein! Liebe Eltern und Freunde der Schule, hütet euch in jenen Wegweisungen Dogmen zu sehen, die erfüllt werden müssen, um jeden Preis. Wißt, wenn sie leicht zu erfüllen wären, diese Forderungen, man hätte nicht nötig gehabt, sie auszusprechen. Aufgestellt sind sie, damit sie uns in täglich ringender Arbeit den Weg erleuchten und weisen.
Von Gemeinschaft ist viel gesprochen! Wo ist sie? Nirgend! Es gibt nirgend eine vollkommene Gemeinschaft; sich immer wieder erziehen im Hinblick auf das Ziel, so zu leben, dass Gemeinschaft möglich ist, darauf kommt es an. Gemeinschaft bedeutet keinen Zustand, sondern auch hier wieder Richtung ...
Wir wollen keine Auslese! Das Wort enthält die Abkehr von einer Gewohnheit, die überall, ja heute in verstärktem Grade, herrscht. Hüten wir uns vor dem Schlagwort. Darf es uns ein Dogma, ein Gesetz sein, dass wir buchstäblich zu erfüllen haben? Vor solchem Schematismus gerade wollen wir uns bewahren. Unsere Schule ist, ich freue mich dessen, von stärkerer Wirklichkeit als alle Schlagwörter und Dogmen ...
Darauf eben kommt es an, dass die Aufgaben der Schule in ihrer vollen Lebendigkeit erblickt werden. Wir wollen an

den Nöten, die das Zusammenleben der Gruppe mit sich bringt, nicht blind vorbeigehen, wir wollen sie sehen und an ihrer Beseitigung arbeiten. Not ist überall, wo Leben ist. *Wir wollen keine Not um eines Schlagwortes willen übersehen*, wir wollen auch keine Not schematisch abwenden.
In allen Klassen, darf ich behaupten, sind Schüler, die in eine Hilfsschule aufgenommen werden könnten. Eine Anzahl von solchen besonders unglücklichen Menschenkindern kann eine Klasse tragen. Das ist auch ihre Aufgabe, solange eine Gruppe in ihrer Zusammensetzung nach Begabten und Schwachen ein Abbild der schulpflichtigen Jugend Hamburgs ist. Machen aber solche gering Begabten einen überaus starken Bestandteil der Gruppe aus, dann entsteht für sie eine Not. Und wir haben diese Not zu steuern.
War die Auslese der besonders Schwachen, die nach langer Arbeit und vielem Raten schweren Herzens getroffen wurde, nicht die beste Lösung, nun denn, so haben wir die Aufgabe aufs Neue zu lösen. Doch laßt uns die Not nicht leugnen, laßt uns gemeinsam die Wege suchen, sie zu überwinden.

Ernst Peters

Kasten 2: Quelle: Unsere Schule. Blätter der Schulgemeinde Berlinertor. 3. Jg., Juli 1923, Nr. 3. Abgedruckt In: Ellger-Rüttgardt 2003, S. 222 f.

Mit dem Eindringen reformpädagogischer Ideen in die Grundschule (vgl. Lehberger 1988) sowie der Einrichtung von Alternativschulen im Sinne der Hamburger Gemeinschaftsschulen oder der Schulen nach dem Jena-Plan war in der Weimarer Republik zum ersten Mal versucht worden, den bislang nur theoretisch formulierten Anspruch einer »Einheitsschule« an einzelnen Schulen praktisch zu erproben, aber diese Versuche blieben inselhaft und hatten nur geringen Einfluss auf das allgemeine Schulwesen; sie konnten die gesteckten Ziele überdies nur ansatzweise verwirklichen.

Eine reformpädagogisch orientierte kritische Haltung gegenüber der Hilfsschule vertrat die Hamburger Hilfsschullehrerin Frida Buchholz, die über einen Unterrichtsversuch in der Hilfsschule bei Peter Petersen promovierte (vgl. Ellger-Rüttgardt

1997). Frida Buchholz betrachtete die Hilfsschule lediglich als eine »Notlösung«, die bei entsprechender Veränderung der Regelschule durchaus überflüssig werden könnte, da sie in erster Linie die sozialen Verhältnisse und schlechten Unterricht in der Volksschule für das Schulversagen der betreffenden Kinder verantwortlich machte. Dem »Hilfsschulkind« schrieb sie – ganz im Gegensatz zur herrschenden Hilfsschullehre – keine besondere »Seinsqualität« zu: »Bis jetzt haben wir nichts gefunden, wodurch sich das Hilfsschulkind wesentlich vom sogenannten normalen Kinde unterscheidet. Dagegen sind, aber noch ganz im Bereich des Normalen, graduelle Unterschiede vorhanden« (Buchholz 1939, S. 120).

Wie bereits angedeutet, gehörten die hilfsschulkritischen Stimmen zu einer Minderheit, die letztlich ohne Einfluss auf die offizielle Bildungspolitik blieb. Das Sonderschulwesen und auch die Hilfsschule genossen in der breiten Öffentlichkeit Anerkennung, da sie sich jener Kinder und Jugendlichen annahmen, die stets von schulischer Exklusion bedroht waren oder in der Volksschule meist ein trauriges Schicksal erlitten. Repräsentativ für diese Einstellung ist das berühmte Buch »Das proletarische Kind« des Lehrers, Schriftstellers und Journalisten Otto Rühle, das kurz nach dem Ersten Weltkrieg in zweiter Auflage erschien. Für Rühle bedeuteten die Sonderschulen »sozialen Fortschritt«. Mehrere Kapitel widmete er dem Zusammenhang von Armut und Behinderung, und er beschrieb die Hilfsschule als eine »segensreiche Einrichtung« vor dem Hintergrund einer Prügelpädagogik der Wilhelminischen Volksschule (Rühle 1922, S. 251 f.).

Schulrechtlich blieb die Hilfsschule in der Weimarer Republik ein Teil des Volksschulwesens – ein Tatbestand, der sich erst im Zuge der Vereinheitlichung des Sonderschulwesen im Dritten Reich änderte, als nun auch die Hilfsschule zum Sonderschulbereich gezählt wurde (vgl. Ellger-Rüttgardt 2014).

Der Wiederaufbau des deutschen Sonderschulwesens nach 1945 verlief weitgehend in den Bahnen von Restauration und einem Anknüpfen an vermeintlich bewährte Traditionen der Vorkriegszeit (vgl. Bleidick/Ellger-Rüttgardt 2008, S. 18 ff.). Dies gilt auch für die Hilfsschule, die seit den 1950er Jahren erneut einen massiven Ausbau erfuhr und die sich – gemäß dem tradierten

Muster – mithilfe einer vermeintlich schwachbefähigten, minderbegabten Hilfsschulklientel legitimierte, ohne Verursachungsfaktoren wie soziales Milieu und Versagen der allgemeinen Schule zu thematisieren. Erst die Publikationen von Begemann (1970), Gehrecke (1971) und Klein (1971) verwiesen erneut auf die vermeintlich oder tatsächlich in Vergessenheit geratenen sozialen Ursachen des Entstehens einer »Lernbehinderung«.

Insbesondere die »Entdeckung« der »sozio-kulturell benachteiligten Schüler« (Begemann 1970) machte Furore und erschütterte das Selbstverständnis einer auf organisatorische Eigenständigkeit bedachten Hilfsschulpädagogik. Das Eingeständnis, dass es letztlich unmöglich sei, »Lernbehinderung« exakt und verbindlich zu definieren, dass es vielfältige Ursachen und Erscheinungsformen von »Behinderungen des Lernens« geben kann, diese also multifaktoriell bedingt seien, führte zu dem Ergebnis, von Lernbehinderung nur noch als einem »Konstrukt« (Schmetz 2000) bzw. einem »Arbeitskonzept« (Kanter 1974) zu sprechen oder den Begriff Lernbehinderung ganz aufzugeben und stattdessen von »Beeinträchtigungen des Lernens« oder »Lernschwierigkeiten« zu sprechen (Werning/Lütje-Klose 2006; Heimlich 2009).

Betrachten wir die gegenwärtige Debatte um lernschwache Schüler, dann werden Argumente ausgetauscht, die seit mehr als 100 Jahren bekannt sind. Das gilt auch für das vielbeschworene gesellschaftstheoretische Erklärungsmodell von Lernbehinderung (vgl. Willand 1983; Wocken 2000; Klein 2001), das aber in der praktischen Arbeit der Schule sehr schnell an seine Grenzen gerät, da Schule nicht oder nur sehr eingeschränkt in der Lage ist, die gesellschaftlichen Bedingungen von Schulversagern zu »kompensieren«. Es gilt daher anzuerkennen, dass »Lernbehinderung« fast immer auch ein gesellschaftliches Problem ist, das durch pädagogische Maßnahmen allein nicht aus der Welt zu schaffen ist.

Aber was kann Pädagogik überhaupt leisten angesichts der erdrückenden sozialen Einflussfaktoren, und welche Form von Schule entspräche den Bedürfnissen armer, vernachlässigter, heimatloser Kinder und Jugendlicher wohl am besten?

Hierauf gibt es angesichts der komplexen Sachlage keine eindeutige und gültige Antwort. Empirische Studien zeigen, dass gewissermaßen ein Patt zwischen separierender und integrierter Beschulung im Hinblick auf schulleistungsschwache Schüler besteht (vgl. auch Kap. 5). Denn während die Vorzüge eines gemeinsamen Unterrichts vor allem in einer Verbesserung der Leistungen der betreffenden Schüler liegen, hat die Beschulung in einer Förderschule tendenziell einen stärkeren positiven Effekt auf die emotional-soziale Situation der jeweiligen Schüler.

»Gerade gegen Ende der Schulzeit wird der Grundwiderspruch unübersehbar, in dem lernschwache Schüler über die gesamte Schulzeit stehen, nämlich der zwischen den Anforderungen der Leistungsgesellschaft und dem Bemühen um die Akzeptanz jener, die sich als weniger leistungsfähig erweisen. Aus diesem Spannungsfeld entsteht eine äußere wie eine innere Gefährdung lernschwacher Kinder ... Unterschiedliche Beschulungsformen können das Spannungsfeld und die Gefährdungen, denen lernschwache Kinder ausgesetzt sind, nicht prinzipiell auflösen, sondern nur auf die eine oder andere Weise abmildern. Welche Langzeitfolgen bis in das Berufsleben hinein sich dabei für den sozial-emotionalen Bereich aus den unterschiedlichen Erfahrungen in homogenen und heterogenen Lerngruppen ergeben, ist wissenschaftlich bisher ungeklärt« (Ahrbeck u. a. 1997, S. 760; vgl. auch Tent u. a. 1991; Graumann 2002, S. 83 ff.; Moser u. a. 2012, S. 405 f.).

Wenn wir uns erinnern, dass die schulische Integrationsbewegung in Deutschland von der bürgerlichen Mittelschicht vorangetrieben und getragen wurde, die das Problem der Armut von Schülern kaum im Blick hatte, dann ist Hans Weiß zuzustimmen, wenn er schreibt »dass in der Integrations- und Inklusionsbewegung das Thema ›Bildungschancen von Kindern in Armut‹ lange Zeit eher marginal behandelt worden ist« (2010, S. 16) und er somit Zweifel an dem Konzept der inklusive Schule anmeldet. Gerhard Klein wird noch deutlicher in seinem Urteil, wenn er bemerkt, dass »das Credo der Integrationspädagogen ›Es ist normal, verschieden zu sein‹ im Hinblick auf die Kinder, die in Armut aufwachsen, ›zynisch‹ wirke« (2007, S. 157).

Bildung und Ausbildung der »Kellerkinder« des Bildungssystems, deren Leben oft auch durch »innere Armut« (Ahrbeck/Rauh 2010) bestimmt wird, ist und bleibt eines der größten Probleme des deutschen Schulsystems (vgl. Katzenbach/Schroeder 2007, S. 210) – aber auch im internationalen Vergleich (vgl. Hollenweger 2003; s. auch Kap. 8). Fallbeispiele sowie Be-

9 Das »Kreuz mit den Lernschwachen«

richte aus der Praxis zeigen, dass auch bildungsferne und schulschwache Schüler um Anerkennung und Respekt ringen. Eine Schule, die Kindern und Jugendlichen in schwierigen Lebenslagen gerecht werden will, darf deren mögliche düstere Zukunft weder ignorieren (vgl. Hiller 1989; Langner 2009, S. 416 f.) noch sie resignativ auf ein Leben mit Hartz IV vorbereiten (vgl. Friedrichs u. a. 2009, S. 122f; s. Kasten 3).

Einfach Aussortiert

Zu dem, was an der Fröbelschule passiert, hat in Wattenscheid inzwischen jeder eine Meinung. Für die einen ist Rektor Graffweg ein Realist, einer, der die Situation erkannt, der begriffen hat, dass es keinen Sinn hat, den Kindern falsche Hoffnungen zu machen, und der sie nun auf das vorbereitet, was sie nach der Schule erwarten wird, statt sie mit unrealistischen Beispielen zu quälen. Für die anderen ist das, was er macht, die Bankrotterklärung des Bildungssystems. Kindern mit fünfzehn, sechzehn zu sagen, dass aus ihnen nichts wird – das sei unmenschlich und brutal, hören wir immer wieder. Es müsse doch auch für diese Kinder einen Platz in der Arbeitswelt geben! Die Kinder könnten doch nichts für ihre Familien! Rektor Graffweg kennt die Argumente: »Nicht weil ich diesen Unterricht anbiete, sind die Schülerinnen und Schüler in dieser Situation«, sagt er. »Sie sind in dieser Misere, weil es in dieser Gesellschaft keinen Platz für sie gibt.«
...
Alles begann mit der Rütlischule in Berlin. Über die habe er viel gelesen, bevor er sich entschlossen habe, uns zu sich zu lassen. Als die Lehrer der Berliner Hauptschule im März 2006 einen Brandbrief an die Berliner Senatsverwaltung schickten, weil sie mit den Problemen ihrer Schüler einfach nicht mehr klarkamen, hatte man in Deutschland schon einmal über das ungerechte Schulsystem diskutiert und auch über die Aggressivität, die an den ›unteren Schulformen‹ herrscht. Diskutieren, genau das will Christoph Graffweg auch endlich mal. Die gleiche Medienaufmerksamkeit wie

> bei der Rütlischule will er für seine Schule natürlich nicht. Provozieren will er trotzdem. »Das deutsche Schulsystem ist darauf ausgerichtet, dass diese Kinder und auch die Kinder von der Hauptschule mit Ansage durch den Rost fallen. Früher war das anders. Da waren hier wirklich nur lernbehinderte Kinder.« Heute seien hier die Kinder, die zu Hause so viele Probleme hätten, dass sie sich kaum noch konzentrieren könnten. Kinder aus armen Familien, aus Familien, in denen wenig funktioniere, in denen es ständig Ärger gebe, in denen die Eltern keine Arbeit hätten und die Kinder keine Anreize zum Lernen. »Die Frage ist eben nur, ob man diese Kinder besonders fördert, wenn man sie alle bei uns zusammensteckt. Wenn sie hier auch noch voneinander lernen. Wenn wir gar nicht das Personal haben. Wo sind denn die ›vielfältigen pädagogischen Angebote‹, von denen alle reden?« An der Fröbelschule würden sie alles versuchen, sagt er, aber allein bekämen sie das Problem nicht in den Griff. »Ich bin der festen Überzeugung, dass wir es uns nicht leisten können, all diese menschlichen Ressourcen zu verschenken.«

Kasten 3: Quelle: Friedrichs u. a. 2009, S. 122 f.

Was kann und sollte die Schule für jene leisten, die zu den »Kellerkindern«, den »Bildungsverlierern« gehören? Hierzu einige Überlegungen.

Eine gute Schule, die sich an den Leitideen von Freiheit und Gleichheit orientiert, sollte dafür Sorge tragen, dass den weniger Leistungsfähigen eine besondere pädagogische Aufmerksamkeit zuteil wird. »Zwischen Freiheit und Gleichheit muss ein vermittelndes Drittes treten: Solidarität« (Hollenweger 2003, S. 153). Dabei halte ich die Frage nach der »richtigen« Organisationsform, in der dieses geschehen soll, letztlich für zweitrangig, denn wir wissen hinlänglich, dass jede Organisationsstruktur Vor- und Nachteile aufweist. Somit gilt nach wie vor, dass »ein System der offenen Vielfalt« (Tent u. a. 1991, S. 318) die beste Lösung ist. Bislang, und zwar international, sieht es nicht danach aus, dass jede allgemeine

Schule die Ziele einer guten Förderung auch der Schwachen erreichen kann. Spezielle, besondere kleine Schulen mit ihren Pädagogen – so meine Erfahrungen in Berlin und Hamburg – stellen sich stets aufs Neue der Verantwortung, den Schülern, die bei ihnen ankommen, Freude am Leben und Perspektiven für die Zukunft zu vermitteln. Auch diese Schulen sind Orte der Inklusion (▶ Kasten 4).

Interview mit Jens-Jürgen Saurin, Schulleiter der Adolf-Reichwein-Schule (Förderzentrum) in Berlin-Neukölln am 27.11.2014

Vorbemerkung: Das Förderzentrum »Adolf- Reichwein-Schule« liegt im Berliner Stadtteil Neukölln mit einer Bevölkerung von mehr als 300.000 Einwohnern. Auch wenn Neukölln momentan als »trendiger« Bezirk gilt, der vor allem ein internationales junges Publikum anzieht, so ist doch in Rechnung zu stellen, dass der Bezirk vor großen sozialen Herausforderungen steht, bedingt durch einen besonders hohen Ausländeranteil (nahezu 40 Prozent), der in den nördlichen Gebieten bei über 60 Prozent und in manchen Schulen bei über 90 Prozent liegt. Neben der großen Gruppe türkischer und arabischer Einwanderer sind es in den letzten Jahren vermehrt Roma aus Rumänien und Bulgarien, die nach Neukölln gezogen sind. Sie leben in prekären Verhältnissen, und ihre Kinder besuchen nur unregelmäßig die Schule oder sind »komplett schuldistanziert« (Bezirksamt Neukölln 2011).

Die Adolf-Reichwein-Schule besuchen etwa 160 Schüler und Schülerinnen; das überwiegend pädagogische Personal besteht aus 45 Personen. Der Anteil ausgebildeter Sonderpädagogen beträgt 70 Prozent.

Sieglind L. Ellger-Rüttgardt (E.-R.): ... Sind Förderzentren in Zeiten der Inklusion wirklich noch zeitgemäß? Wie begründen und rechtfertigen Sie die Existenz Ihrer Schule?
Jens-Jürgen Saurin (S.): Aufgrund meiner langjährigen Erfahrung in der Arbeit mit lernbehinderten und verhaltens-

auffälligen Jugendlichen. Die Jugendlichen scheitern in der allgemeinen Schule, und ich halte es eigentlich für einen Verstoß gegen die Menschenrechte, dass man ihnen nicht einen Platz bietet, an dem sie lernen können. Wir haben gerade an dieser Schule sehr viele Schüler aus Südosteuropa, aus dem Nahen Osten, auch aus Palästina, dem Libanon und aus der Türkei, Serbien und Bosnien. Das sind alles Menschen, die aus wirtschaftlichen, aber auch aus politischen Gründen ihr Land verlassen mussten. Wir haben einen hohen Anteil an Roma-Kindern, die in ihren Heimatländern oft furchtbar behandelt wurden ... Die Stadträtin hat dafür gesorgt, dass es hier ein Beratungs- und Unterstützungszentrum gibt für inklusive Pädagogik, um die Schritte gehen zu können, die notwendig sind für den Eintritt in »eine bessere Gesellschaft«. Und andererseits hat sie dafür gesorgt, dass die, die durch den Rost fallen, einen Platz haben an einer anständigen Schule und dort betreut werden. Und das ist die Berechtigung für unsere Schule.

...

E.-R.: Den alten Lernbehinderten- bzw. Förderschulen wurde ja immer wieder vorgeworfen, dass sie stigmatisieren und den Schülern einen schlechteren Abschluss vermitteln. Gilt das nicht? Wären diese Schüler in einer inklusiven Schule nicht besser aufgehoben?

S.: Wir sind ja auf diesem Weg mit einem Teil der Schüler, für die das gilt. Es gibt sicherlich viele Kinder mit sonderpädagogischem Förderbedarf, ob nun lernbeeinträchtigt oder stark verhaltensauffällig, die in der allgemeinen Schule zu guten, vielleicht sogar besseren Ergebnissen kommen als an unserer Schule. Und diese gehören auch nicht hierher, davon bin ich überzeugt. Aber schon seit einigen Jahren werden unsere Stellen immer weiter abgebaut, und das ist das Furchtbare, dass der Weg genau umgekehrt beschritten wird. Wir können nicht mehr in dem Maße, wie wir es gerne möchten, die allgemeine Schule beraten und unterstützen, so dass die Schüler nicht zu uns zu kommen bräuchten ...

Es wird zur Zeit sehr erschwert, einen Förderbedarf überhaupt festzustellen, das ist ein formal unheimlich aufwändiges Verfahren, wobei die Diagnostik zu kurz kommt. Da kommen völlig fremde Leute, die kennen die Familie nicht, und die testen plötzlich ein Kind, das sie auch nicht kennen. Sie bekommen schlechtere Ergebnisse als wir, denn die Kinder versagen ja schon zum Teil aus Angst; von einer vertrauensvollen Atmosphäre, so wie wir es gelernt haben, kann keine Rede sein. Ich glaube, und das habe ich auch öffentlich gesagt, hinter diesem neuen Diagnostikverfahren stehen finanzielle Interessen … Und das Furchtbare ist doch auch, dass man jetzt das Sonderpädagogikstudium in Berlin entwertet, es gibt keine eigenständige Sonderpädagogik mehr, in Zukunft nur noch als Nebenfach. Es wird nur noch Grund-, Sekundar- und Gymnasiallehrer geben und die können Sonderpädagogik im Nebenfach wählen. Es wird somit hier an der Schule keine Ausbildung mehr stattfinden. Inklusion bedeutet also, dass wir keine Sonderpädagogik mehr brauchen. Das kann doch nicht wahr sein!
…
E.-R.: Meinen Sie aufgrund Ihrer Erfahrungen, dass man den Teufelskreis aus schlechtem Milieu und Schulversagen durchbrechen kann? Was vermag Schule zu leisten?
S.: In unserem Umfeld tun wir das. Und hieraus ziehe ich auch meine Berechtigung und meine Liebe zu meinem Beruf. Ich habe hier den Platz gefunden, an dem ich Menschen helfen kann. Aber ich glaube schon, dass wir nur begrenzt Einfluss nehmen können. Wir werden die Gesellschaft nicht ändern, von der Illusion habe ich mich schon verabschiedet. Trotzdem finde ich das richtig, was wir hier machen, nämlich einem begrenzten Kreis von Familien und Kindern zu helfen, mit dieser Gesellschaft zu leben…
E.-R.: Welche Forderungen haben Sie an die Bildungspolitik?
S.: Probleme erkennen, Probleme benennen und Lösungsvorschläge zulassen, auch wenn sie unbequem sind. Das wäre mein Hauptwunsch … Ich würde von mehr Politikern verlangen, dass sie auch gegen den Strom schwimmen.

> E.-R.: Was meinen Sie, wovon hängt es ab, dass ein inklusives Bildungswesen gelingen kann?
> S.: Inklusion heißt für mich, dass es auch so eine Schule wie die unsrige geben darf. Ich sehe darin keinen Widerspruch zur Idee der Inklusion. Das Schulwesen muss vielleicht nicht so ausdifferenziert sein wie bisher, aber wir brauchen für alle Schüler ein Angebot, das sie auch annehmen können.

Kasten 4: Quelle: Interview mit Schulleiter Jens-Jürgen Saurin, Berlin-Neukölln

Ausschlaggebend, und das sollte deutlich geworden sein, ist allein die Qualität der pädagogischen Arbeit, nicht die Organisationsstruktur. Je mehr Schulen ihre Leistungserfolge offen legen müssen und damit in Konkurrenz zueinander treten, desto mehr wird die Bereitschaft von Schulen sinken, so fürchte ich, schwierige Schüler aufzunehmen, da sie dem Renommee der Schule eher schaden und darüber hinaus höhere Kosten verursachen. Diese Entwicklung ist bereits in England zu beobachten, wo seit der Einführung des nationalen Curriculums 1998 Leistungstests vorgeschrieben sind, die auch öffentlich bekannt gemacht werden.

Schulen, die sich für die meist kulturell und sozial benachteiligten Schüler verantwortlich fühlen, können sich nicht auf Erziehung und Unterricht beschränken, sondern müssen Orte sein, an denen auch die Grundbedürfnisse dieser Kinder und Jugendlichen nach guter Nahrung, Wohnlichkeit, menschlicher Nähe, Freizeit und Spiel befriedigt werden. Diese Schulen sollten Orte sein, an denen Schüler und Schülerinnen soziale Anerkennung, persönliche Erfolge erfahren können, um das Gefühl zu entwickeln, selbstverantwortlich das Leben meistern zu können. Das wäre sicherlich das Größte, was eine gute Schule für sozial Benachteiligte erreichen kann: ein Modell zu sein für positive Gegenerfahrungen, ein Ansporn für die Entwicklung eigener Kräfte und die Übernahme persönlicher Verantwortung. Das in der Resilienzforschung viel diskutierte Phänomen, dass einige – ungeachtet der schwierigsten Verhältnisse – ihren Lebensweg erfolgreich gehen, bekräftigt jenen pädagogischen Optimismus, der, so Opp u. a. 1999 (vgl. auch Theis-Scholz

2007), von der Frage ausgeht: Wie kann Schule Kindern, die in ihrem Alltag wachsenden Risiken ausgesetzt sind, Chancen bieten, das Leben zu meistern? Dazu gehört auch, dass eine derartige Schule sich öffnet und eingebunden ist in ein regionales Netzwerk, aus dem es Unterstützung und Anregungen gewinnt (vgl. Schroeder 2002; Markowetz/Schwab 2012).

Eine besondere pädagogische Aufmerksamkeit werden lernschwache Schüler nur erfahren können, wenn sie Pädagogen begegnen, die ihnen zugewandt sind, die sie als Person respektieren und die ihren ganzen beruflichen Ehrgeiz in das Ziel setzen, die Schüler in ihrer gesamten Persönlichkeit zu fördern, damit sie schließlich anerkannte und gleichberechtigte Mitglieder der Gesellschaft werden können. Ich erwähnte es bereits mehrfach, es gibt nicht »die Behinderten«, sondern nur Menschen mit Behinderungen in sehr unterschiedlichen Lebenslagen. Viele von ihnen – wir nennen sie Menschen mit dem Förderschwerpunkt Lernen – brauchen auch zukünftig eine auf Gerechtigkeit setzende Bildungs- und Sozialpolitik, und Personen, die sie begleiten auf dem schwierigen Weg in die Welt der Erwachsenen (vgl. Hiller 2002; Heimlich 2008). Das ist die große Chance und Herausforderung für jene Pädagogen, die das »Erfordernis subsidiärer pädagogischer Hilfe in erschwerten Erziehungs- und Unterrichtssituationen« (Kanter 1999, S. 372) zu erfüllen suchen – ungeachtet der begrenzten und unsicheren Erfolgsaussichten ihres Handelns.

Aus der Bestimmung der Schule als einer Institution der »Lebensvorsorge« folgt unmittelbar, dass gute Schulen sich aufgerufen fühlen, für jene Jugendlichen, die in der Regel über keine familiären Netzwerke der Unterstützung verfügen, besondere Anstrengungen für die berufliche Qualifizierung und Eingliederung zu unternehmen. Das Ziel einer beruflichen Qualifizierung und Eingliederung gründet auf der Überzeugung, dass der Besitz eines Arbeitsplatzes entscheidender Gradmesser für die gesellschaftliche Teilhabe behinderter Menschen ist. Wer es daher ernst meint mit der gesellschaftlichen Gleichberechtigung behinderter Menschen, darf ihnen diese Bereiche nicht vorenthalten, sondern muss Mittel und Wege finden, um Menschen mit einer Behinderung teilhaben zu lassen an der Welt der Arbeit – auch jene, die dafür schlechte Startchancen haben.

Es existiert ein Bereich im deutschen Bildungswesen, der uneingeschränkt Lob erfährt und der inzwischen zu einem Exportschlager geworden ist: die duale Berufsausbildung, also die enge Verzahnung von theoretischen und praktischen Anteilen in der beruflichen Erstausbildung. Dieses System gilt im Grundsatz auch für junge Menschen mit einer Behinderung; aber aufgrund ihrer individuellen Einschränkungen und dem daraus folgenden Bedarf an besonderer Unterstützung hat sich in Deutschland seit dem »Aktionsprogramm der Bundesregierung zur Förderung der beruflichen Rehabilitation« von 1970 ein umfänglicher Bereich der beruflichen Rehabilitation entwickelt (vgl. Biermann 2008; 2015). Dieser Bereich umfasst neben den Einrichtungen der Erstausbildung (Berufsbildungswerke) auch solche der beruflichen Umschulung und Weiterqualifizierung (Berufsförderungswerke, Berufliche Trainingszentren). Eine besondere Stellung nimmt die »Werkstatt für behinderte Menschen« ein, die zwar in erster Linie ein Ort der geschützten Beschäftigung ist, aber durch einen zweijährigen Trainingsbereich auch die berufliche Bildung beinhaltet.

Seit der Ratifizierung der Behindertenrechtskonvention wird die Debatte um Inklusion auch im Bereich der beruflichen Rehabilitation geführt, die sich vorrangig auf eine inklusive Berufsausbildung sowie die Tätigkeit behinderter Menschen auf dem allgemeinen Arbeitsmarkt konzentriert. Im Unterschied zum Schulbereich wird auf den Feldern von Arbeit und Beruf die Abhängigkeit von ökonomischen und gesellschaftlichen Rahmenbedingungen sehr viel direkter erfahrbar. Dies hatte zur Folge, dass zwar Veränderungen und Weiterentwicklungen im Sinne von stärkerer Individualisierung und Flexibilisierung der Ausbildung, Betriebsnähe sowie Förderung der Beschäftigungsmöglichkeit (vgl. Deutsche Akademie für Rehabilitation 2009) angemahnt werden, aber die Sinnhaftigkeit besonderer Einrichtungen der beruflichen Rehabilitation nicht infrage gestellt wird. Die Bertelsmann Stiftung schreibt in ihrer Publikation »Inklusion in der beruflichen Bildung«:

> »Eine inklusive Berufsbildung ist nicht erst dann erreicht, wenn jeder Jugendliche mit Behinderung in eine reguläre Berufsausbildung einmündet. Immer wird es Jugendliche geben, die wegen der Art und Schwere ihrer Behinderung in besonderen Einrichtungen ausgebildet werden müs-

sen oder wollen. Inklusive Berufsbildung bedeutet aber, dass alle die Jugendlichen mit Behinderung, die eine Ausbildung im Ausbildungsbetrieb und der Berufsschule absolvieren können und wollen, auch die Möglichkeit dazu erhalten« (2015, S. 35).

Wenn lernbeeinträchtigten Jugendlichen nach der Schulentlassung der Behindertenstatus zuerkannt wird, eröffnet sich ihnen die Möglichkeit der beruflichen Erstausbildung in einem Berufsbildungswerk (BBW), das durch eine stark individualisierte Ausbildung, eine enge Verzahnung von Theorie und Praxis, begleitende Dienste sowie eine hohe Vermittlungsquote charakterisiert ist.

Das Institut der deutschen Wirtschaft in Köln führte eine Kosten-Nutzen-Analyse der beruflichen Rehabilitation in ausgewählten Berufsbildungswerken durch (▶ Kasten 5), deren positive Ergebnisse die erfolgreiche Arbeit dieser Einrichtungen bestätigen. Allerdings ist in Rechnung zu stellen, dass bei dieser Untersuchung der Anteil der Jugendlichen mit einer Lernbehinderung bei nur 32,4 Prozent lag, während im Jahre 2007 ihr Anteil an der Gesamtteilnehmerzahl der Berufsbildungswerke 56,7 Prozent ausmachte (vgl. Institut der deutschen Wirtschaft 2010, S. 52 u. 70). Besonders eindrucksvoll ist das Ergebnis, dass sich bei den untersuchten Personen eine erfolgreiche Eingliederung in die Arbeitswelt erst nach einem längeren Zeitraum einstellte; sie erreichte ihren Höchststand von 70 Prozent erst nach 10 bis 15 Jahren. Dieser Befund ist eine Bestätigung für die pädagogischen Erfahrung, dass lernbeeinträchtigte junge Menschen nach ihrer Schulentlassung meist nicht stromlinienförmig durchs Leben gehen, sondern Kurven, Einbahnstraßen, Sackgassen einschlagen, um irgendwann an ihrem durchaus bürgerlichen Lebensziel anzukommen (vgl. auch Thielen 2011).

Sehr bedeutsam erscheint mir in den »Schlussfolgerungen und Empfehlungen« der Studie die Aussage, dass die erfolgreiche Eingliederung in die Arbeitswelt die Bedeutung einer vorangegangenen negativen Schullaufbahn verblassen lässt:

> »Die schulische Vorbildung ist für die aktuelle Erwerbstätigkeit kein Einflussfaktor mehr. Somit verschwindet mit zunehmendem Lebensalter und Berufserfahrung der Stellenwert des allgemeinbildenden Schulabschlusses; Berufsabschluss und Berufsfeld treten stattdessen in den Vordergrund ... Demnach sollte die berufliche Rehabilitation und der

Erwerb eines Berufsabschlusses eindeutige Priorität vor Maßnahmen zum Nachholen eines Schulabschlusses eingeräumt werden« (Institut der deutschen Wirtschaft 2010, S. 232 f.

Kosten und Nutzen der beruflichen Rehabilitation: Schlussfolgerungen und Empfehlungen

Das zentrale Ergebnis der Studie ist, dass es durch die berufliche Rehabilitation an Berufsbildungswerken in einem hohen Maße gelingt, Auszubildende trotz schwieriger Startbedingung mit Behinderung und niedriger schulischer Vorbildung nicht nur erfolgreich zu einem Ausbildungsabschluss zu führen, sondern ihnen damit auch eine nachhaltige Integration in Erwerbstätigkeit zu ermöglichen. Die Berufsbildungswerke erfüllen damit eine wichtige bildungs- und gesellschaftspolitische Aufgabe bei der Integration behinderter Jugendlicher und der Förderung ihrer Teilhabe an der Gesellschaft.

Hieraus lässt sich ableiten, dass die Investitionen in diese umfassende und ganzheitliche Form der Förderung der Zielgruppe Jugendlichen mit Behinderungen oder funktionalen Beeinträchtigungen eine geeignete Förderstrategie darstellt und zudem lohnende Erträge für die Teilnehmer und auch die Gesellschaft abwirft und daher fortzuführen ist. Wer Dank der Maßnahmen zur beruflichen Rehabilitation erfolgreich ins Berufsleben integriert wird, kann in größerem Umfang produktiv zur Wertschöpfung und zum Wohlstand beitragen. Darüber hinaus benötigt er auf seinem weiteren Werdegang weniger Alimentation und Unterstützung über Steuer- und Beitragsmittel. Langfristig spart eine erfolgreiche Rehabilitation also viel Geld, und zwar deutlich mehr als sie kostet.

Dies bedeutet, dass die Mittel- bis Langfristigkeit der Investitionen in die berufliche Qualifizierung von behinderten Jugendlichen zu betonen ist. Angesichts von kurzfristigen Entwicklungen und konjunkturellen Schwankungen bei den Beitragseinnahmen und damit den gesamten der BA zur Verfügung stehenden Mitteln ist hier eine Konstanz zu ge-

> währleisten, um die Jugendlichen mit entsprechendem Bedarf angemessen fördern zu können.

Kasten 5: Quelle: Institut der deutschen Wirtschaft Köln 2010, S. 231

Ganz ähnlich plädiert Heinz Bude im Interesse der »Bildungsverlierer« für die Bedeutung und Anerkennung einer Berufsausbildung im dualen System:

»Die Fixierung auf bestimmte Schulabschlüsse, denen fragwürdige Theorien über nachgefragte Kompetenzen unterliegen, verstärkt ein erbarmungsloses Sortierungsmuster gerade in den unteren Rängen des deutschen Bildungssystems ... Es bietet sich daher an, nicht den mittleren Schulabschluss, sondern die berufliche Erstausbildung als Bildungsminimum zu definieren. Die berufliche Bildung hat den großen Vorzug, dass sie die Wirkungszusammenhänge anspricht, die für einen Heranwachsenden, den die Schule anödet, eine unbestreitbare Wirklichkeit bilden« (Bude 2011, S. 126).

Aber die Wirklichkeit sieht leider anders aus. Die Mehrheit der »Bildungsverlierer« befindet sich nicht in einer anspruchsvollen Berufsausbildung wie etwa in einem Berufsbildungswerk mit der Aussicht auf gelingende gesellschaftliche Teilhabe, sondern in dem unübersichtlichen Bereich der »Benachteiligtenförderung«, ein »Dschungel von Maßnahmen unter dem Etikett ›Förderung‹« (Biermann 2008, S. 105). Diese Maßnahmen sind häufig nur Warteschleifen, die allzu oft in die Arbeitslosigkeit münden (vgl. Solga 2005 u. 2006; Wagner 2005 u. 2014) und die in dem OECD-Bildungsbericht von 2015 erneut kritisiert wurden.

Angesichts der momentanen guten wirtschaftlichen Lage sowie eines zunehmenden Mangels an Fachkräften in Deutschland steigen möglicherweise die Chancen, dass die »Ausbildungslosen« nicht mehr vorschnell als »Entbehrliche« und »Überflüssige« abgeschrieben werden (vgl. Solga 2006; ▶ Kap. 4), sondern, wie die Studie des Instituts der deutschen Wirtschaft im Hinblick auf die Erfolgsquote der Berufsbildungswerke zeigt, sowohl im staatlichen als auch wirtschaftlichen Sektor die Bereitschaft steigt, auch für diese Personengruppe eine erfolgversprechende berufliche Qualifizierung anzubieten.

Den Teufelskreis von sozialer Herkunft und Prekariat im Erwachsenenalter zu durchbrechen, wird allerdings nur gelingen, wenn mehrere Faktoren zusammenkommen, nämlich eine enge Verflechtung von Bildung- und Sozialpolitik (vgl. Allmendinger 1999 u. 2012, S. 177 ff.) sowie eine Wirtschafts- und Arbeitsmarktpolitik, die die Parameter für gesellschaftliche Teilhabe bereitstellen. Pädagogik und Schule, das dürfte deutlich geworden sein, kommen hier an ihre Grenzen, aber sie sind keineswegs bedeutungslos. Die letzte Entscheidung darüber, ob Jugendlichen in schwierigen Lebenslagen der Sprung in ein erfolgreiches Erwachsenenleben gelingt, liegt nicht primär in der Schule, sondern auf den Feldern von Wirtschaft und Politik, und das gilt international.

»Lernschwierige« Schüler, so könnte die Quintessenz lauten, brauchen viererlei, um dem Kreislauf von sozialer Herkunft und Berufs- und Arbeitslosigkeit zu entkommen: gute Erziehung und Bildung; Menschen, die ihnen noch über die Schulzeit hinaus zur Seite stehen und sie unterstützen (vgl. auch Fasching 2012); eine berufliche Qualifizierung, die auf Nachhaltigkeit angelegt ist und eine Berufstätigkeit, die so entlohnt wird, dass man ohne Zusatzjobs von ihr leben kann (▶ Kasten 6)

Interviews mit Sabine Zastrow und Uwe Bernd, zwei Ausbildern des Berufsbildungswerks Hamburg am 17.9.2014

Vorbemerkung: Berufsbildungswerke (BBW) sind Einrichtungen der beruflichen Erstausbildung für behinderte Jugendliche. Bundesweit gibt es 52 Berufsbildungswerke, die neben dem Kernbereich der praktischen Ausbildung in der Regel einen sozialen Bereich (Wohnen, Freizeit) sowie begleitende Dienste (psychologische, sozialpädagogische, sonderpädagogische) umfassen. Ziel der Berufsbildungswerke ist die Eingliederung der Rehabilitanden in den allgemeinen Arbeitsmarkt sowie eine umfassende Persönlichkeitsentwicklung. Neben der Ausbildung in anerkannten Ausbildungsberufen werden verstärkt 2-jährige Ausbildungsgänge (sogen. Sonderregelungen) angeboten. Während in der Vergangenheit die Berufsbildungswerke sich auf spezifische Behinderungsarten konzentrierten, findet sich seit einiger Zeit eine zunehmend gemischte Klientel behinderter Jugendlicher in diesen Einrichtungen, wobei ein besonders hoher Anstieg psychisch beeinträchtigter Jugendlicher zu verzeichnen ist. Die Aufnahme in ein Berufsbildungswerk erfolgt durch Beratung und Vermittlung der Arbeitsverwaltung.

Sabine Zastrow ist hauswirtschaftliche Betriebsleiterin
Sieglind L. Ellger-Rüttgardt (E.-R.): Frau Zastrow, Inklusion ist in aller Munde. Was verstehen Sie darunter?
Sabine Zastrow (Z): ... Es gibt schon lange Inklusion, man hat nur ein neues Wort erfunden ...
E.-R.: Hat sich hier im BBW etwas verändert, seit man von Inklusion spricht?
Z.: Die Ausbildung ist viel flexibler und individueller geworden. Früher orientierte man sich in erster Linie an dem Ausbildungsrahmenplan und hat sein Programm durchgezogen. Heute gucke ich jeden Tag in der Morgenrunde, wo der einzelne Auszubildende gerade steht. Indem wir stark individualisieren, haben wir auch eine viel bessere Erfolgsquote ... Heute zählt wirklich, dass wir die Auszubildenden fit machen, dass wir ihnen das Rüstzeug mitgeben, das sie im Leben und auf dem Arbeitsmarkt brauchen. Wir geben Ihnen auch ganz viel so nebenbei mit, damit sie lebenstüchtig werden. ...
E.-R.: Sind die Jahrgänge gemischt oder lernen alle zusammen?
Z.: Es gibt immer den 1. und 2. Lehrgang. Aber durch die Individualisierung mischt sich das auch. Ich habe zum Beispiel eine Quereinsteigerin aus dem Gesundheits- und Pflegebereich. Die ist nach einer zweijährigen Ausbildung massiv in der Zwischenprüfung gescheitert; eine junge Mutter mit zwei Kindern. Die hat bei mir reingeschnuppert und ist umgeswitcht. Sie hat viele Baustellen in ihrem Leben und deswegen habe ich ihr gesagt: Du kommst erst einmal hier bei mir an. Daher habe ich zur Zeit auch drei Auszubilden-

de aus dem zweiten Lehrjahr; zum Beispiel eine Borderlinerin, die mit Suizidversuch zwei Monate in der Psychiatrie war, die habe ich hier bei mir gut angedockt. Und das Gute ist ja, dass wir alle Professionen hier im Haus haben, die nahe dran sind. Würde sie in einem Betrieb arbeiten, wäre sie mir ein Stück zu weit weg.
...
E.-R.: Man hört ja immer wieder die Forderung, dass es keine Sonderinstitutionen mehr geben soll, also keine Förderschulen, Werkstätten für behinderte Menschen und auch keine Berufsbildungswerke. Was halten Sie von dieser Position?
Z.: Gar nichts. Ich finde das ziemlichen Unsinn. Wir brauchen diese Einrichtungen nach wie vor ... wenn es keine Förderschulen mehr gibt oder keine Werkstätten für behinderte Menschen, dann wird es für diese Menschen ganz, ganz schwer werden ... Wir sind für diese jungen Menschen ein großer Baustein in ihrem Leben, und wenn es uns nicht mehr gäbe, flutschten sie durch ein Raster. Es geht ja nicht nur um eine Ausbildung, sondern auch um Zusammenarbeit mit dem Elternhaus, den Betreuern. Die Menschen, die wir hier im BBW ausbilden, sind auch später auf dem Arbeitsmarkt, denn unsere Integrationsquote ... liegt immer bei etwa 80 Prozent. Es sind sehr dankbare, junge Menschen. Sie haben zwar Einschränkungen, zum Beispiel in ihrer Merkfähigkeit und im schulischen Bereich. Aber sie kompensieren sehr viel über ihr praktisches Tun. Sie sind ein wichtiges Glied in der Kette, und es geht nicht darum, dass sie viel Geld verdienen, sondern dass sie in unserer Gesellschaft ihren Platz haben.
...

Uwe Bernd ist Ausbildungsleiter Metallwerkstatt
E.-R.: Herr Bernd, was verstehen Sie unter Inklusion?
Uwe Bernd (B): Oh das ist ganz einfach. Inklusion ist Teilhabe aller am Arbeitsleben, Schwerbehinderte genauso wie nichtbehinderte Menschen ...
E.-R.: Was hat das BBW mit Inklusion zu tun?

B.: Wir haben viel mit Inklusion zu tun. Ich habe hier zum Beispiel in der Metallwerkstatt einen körperbehinderten Jugendlichen, sichtbar körperbehindert. Wir behandeln ihn genauso wie einen Nichtkörperbehinderten und geben ihm die Hilfestellungen, die er braucht, um den Beruf zu erlernen, was im Metallbau ja nicht so einfach ist. Wir suchen auch die entsprechenden Betriebe aus, die da mitmachen.
E.-R.: Ändert sich die Arbeitswelt gegenwärtig in ihrer Einstellung gegenüber behinderten Menschen?
B.: Ja unbedingt. Die Betriebe werden offener; ich erlebe das ja in den Praktikumsbetrieben. Vor zehn Jahren haben wir jemanden mit einem steifen Bein nicht einmal für ein kurzes Praktikum untergebracht. Damals sah man den jungen Mann mit uns kommen und der Kommentar war sofort: Ach, der kommt ja nicht mal die Leiter hoch, nein, das geht nicht! Das war eine typische Reaktion für einen kleinen Betrieb.
E.-R.: Und wie löst der Betrieb das heute, wenn der junge Mann nicht auf die Leiter steigen kann?
B.: Er muss nicht unbedingt die Leiter hochsteigen, er kann das Werkstück ja auch unten montieren ... Der Wandel in der Wirtschaft, insbesondere in der Industrie, ist sehr stark. Ich denke, die Industrie ist schon viel weiter als das Handwerk. Die stellen zum Beispiel auch spezielles Werkzeug zur Verfügung; ich denke etwa an Airbus, wo wir hin und wieder sind, da bin ich wirklich erstaunt.
...
E.-R.: Sie arbeiten schon viele Jahre im BBW. Hat sich hier etwas verändert seit von Inklusion die Rede ist?
B.: Ja durchaus ... Wir haben die Möglichkeiten geschaffen, dass jeder überall in alle Räume hinein kommt, barrierefreies Arbeiten zum Beispiel. Ferner haben wir die Zeit bekommen, uns um den Einzelnen zu kümmern, der mehr Aufmerksamkeit bzw. mehr Lernzeit braucht. Ich muss den Einzelnen nicht so lange ins Praktikum schicken, wenn ich merke, dass es für ihn besser ist, wenn wir hier mit ihm lernen. Das gilt zum Beispiel für Autisten, von denen wir mehrere aufgenommen haben. Und um das leisten zu können, werden wir auch gut geschult. Uns werden laufend Fortbildungsangebote gemacht, das ist wirklich super.

E.-R.: Haben Sie den Eindruck, dass Sie genügend Personal haben, um das alles zu bewältigen?
B.: Ja, weil wir kleinere Gruppen haben. Aber ganz wichtig ist, dass nicht nur wir Ausbilder in der Werkstatt sind, sondern auch die begleitenden Dienste an unserer Seite haben, denn es gibt immer wieder Situationen, in denen wir an unsere Grenzen kommen und in denen wir sagen: So jetzt brauche ich jemanden, einen Sozialpädagogen oder eine Psychologin, die mir oder auch dem jungen Mann weiterhelfen.
...
E.-R.: Sind die Unterschiede in der Bezahlung sehr hoch?
B.: Die Unterschiede werden weniger, das wird also besser. Wir versuchen immer, dass die Jugendlichen die höchste Leistung, den höchsten Abschluss erringen, aber es geht nicht bei jedem. Da sind einfach Grenzen, weil sie es nicht schaffen – trotz aller Förderung; aber die volle Ausbildung ist unser Bestreben.
E.-R.: Wie erfolgreich sind Sie in der Abschlussquote?
B.: Wir hatten in den letzten zehn Jahren ein oder zwei Wiederholer, das ist alles. Es ist hier noch keiner ohne Abschluss gegangen.
...
E.-R.: Haben Sie eine Vision für die Zukunft der Berufsbildungswerke?
B.: Noch mehr Akzeptanz von den Betrieben und vor allem von der Gesellschaft. Ich erlebe das immer wieder im Freundeskreis, wenn ich von meiner Arbeit erzähle. Dann höre ich immer: Das kostet aber alles wahnsinnig viel Geld! Ich antworte dann: Das kommt aber auch wieder rein. Ich wünsche mir mehr Akzeptanz für behinderte Menschen, dass auch sie einen Beruf ausüben können. Und ich kann mir nicht vorstellen, dass es ohne eine intensive Betreuung eines jeden Einzelnen möglich ist, so wie es in den Berufsbildungswerken geschieht. Die Inklusion würde noch stärker hinken, wenn es dieses Personal nicht gäbe.

Kasten 6: Quelle: Interview mit Sabine Zastrow und Uwe Bernd, Berufsbildungswerk Hamburg

Fazit

Aus heutiger Perspektive beeindrucken die unterschiedlichen Bewertungen, die die Schulform »Hilfsschule« im Laufe der Zeit erfuhr. Sie wurde einerseits als eine segensreiche Einrichtung betrachtet, die den Zurückbleibenden der Volksschule Schutz und Förderung gewährte, und sie wurde zugleich als eine Fehlentwicklung betrachtet, die verhinderte, dass die allgemeine Schule sich veränderte.

»Lernschwache« und »Schulversager« gab und gibt es in allen Schulsystemen entwickelter Länder. Die organisatorisch-pädagogischen Antworten auf diese »Problemgruppen« variierten auf einer Bandbreite von Maßnahmen innerhalb der Regelschule (Klassenwiederholungen, individuelle Förderung, Bildung separater Klassen) oder aber außerhalb des allgemeinen Schulwesens durch Etablierung separater Schulen. Die bisherigen Erfahrungen zeigen, dass es international bislang keine optimale Lösung des Problems der »Schulschwachen« gibt. Das Wissen, dass eine Lernschwierigkeit sehr oft soziale Ursachen hat, führt zu dem Eingeständnis, dass die Lösung des Problems nicht ausschließlich pädagogischer Natur sein kann. Damit wird auch die Frage nach der Schulstruktur letztlich zweitrangig, und gemessen an den gegenwärtigen gesellschafts- und bildungspolitischen Gegebenheiten, sind kleine, besondere Schuleinheiten für Kinder und Jugendliche, die aus allen Rastern der allgemeinen Schule fallen, nach wie vor unverzichtbar. Ob sie jemals entbehrlich sein werden, bleibt offen.

Jede Schule, ob Förder- oder allgemeinbildende Schule, die den Bildungsverlierern gerecht werden will, sollte eine Schule sein, die die Ziele von Prävention und Überwindung von Randständigkeit nicht aufgibt, die tagtäglich »Daseinsfürsorge« für ihre Schüler praktiziert, die sich im Sozialraum mit anderen Einrichtungen vernetzt und die sehr genau im Blick hat, dass die Nagelprobe all ihrer Anstrengungen die Frage ist, ob es den Jugendlichen gelingt, in der Berufs- und Arbeitswelt Fuß zu fassen. Nur dann, so die große Hoffnung, wird Armut nicht »vererbt« und kann eine erfolgreiche Überwindung des Status »Lernbehinderung« gelingen.

10 Resümee und Perspektiven: »Eine Mitte für alle«

»Besinnt Euch auf Eure Kraft und darauf, daß jede Zeit eigene Antworten will und man auf ihrer Höhe zu sein hat, wenn Gutes bewirkt werden soll.«

Willy Brandt (1913-1992)

»Die Zukunft war früher auch besser.«

Karl Valentin (1882-1948)

Ein Jahr nach Ratifizierung der Behindertenrechtskonvention in Deutschland veranstaltete der damalige Sozialminister Olaf Scholz im Mai 2009 eine Konferenz in Berlin unter dem Motto »Vereint für gemeinsame Bildung. Nationale Konferenz zu Artikel 24 des VN-Übereinkommens über die Rechte von Menschen mit Behinderungen«. Spätestens seit diesem Zeitpunkt wird in Deutschland intensiv und oft auch kontrovers über die inklusive Bildung debattiert. Niemand bestreitet mehr ernsthaft, dass die inklusive Schule ein erstrebenswertes Ziel ist, aber es ist auch in diesem knappen Jahrzehnt sehr deutlich geworden, dass »die Entwicklung einer inklusive Schule ... eine der größten Herausforderungen seit 1945 darstellt« (Heimlich 2011, S. 53).

Die einzelnen Bundesländer haben sich inzwischen alle auf den Weg gemacht, die normative Entscheidung für ein inklusives Bildungswesen in praktische Pädagogik umzusetzen. Da der Aufbau einer inklusive Schule nicht nur eine Frage von Strukturveränderungen ist, sondern entscheidend von einem Mentalitätswandel begleitet werden muss, verwundert es nicht, dass der Prozess der Reform in den jeweiligen Regionen mit sehr unterschiedlichen Geschwindigkeiten voranschreitet. Die Stadtstaaten Berlin und Hamburg (Kap. 6), die auf lange reformpädagogische Traditionen zurückblicken können, verfügen zweifellos über bessere Voraussetzungen, um sich den neuen pädagogischen Herausforderungen zu stellen. Aber der Vergleich dieser beiden Städte zeigt auch, dass eine positive bildungspolitische Einstellung alleine nicht ausreicht, sondern dass Eltern und Pädagogen als entscheidende Akteure zu gewinnen sind und dass das Schulwesen insgesamt mit ausreichenden personellen und finanziellen Ressourcen auszustatten ist. Wenn schulische Inklusion häufig zwischen »Innovation und Überforderung« (Werning 2010) verortet wird, dann wird genau auf die gesellschaftlichen, aber auch schulischen Rahmenbedingungen verwiesen, von denen entscheidend abhängt, ob sich eine inklusive Schule in Deutschland erfolgreich etablieren kann.

Wie ich zu zeigen versuchte (Kap. 4), existiert in jeder Gesellschaft ein Spannungsverhältnis zwischen Inklusions- und Exklusionsprozessen, und es besteht eine Tendenz, jene, die als »Entbehrliche« oder »Überflüssige« klassifiziert werden, auszugrenzen. Die Anstrengungen, die jeder demokratische Staat unternehmen muss, liegen deshalb darin, allen, die von Ausschluss bedroht sind – behinderten Menschen, chronisch Kranken, Sinti und Roma, Flüchtlingen und Migranten, alten und pflegebedürftigen Menschen – ein menschenwürdiges Leben in Deutschland zu ermöglichen.

Eine inklusive Gesellschaft ist ein Gewinn für alle Gesellschaftsmitglieder, auch für die sogenannten »Nichtbehinderten«, denn die Anerkennung von Vulnerabilität, Verletzlichkeit und Abhängigkeit, die für jedes menschliche Leben gilt, hat zur Folge, dass Fürsorge, Wohlfahrt und Solidarität unverzichtbare Grundpfeiler einer menschlichen Gesellschaft sind. Die Philosophin Martha C. Nussbaum unterstreicht die Bedeutung von Fürsorge für das Leben eines jeden Menschen (2010, S. 235), und sie erinnert an »die Kontinuität zwischen der Situation von Menschen mit lebenslangen Beeinträchtigungen und den ... Phasen eines ›normalen‹ Lebens« (a.a.O., S. 147).

Auch die Struktur unseres Bildungssystems (Kap. 5) enthält Hürden, die die Etablierung einer inklusive Schule erschweren. Hierzu zählen zum einen die enge Verbindung von sozialer Herkunft und Schulerfolg und zum anderen die selektive Struktur vor allem im Zwei-Säulen-Modell der Sekundarstufe I. Allerdings, und auch das ist zu unterstreichen, ist die Frage der

Struktur zwar von Bedeutung, aber keineswegs entscheidend, wie sich am Beispiel der Schüler mit einer Lernschwäche zeigen lässt (Kap. 9). Bislang gibt es gute Gründe anzunehmen, dass kleine, besondere Schuleinheiten für diese Schüler nach wie vor eine gute (Not-)Lösung sind, da die Betreffenden hier Wertschätzung, »Daseinsfürsorge« und Vorbereitung auf die Berufswelt erfahren. Am Beispiel der »Schulversager« werden jedoch zugleich die Grenzen aller Pädagogik deutlich, denn eine dauerhafte Überwindung des Status »Lernbehinderter« ist entscheidend von gesellschaftlichen Faktoren abhängig.

Was die Struktur unseres Schulsystems betrifft, so bleibt gegenwärtig offen, ob und inwieweit die Praxis der Inklusion strukturverändernd sein wird, aber vieles spricht dafür, dass dieses längerfristig aufgrund der inneren Logik der inklusive Schule geschehen wird. Wir könnten doch insofern dem französischen, luxemburgischen und schwedischen Modell (Kap. 8) folgen, dass wir allen unseren Schulen im Sekundarbereich I den Namen »Gymnasium« gäben. Dies hätte den großen Vorzug, dass jeder Schüler, jede Schülerin sagen könnte: »Ich besuche das Gymnasium.« Diese Namensgebung käme dem Aufstiegs- und Prestigebedürfnis vieler Eltern entgegen und nähme ein wenig den Druck aus der gegenwärtigen Entscheidungsschlacht zwischen Gymnasium auf der einen und Gemeinschafts-, Stadtteil- oder Sekundarschule auf der anderen Seite. Es gibt schon im gegenwärtigen Schulsystem etwa die Bezeichnungen »berufliches Gymnasium«, »Fachgymnasium«, »Abendgymnasium«, und daher lautet die naheliegende Frage: Was hindert uns eigentlich daran, den so beliebten Namen »Gymnasium« für alle Schulformen im Sekundarbereich zu verwenden?

Es versteht sich von selbst, dass diese neue Schulform wie in den erwähnten Ländern unterschiedliche Schultypen unter ihrem Dach vereinte, neben dem klassischen ein technisches, ein berufliches, vielleicht auch ein musisches oder wirtschaftliches Gymnasium usw.; Fantasie und Gestaltungsfreude wären hier gefragt. Natürlich wird es sich herumsprechen, wer welche Form des Gymnasiums besucht, aber dieser Aspekt wird ein wenig in den Hintergrund treten, denn es gäbe viele Übergangsmöglichkeiten zwischen den einzelnen Schultypen und somit gäbe es nicht mehr *das* Gymnasium. Ein derart facettenreiches Gymnasium könnte vielleicht sogar wieder Attraktivität und Zuspruch bei jenen Eltern gewinnen, die, aus welchen Gründen auch immer, ihr Kind zunehmend an Privatschulen anmelden.

»Probleme und Dilemmata inklusiver Schulentwicklungen« (Biewer/Fasching 2012, S. 135 ff.) bestehen nicht nur in Frankreich, Luxemburg und Schweden, sondern sie offenbaren sich in jeweils landesspezifischer Ausprägung in allen entwickelten Ländern, die sich auf den Weg gemacht haben, ihre Schulsysteme aufnahmebereiter für behinderte Schüler und Schülerinnen zu machen. Die internationalen Dokumente wie die Behindertenrechtskonvention der Vereinten Nationen, das Papier des Europarats oder der »Weltbericht Behinderung« der WHO (Kap. 3) sind hierfür wichtige Wegweiser. Aber die Umsetzung in den jeweils nationalen Rahmen, die Frage, wie Selbstbestimmung und gesellschaftliche Teilhabe behinderter Menschen in gesellschaftliche Praxis umzuwandeln sei, ist abhängig von den Traditionen, Mentalitäten und Strukturen des jeweiligen Landes. Das Recht auf Bildung und Schulbesuch besteht in Deutschland für *jedes* behinderte Kind seit 50 Jahren – zweifellos ein großer Erfolg im internationalen Maßstab, wenn man bedenkt, dass laut Weltbildungsbericht der UNESCO von 2015 weltweit 58 Millionen Kinder überhaupt nicht zur Schule gehen.

Es ist der Blick in die Geschichte (Kap. 2), der uns lehrt, dass die Haltung der Mehrheitsgesellschaft gegenüber behinderten Menschen stets durch die Ambivalenz von Inklusion und Exklusion geprägt war, und dass mehr als 200 Jahre vergehen mussten, bis das Recht auf Bildung behinderter Schüler zumindest in den entwickelten Ländern dieser Erde nicht nur anerkannt, sondern auch durchgesetzt wurde. Dies geschah bis weit in das 20. Jahrhundert hinein in Form von Sonderschulen, die lange Zeit als die optimale Lösung für die Bildung und Erziehung behinderter Kinder und Jugendlicher galten. Es gab in der Vergangenheit durchaus Versuche, diese Schüler in der allgemeinen Schule zu unterrichten, aber all diese Versuche erwiesen sich als untauglich bzw. gerieten in Vergessenheit. Die inklusive Schule der Gegenwart erfolgreich zu gestalten, setzt ein historisches Bewusstsein voraus, das um die Erfolge, aber auch Niederlagen einer Pädagogik für behinderte Schüler weiß.

Eine inklusive Schule muss sich auch bewusst sein, dass es eine große Vielfalt von Behinderungen und Beeinträchtigungen gibt, die jeweils sehr spezifische pädagogische Lösungen erfordern, und nicht grundlos umfasst die Sonderpädagogik als pädagogische Spezialdisziplin mehrere Fachrichtungen, die sich in den neun sonderpädagogischen Förderschwerpunkten im Schulbereich wiederfinden (vgl. Sekretariat KMK 2014). Aus Sicht der sonderpädagogischen Fachrichtungen verfehlt eine Forderung nach »Dekategorisierung«, also der Verzicht auf Benennung und Diagnose einer Behinderung, genau die pädagogische Bedürfnislage der jeweiligen Schüler. So wie die Gruppe der »Lernschwachen« (Kap. 9) adäquate Lern- und Lebensstrategien benötigt, so gilt dies ebenso, aber stets anders akzentuiert, für jene mit Verhaltensauffälligkeiten (vgl. Ahrbeck 2011; Rauh 2011; Herz 2014), für jene mit körperlichen Einschränkungen (vgl. Lelgemann u. a. 2012), mit einer Hörschädigung (vgl. Gugel u. a. 2012) oder aber mit einer Schwerstbehinderung (vgl. Fornefeld 2010; Fischer 2011; Wagner 2013; Fröhlich 2014). Angesichts der Komplexität und Vielfalt von Behinderung ist die Herausforderung für eine inklusive Schule nicht zu unterschätzen, und jene kritischen Stimmen sind ernst zu nehmen, die auf die Gefahr einer Verschiebung der Problemlage durch Überweisung schwieriger Kinder und Jugendlicher in Heime oder in den medizinischen Sektor hinweisen (Ruzsics 2014; Broxtermann u. a. 2013).

Pädagogik ist eine Wissenschaft für die Praxis, und sie ist daher gut beraten, Vertreter dieser Praxis anzuhören, wenn sie Überlegungen, Ideen und Forderungen im Hinblick auf eine inklusive Schule formuliert, die nicht auf tönernen Füßen stehen sollen. Die befragten Akteure im pädagogischen Feld sind sich einig in der Auffassung, dass die inklusive Schule ein lohnendes Ziel ist, dessen Verwirklichung nur als langfristiger Prozess vorstellbar ist und dessen Einlösung an eine Reihe von Bedingungen personeller und sächlicher Natur geknüpft ist. Eine Frontstellung zwischen separater und inklusive Beschulung wird von ihnen einhellig abgelehnt, und vor dem Hintergrund der gesellschaftlichen und pädagogischen Realitäten wird die

Notwendigkeit der Existenz von Sonderschulen bis auf Weiteres unterstrichen.

Eine inklusive Gesellschaft in Deutschland ist ein lohnendes Ziel, denn es verheißt Akzeptanz und Respekt für alle. Diese Haltung ist in dem Einwanderungsland Deutschland dringend erforderlich, in dem die Flüchtlingszahlen 2015 bereits über eine Million betrugen und in dem sich Innen- und Außenpolitik immer mehr annähern. Vielfalt nimmt in Deutschland unübersehbar zu, und dies bietet auch behinderten Menschen eine größere Chance, Teil der »Kerngesellschaft« zu werden.

Allerdings sind auch Menschen mit einer Behinderung nicht alle gleich, sondern verfügen über unterschiedliche Macht-, Einfluss- und Leistungsmöglichkeiten. Unsere gegenwärtige Bundesbeauftragte für behinderte Menschen, Verena Bentele, eine blinde Biathletin mit zahlreichen Goldmedaillen, verkörpert den Typus des leistungsstarken behinderten Menschen, der in der Lage ist, seine Rechte und Positionen einzufordern und durchzusetzen. Aber es gibt auch die anderen, und sie stellen sicherlich die Mehrheit dar. Jene, die Hilfe und Begleitung benötigen, viele Jahre oder gar ihr Leben lang. Jene, die nur geringe Leistungen – wenn überhaupt – erbringen können. Jene, die auf die Solidarität des Sozialstaates und ihrer Mitmenschen angewiesen sind. Auch für sie alle soll gelten, dass sie Teil der Gesellschaft sind und die Chance zur Teilhabe erhalten. Dies alles wird nur gelingen, so bin ich überzeugt, wenn sich die Mehrheitsgesellschaft mit Gelassenheit und Menschenfreundlichkeit den neuen Herausforderungen stellt und das Thema »Inklusion« nicht mit einem »Terror der Tugend« (Die Zeit vom 6.6.2012) bzw. »Tugendfuror« (Magazin Cicero vom April 2012) entdeckt und mit eindeutiger Gesinnung »bearbeitet«.

Die typisch deutsche Sehnsucht nach Eindeutigkeit und Ordnung macht es offenbar schwer zu akzeptieren, dass es bei der Umsetzung des Ziels der Inklusion unterschiedliche Formen und Geschwindigkeiten geben darf. Die pauschale, letztlich rückwärtsgewandte Kritik an »Sonderinstitutionen« nimmt nicht zur Kenntnis, dass Einrichtungen wie Förderschulen, Berufsbildungswerke, Berufsförderungswerke und Werkstätten für Menschen mit Behinderungen nicht nur Schutz und individuelle Förderung für jene anbieten, die in den allgemeinen

Strukturen nicht zu ihrem Recht kommen, sondern inzwischen auch ausgesprochen innovativ sind. So erscheint es mehr als unwahrscheinlich, dass auf dem allgemeinen Arbeitsmarkt, ohne Anstöße von außen, ein Lernprogramm wie »Capiert« (Beschützende Werkstätte Heilbronn) für Menschen mit einer geistigen Behinderung entwickelt worden wäre. Es gilt somit anzuerkennen, dass sich die traditionellen »Sonderinstitutionen« verändert haben; sie sind entwicklungsorientiert, eng vernetzt mit den Strukturen des allgemeinen Arbeits-, Bildungs- und Sozialbereichs, und sie sind nicht selten der einzige Ort, an denen Menschen mit hohem Unterstützungsbedarf Anerkennung und Teilhabe erfahren.

Voreilige Schließungen etwa von Förderschulen, ohne dass angemessene Strukturen an ihre Stelle getreten wären, gehen vor allem zu Lasten der betroffenen Schüler. Das Bundesland Schleswig-Holstein rühmt sich zwar einer hohen »Inklusionsrate«, aber Kinder- und Jugendärzte sowie Kinder- und Jugendpsychiater bescheinigen dem Land eine desaströse Sparpolitik, die auf dem Rücken der Betroffenen ausgetragen wird. Angesichts der rasant angestiegenen Zahl förderbedürftiger Kinder bereits im Vorschulbereich und der fehlenden Hilfestrukturen kommen die Mediziner in einem Offenen Brief an die Bildungsministerin zu dem Schluss, dass für das Konzept der Inklusion zur Zeit die Voraussetzungen fehlen, dieses »ohne Schaden für die betroffenen Kinder und ihre Familien umzusetzen« (Broxtermann u. a. 2013, S. 39). Diese Stellungnahme wird unterfüttert durch eine Mitteilung des Statistischen Bundesamtes, dass die Zahl der gefährdeten Kinder ständig steigt, dass 2012 etwa 40.000 Kinder durch die Jugendämter in Obhut genommen wurden und dass psychische Erkrankungen insgesamt zunehmen (vgl. Süddeutsche Zeitung v. 8.8.2013).

Die Gefahr einer argumentativen Schieflage besteht in der Debatte um Inklusion auch, wenn Haltungen der Fürsorge und des Mitleids abgewertet werden, indem sie in eine Gegenposition zu den Rechtspositionen behinderter Menschen gebracht werden. Dieser behauptete Gegensatz ist verhängnisvoll, denn er lässt außer Acht, dass beide Aspekte zusammengehören (vgl. auch Dederich/Jantzen 2009; Ackermann/Dederich 2011). Dass der Gedanke des Rechtsanspruchs (rights) und Mitleids und Fürsorge (charity) einander nicht ausschließen, sondern eine Einheit bilden, ist ein fester Bestandteil der jüdischen Wohlfahrtsidee, an die der Engländer Tom Shakespeare erinnert, wenn er schreibt:

> »While the disability rights movement has adopted the slogan of ›rights not charity‹, I argue that disability rights is not incompatible with charity. Removing barriers to participation and promoting the rights and independence of disabled people is the major priority, and charity is no substitute for this equalisation of relations between disabled and nondisabled people." (2006, S. 165).

Im Judentum war und ist die »Zedaka« eine auf Nächstenliebe gründende sozial-karitative Tätigkeit, auf die jeder Hilfsbedürftige ohne Ansehen seiner Person ein Anrecht hat (vgl. Ellger-Rüttgardt 1996, S. 11 ff.). Der weitgehende Verlust dieser jüdischen Tradition in Deutschland könnte ein Grund dafür sein, dass die Verbindung von Recht und Wohlfahrt in der Debatte um Inklusion hierzulande kaum eine Rolle spielt.

Wenn das Thema Inklusion die Arena der Debatten verlässt und auf den Ebenen der Praxis ankommt, dann wird es für Menschen konkret und greifbar. Wenn ein Sportverein ein Rollstuhlbasketball-Team bildet, einzelne Berliner Stadtbezirke wie Tempelhof-Schöneberg im Sinne der Sozialraumorientierung (vgl. Beck 2009) die Initiative »Mensch Mach Mit« ins Leben rufen oder gar ein neuer Stadtteil für etwa 7.000 Menschen in Hamburg-Altona entsteht, an dessen Planung die zukünftigen Bewohner, auch jene mit einer Behinderung, eingeladen sind, sich in dem Forum »Eine Mitte für Alle« zu beteiligen. Die Tatsache, dass die Evangelische Stiftung Alsterdorf dieses Altonaer Quartiersentwicklungsprojekt initiierte und bis heute begleitet, zeigt wiederum eindrucksvoll, dass die ehemaligen Großeinrichtungen der Behindertenhilfe einen tiefgreifenden Wandel im Sinne einer Öffnung zur Gemeinde hin vollzogen haben und dass organisatorische Vielfalt auch eine Bedingung für das Gelingen von Inklusion sein dürfte.

»Eine Mitte für alle« ist ein schönes Motto für die Vision einer menschenfreundlichen und solidarischen inklusiven Gesellschaft. Die Zeichen stehen nicht schlecht, dass es uns in Deutschland in den kommenden Jahren gelingen könnte, diesem Ziel ein gutes Stück näher zu kommen, denn stark und wirkmächtig ist der erste Artikel unserer Verfassung: »Die Würde des Menschen ist unantastbar. Sie zu achten und zu schützen ist Verpflichtung aller staatlichen Gewalt.«

11 Literatur

Abgeordnetenhaus von Berlin (Hrsg.) (1997): Mitteilung zur Kenntnisnahme über die Situation der Kinder, Jugendlicher und junger Erwachsener mit Behinderungen im Land Berlin. 13. Wahlperiode, Drucksache 13/1939. Berlin
Ackermann, Karl-Ernst/Dederich, Markus (2011): An Stelle des Anderen. Ein interdisziplinärer Diskurs über Stellvertretung und Behinderung. Oberhausen: Athena
Ahrbeck, Bernd (2011): Wozu ist die Verhaltensgestörtenpädagogik da? In: Sonderpädagogische Förderung heute, 56.Jg., S. 343–360
Ahrbeck, Bernd (2014): Inklusion. Eine Kritik. Stuttgart: Kohlhammer
Ahrbeck, Bernd/Bleidick, Ulrich/Schuck, Karl Dieter (1997): Pädagogisch-psychologische Modelle der inneren und äußeren Differenzierung für lernbehinderte Schüler. In: Weinert, Franz E. (Hrsg.): Psychologie des Unterrichts und der Schule. (Enzyklopädie der Psychologie, Band 3). Göttingen, Bern, Toronto, Seattle: Hogrefe , S. 739–769
Ahrbeck, Bernd/Rauh, Bernhard (2010): Innere und äußere Armut. Überlegungen zur Weiterentwicklung der Pädagogik bei Lernbeeinträchtigungen. In: Sonderpädagogische Förderung heute, 55. Jg., S. 287–304
Aichele, V. (2014): Leichte Sprache – Ein Schlüssel zur »Enthinderung« und Inklusion. In: APuZ (Aus Politik und Zeitgeschichte), 64. Jg., S. 9–11
Allemann-Ghionda, Cristina (2013): Bildung für alle, Diversität und Inklusion. Paderborn: Ferdinand Schöningh
Allmendinger, Jutta (1999): Bildungsarmut: Zur Verschränkung von Bildungs- und Sozialpolitik. In: Soziale Welt, 50.Jg., S. 35–50
Allmendinger, Jutta (2012): Schulaufgaben. Wie wir das Bildungssystem verändern müssen, um unseren Kindern gerecht zu werden. München: Pantheon
Altstaedt, Ingeborg (1977): Lernbehinderte. Kritische Entwicklungsgeschichte eines Notstandes: Sonderpädagogik in Deutschland und Schweden. Reinbek bei Hamburg: Rowohlt
Amaré, Sandrine/Martin-Noureux, Philippe (2012): La cooperation à l'epreure de deux cultures: l'école et le secteur medico-sociale. In: La nouvelle revue de l'adaption et de la scolarisation 57 , S. 181–195
Antor, Georg (1998): Selbsthilfe in der Sozialpolitik für Behinderte: Zwischen Bedrohung und Verheißung. In: Sonderpädagogik 1, S. 40–46

APuZ (Aus Politik und Zeitgeschichte), 51-52/2010: Armut in Deutschland
Armack, H.E.: Über die Errichtung von Schulen resp. Klassen für Schwachbefähigte (1890). Abgedruckt in Ellger-Rüttgardt, Sieglind Luise (Hrsg.): Lernbehindertenpädagogik. Studientexte zur Geschichte der Behindertenpädagogik. Band 5. Weinheim/Basel/Berlin 2003, S. 147–153
Autorengruppe Bildungsberichterstattung (2014): Bildung in Deutschland. Ein indikatorengestützter Bericht mit einer Analyse zur Bildung von Menschen mit Behinderungen. Bielefeld: Bertelsmann Verlag
Avenarius, Hermann/Füssel, Hans-Peter (2010): Schulrecht. Ein Handbuch für Praxis, Rechtsprechung und Wissenschaft. Kronach: Carl Link
Back, Germain u. a. (2011): Le systéme de compétences en pédagogie spéciale (Sycops). Luxemburg
Bank–Mikkelsen, Niels Erik (1974): Die staatliche Fürsorge für geistig Behinderte in Dänemark (Ein Großstadtbezirk in Dänemark: Kopenhagen). In: Kugel, Robert B. B./Wolfensberger, Wolf (Hrsg.): Geistig Behinderte – Eingliederung oder Bewahrung? Stuttgart, S. 72–93
Barow, Thomas (2002): Schwedens Weg der Integration. Bengt Nirje und Karl Grunewald, zwei »Pioniere« der Sonderpädagogik in Nordeuropa, über Eugenik, Mentalitätsveränderung und Normalisierung. In: Zeitschrift für Heilpädagogik, 53. Jg., S. 314–321
Barow, Thomas (2009): Kein Platz im Volksheim? Die »Schwachsinnigenfürsorge« in Schweden 1916-1945. Bad Heilbrunn: Klinkhardt
Barow, Thomas/Persson, Bengt (2011): Die Sonderpädagogik in der bildungspolitischen Debatte Schwedens. In: Sonderpädagogische Förderung heute 56, 1, 20–32
Bauer, Patrick (2011): Die Parallelklasse. Ahmed, ich und die anderen – Die Lüge von der Chancengleichheit. München: Luchterhand
Beck, Iris (2009): Sozialer Raum. In: Vierteljahresschrift für Heilpädagogik und ihre Nachbargebiete (VHN), 78. Jg., S. 334–337
Beck, Iris/Greving, Heinrich (Hrsg.) (2011): Gemeindeorientierte pädagogische Dienstleistungen. (Behinderung, Bildung, Partizipation. Enzyklopädisches Handbuch der Behindertenpädagogik. Band 6). Stuttgart: Kohlhammer
Beck, Ulrich (2002): Macht und Gegenmacht im globalen Zeitalter. Neue weltpolitische Ökonomie. Frankfurt a. M.: Suhrkamp
Begemann, Ernst (1970): Die Erziehung der sozio-kulturell benachteiligten Schüler. Berlin, Darmstadt, Dortmund: Schroedel
Behörde für Schule und Berufsbildung/Institut für Bildungsmonitoring (Hrsg.) (2011): Bildungsbericht Hamburg 2011. Hamburg
Behörde für Schule und Berufsbildung (Hrsg.) (2014): Bildungsbericht Hamburg 2014. Münster/New York: Waxmann
Benkmann, Rainer (2001): Sonderpädagogische Professionalität im Wandel. In: Zeitschrift für Heilpädagogik, 52. Jg., S. 90–98.

11 Literatur

Bernfeld, Siegfried (1973): Sisyphos oder die Grenzen der Erziehung. Frankfurt.a. M.: Suhrkamp
Bertelsmann Stiftung (2015): Inklusion in der beruflichen Bildung. Umsetzungsstrategien für inklusive Ausbildung. Gütersloh
Bezirksamt Neukölln von Berlin (2011): Roma Statusbericht Berlin-Neukölln.
Bielefeldt, Heiner (2006): Zum Innovationspotential der UN-Behindertenkonvention. In: Deutsches Institut für Menschenrechte (Hrsg.). Berlin
Bielefeldt, Heiner (2010): Menschenrecht auf inklusive Bildung – Der Anspruch der UN- Behindertenrechtskonvention. In: Vierteljahresschrift für Heilpädagogik und ihre Nachbargebiete (VHN), 79.Jg., S. 66–69
Biermann, Horst (2008): Pädagogik der beruflichen Rehabilitation. Eine Einführung. Stuttgart: Kohlhammer
Biermann, Horst (Hrsg.) (2015): Inklusion im Beruf. Stuttgart: Kohlhammer
Biewer, Gottfried (2009): Grundlagen der Heilpädagogik und Inklusiven Pädagogik. Bad Heilbrunn: Klinkhardt
Biewer, Gottfried/Fasching, Helga (2014): Von der Förderschule zum inklusiven Bildungssystem – die Perspektive der Schulentwicklung. In: Heimlich, Ulrich/Kahlert, Joachim (Hrsg.): Inklusion in Schule und Unterricht. Stuttgart: Kohlhammer, S. 117–152
Bleidick, Ulrich (1990): Bildungspolitische Entwicklungslinien zur gesellschaftlichen Integration von Behinderten. In: Schuck, Karl Dieter (Hrsg.): Beiträge zur Integrativen Pädagogik. Weiterentwicklungen des Konzepts gemeinsamen Lebens und Lernens Behinderter und Nichtbehinderter. Hamburg: Feldhaus, S. 9–32
Bleidick, Ulrich/Ellger-Rüttgardt, Sieglind Luise (2008): Behindertenpädagogik – eine Bilanz. Bildungspolitik und Theorieentwicklung von 1950 bis zur Gegenwart. Stuttgart: Kohlhammer
Blömeke, Sigrid (2014): Vorsicht bei Evaluationen und internationalen Vergleichen. In: Zeitschrift für Pädagogik, 60. Jg., S. 109–131
BMAS (Bundesministerium für Arbeit und Soziales) (Hrsg.) (2013): Teilhabebericht der Bundesregierung. Über die Lebenslagen von Menschen mit Beeinträchtigungen. Teilhabe – Beeinträchtigung – Behinderung. Bonn
Boban, Ines/Hinz, Andreas (2003): Index für Inklusion. Lernen und Teilhabe in der Schule der Vielfalt entwickeln. Martin-Luther-Universität Halle-Wittenberg
Bonnes, Caroline/Fingerle, Michael (2014): Vorurteilsmotivierte Gewalt gegen Menschen mit Behinderung – Ergebnisse des Hate Crime Surveys. In: Zeitschrift für Heilpädagogik, 65.Jg., S. 218–224
Borchert, Johann/Schuck, Karl Dieter. (1992): Integration: Ja! Aber wie? Ergebnisse aus Modellversuchen zur Förderung behinderter Kinder und Jugendlicher. Hamburg: Feldhaus

Bourdieu, Pierre/Passeron, Jean-Claude (1971): Die Illusion der Chancengleichheit. Untersuchungen zur Soziologie des Bildungswesens am Beispiel Frankreichs. Stuttgart: Klett-Cotta

Brake, Anna, Büchner, Peter (2012): Bildung und soziale Ungleichheit. Eine Einführung. Stuttgart: Kohlhammer

Broxtermann, Wolfgang u. a. (2013): »...dann haben auch die Kinder nichts mehr zu lachen.« Kinder- und Jugendärzte sowie Kinder- und Jugendpsychiater schildern schulische Probleme in einem offenen Brief an Bildungsministerin Prof. Wara Wende. In: Schleswig- Holsteinisches Ärzteblatt, Ausgabe 1, S. 38–39

Buchholz, Frieda (1939): Das brauchbare Hilfsschulkind – ein Normalkind. Weimar: Hermann Böhlaus Nachf.

Bude, Heinz (2008): Die Ausgeschlossenen. Das Ende vom Traum einer gerechten Gesellschaft. München: Carl Hanser

Bude, Heinz (2011): Bildungspanik. Was unsere Gesellschaft spaltet. München: Carl Hanser

Bude, Heinz (2014): Gesellschaft der Angst. Hamburg: Hamburger Edition

Bude, Heinz/Willisch, Andreas (Hrsg.) (2006): Das Problem der Exklusion. Ausgegrenzte, Entbehrliche, Überflüssige. Hamburg: Hamburger Edition

Bude, Heinz/Willisch, Andreas (Hrsg.) (2008): Exklusion. Die Debatte über die »Überflüssigen«. Frankfurt a. M.: Suhrkamp

Bundesarbeitsgemeinschaft (BAG) der Berufsbildungswerke e. V. (2010): Volkswirtschaftliche Effekte der Ausbildung von jungen Menschen mit Behinderung. Eine Studie des Instituts der deutschen Wirtschaft Köln. Berlin

Bundesministerium für Arbeit und Soziales (2011): Unser Weg in eine Gesellschaft. Der Nationale Aktionsplan der Bundesregierung zur Umsetzung der UN- Behindertenrechtskonvention. Berlin

Bürli, Alois (1997): Sonderpädagogik international. Vergleiche, Tendenzen, Perspektiven. Luzern : Schweizerische Zentralstelle für Heilpädagogik

Bürli, Alois/Strasser, Urs/Stein, Anne-Dore (Hrsg.) (2009): Integration/Inklusion aus internationaler Sicht. Bad Heilbrunn: Klinkhardt

Castel, Robert (2008): Die Fallstricke des Exklusionsbegriffs. In: Bude, Heinz/Willisch, Andreas (Hrsg.): Exklusion. Die Debatte über die »Überflüssigen«. Frankfurt a. M.: Suhrkamp

Cloerkes, Günther/Kastl Jörg Michael (Hrsg.) (2007): Leben und Arbeiten unter erschwerten Bedingungen – Menschen mit Behinderungen im Netz der Institutionen. Heidelberg: Carl Winter

Dederich, Markus (2008): Die Universalisierung der Ökonomie – Ursachen, Hintergründe und Folgen. In: Vierteljahresschrift für Heilpädagogik und ihre Nachbargebiete (VHN), 77. Jg., S. 288–300

Dederich, Markus (2013): Philosophie in der Heil- und Sonderpädagogik. Stuttgart: Kohlhammer

11 Literatur

Dederich, Markus/Jantzen, Wolfgang (2009): Behinderung und Anerkennung. (Behinderung, Bildung, Partizipation. Enzyklopädisches Handbuch der Behindertenpädagogik, Band 2). Stuttgart: Kohlhammer
Der Senat von Berlin (2011): Mitteilung über »Gesamtkonzept ›Inklusive‹ Schule. Umsetzung der UN-Konvention über die Rechte von Menschen mit Behinderungen«. Berlin
Deutsche Akademie für Rehabilitation e.V. (Hrsg.) (2009): Stellungnahme der wissenschaftlichen Fachgruppe Reha Futur zur Zukunft der beruflichen Rehabilitation in Deutschland. Im Auftrag des BMAS. Bonn
Deutsche Unesco-Kommission e.V. (2009): Inklusion: Leitlinien für die Bildungspolitik. Bonn: Deutsche Unesco-Kommission e.V.
Deutsche Vereinigung für Rehabilitation (DVfR): Stellungnahme zu »Rahmenbedingungen für ein inklusives Schulwesen«. Heidelberg. Online verfügbar unter: http://www.dvfr.de/fileadmin/download/Stellungnahmen/Stellungnahme-Entwurf_Inklusive_Bildung_Stand_29_04_15.pdf zuletzt geprüft am 22.07.2015
Deutscher Bildungsrat (Hrsg.): Empfehlungen der Bildungskommission: Zur pädagogischen Förderung behinderter und von Behinderung bedrohter Kinder und Jugendlicher. Bonn 1973 (Beiheft 11 der Zeitschrift für Heilpädagogik, Febr. 1974)
Döbert, Hans/Weishaupt, Horst (Hrsg.) (2013): Inklusive Bildung professionell gestalten. Situationsanalyse und Handlungsempfehlungen. Münster u.a.: Waxmann
Dreves, F. (1998): »...leider zum größten Theile Bettler geworden ...« Organisierte Blindenfürsorge in Preußen zwischen Aufklärung und Industrialisierung (1806-1860). Freiburg i. Br.: Rombach.
Drope, Tilman/Jurczok, Anne (2013): Weder gleichwertig noch gleichartig. Besonderheiten und Problemlagen integrierter Sekundarschulen in einem sozio-ökonomisch schwachen Stadtteil Berlins. In: Zeitschrift für Pädagogik, 59.Jg., S. 496–507
Ellger-Rüttgardt, Sieglind (1980): Der Hilfsschullehrer. Sozialgeschichte einer Lehrergruppe (1880–1933). Weinheim und Basel: Beltz
Ellger-Rüttgardt, Sieglind (1981): Schulwirklichkeit und Entwicklung der Braunschweiger Hilfsschule. In: Bleidick, Ulrich (Hrsg.): Heinrich Kielhorn und der Weg der Sonderschulen. 100 Jahre Hilfsschulen in Braunschweig. Braunschweig: Waisenhaus- Buchdruckerei, S. 267–308
Ellger-Rüttgardt, Sieglind (1990): Die Diskussion um die Beschulung zurückgebliebener Kinder in Frankreich um die Jahrhundertwende. In: Heilpädagogische Forschung, Bd. XVI, S. 105–111
Ellger-Rüttgardt, Sieglind (Hrsg.) (1996): Verloren und Un-Vergessen. Jüdische Heilpädagogik in Deutschland. Weinheim: Deutscher Studien Verlag
Ellger-Rüttgardt, Sieglind (1997): Frieda Stoppenbrink-Buchholz (1897–1993). Hilfsschulpädagogin, Anwältin der Schwachen, Soziale Demokratin. Weinheim: Deutscher Studien Verlag

Ellger-Rüttgardt, Sieglind (1999): Vor 60 Jahren. Erinnerungen an die Opfer der »Euthanasie« in Deutschland. In: Zeitschrift für Heilpädagogik, 50. Jg., S. 559–563

Ellger-Rüttgardt, Sieglind (2000): Von den dunklen Seiten der Pädagogik. Erinnerungen an die Opfer der »Euthanasie« in Deutschland. In: Götte, P./Gippert, W. (Hrsg.): Historische Pädagogik am Beginn des 21. Jahrhunderts. Bilanzen und Perspektiven. Essen: Klartext , S. 53–63

Ellger-Rüttgardt, Sieglind (Hrsg.) (2003): Lernbehindertenpädagogik. Studientexte zur Geschichte der Behindertenpädagogik. Bd. 5. Weinheim, Basel, Berlin: Beltz

Ellger-Rüttgardt, Sieglind (2006): Behinderung als Phänomen und Konstrukt im französischen Diskurs – eine kulturelle Revolution? In: Vierteljahresschrift für Heilpädagogik und ihre Nachbargebiete (VHN), 75.Jg., S. 317–335

Ellger-Rüttgardt, Sieglind Luise (2008a): Geschichte der Sonderpädagogik. Eine Einführung. München: Reinhardt

Ellger-Rüttgardt, Sieglind (2008b): Nationale Bildungspolitik und Globalisierung. Die Herausforderungen der UN-Konvention über die Rechte von Menschen mit Behinderungen. In: Zeitschrift für Heilpädagogik, 59. Jg., S. 442–450

Ellger-Rüttgardt, Sieglind Luise (2010a): Schafft das Elternwahrecht ab!? – Gedanken zu Bildungsreformen in Deutschland. In: Vierteljahresschrift für Heilpädagogik und ihre Nachbargebiete (VHN), 79. Jg., S. 186–195

Ellger-Rüttgardt, Sieglind Luise (2010b): Zwischen Gleichberechtigung, Machtausübung und Emanzipation. Die Beziehungen der sonderpädagogischen Profession zu ihrer Klientel. In: Ellger-Rüttgardt, Sieglind Luise/ Wachtel, Grit (Hrsg.): Pädagogische Professionalität und Behinderung. Herausforderungen aus historischer, nationaler und internationaler Perspektive. Stuttgart: Kohlhammer, S. 28–38.

Ellger-Rüttgardt, Sieglind Luise (2010c): Historiographie der Behindertenpädagogik. In: Horster, D./Jantzen, W. (Hrsg.): Wissenschaftstheorie. (Behinderung, Bildung, Partizipation. Enzyklopädisches Handbuch der Behindertenpädagogik, Bd. 1). Stuttgart: Kohlhammer, S. 65–95

Ellger-Rüttgardt, Sieglind Luise (2010 d): En Allemagne, est-il »normal« d'être différent? In: Gardou, C. (Hrsg.): Le handicap au risque des cultures. Toulouse (érès), S. 321–342

Ellger-Rüttgardt, Sieglind Luise (2011a): Levana und die Folgen: Die Entstehung der Heilpädagogik als Disziplin. In: Zeitschrift für Heilpädagogik, 62, S. 444–448

Ellger-Rüttgardt, Sieglind Luise (2011b): Global Governance und Behinderung. Aspekte internationaler und europäischer Behindertenpolitik. In: Sonderpädagogische Förderung heute, 56. Jg., S. 9–19

Ellger-Rüttgardt, Sieglind Luise (2011c): Sonderpädagogische Professionalität in einer inklusiven Schule – Historische Ankerpunkte und Stolpersteine und ihre Bedeutung für die Gegenwart. In: Zeitschrift für Heilpädagogik, 62. Jg., S. 55–60.

Ellger-Rüttgardt, Sieglind Luise (2011 d): Die UN-Konvention über die Rechte von Menschen mit Behinderungen und ihre Herausforderungen an die Hamburger Bildungspolitik. Vortrag am Hamburger Landesinstitut für Lehrerbildung und Schulentwicklung am 12.12.2011. Online verfügbar unter http://www.hamburg.de/contentblob/3215072/data/vor¬trag-ellger-ruettgartdt-dl.pdf, zuletzt geprüft am 14.07.2015.

Ellger-Rüttgardt, Sieglind Luise (2012a): Das Bildungssystem sonderpädagogischer Förderung. In: Enzyklopädie Erziehungswissenschaft Online (EEO), Fachgebiet Behinderten- und Integrationspädagogik, hrsg. von Vera Moser. Weinheim und Basel DOI 10.3262/EEO11100051

Ellger-Rüttgardt, Sieglind Luise (2012b): Vom Sinn der Geschichte. Methodologische Zugänge Sonderpädagogischer Historiografie. In: Zeitschrift für Heilpädagogik, 63. Jg., S. 106–112

Ellger-Rüttgardt, Sieglind Luise (2013a): Revolution durch Reform. Hamburgs Weg zu einer inklusiven Schule. Vortrag auf dem Kongress des Verbandes Sonderpädagogik e. V. am 26.04.2013 in Weimar.

Ellger-Rüttgardt, Sieglind Luise (2013b): Die UN-Konvention über die Rechte von Menschen mit Behinderung und ihre Herausforderungen an die Bildungspolitik. In: Ministère du l'Education nationale (EDIFF) Integration-Inklusion. Luxemburg, S. 5–21

Ellger-Rüttgardt, Sieglind Luise (2014): Historische Aspekte der rechtlichen Ordnung einer Pädagogik für behinderte Schüler und Schülerinnen. Zur Geschichte des Rechts der Sonderschule. In: Recht der Jugend und des Bildungswesens (RdJB), 61. Jg., S. 445–468

Ellger-Rüttgardt Sieglind/Wachtel, Grit (2002): Quality Indicators for Education of Children with Special Educational Needs. A Review of the German Literature. In: Hollenweger, J.; Haskell, S. (Hrsg.): Quality Indicators in Special Needs Education. An International Perspective. Luzern: Edition SZH, S. 45–66

Europarat. Ministerkomitee (2006)[5]: Empfehlung Rec des Ministerkomitees an die Mitgliedstaaten zum Aktionsplan des Europarats zur Förderung der Rechte und vollen Teilhabe behinderter Menschen an der Gesellschaft: Verbesserung der Lebensqualität behinderter Menschen in Europa 2006–2015

European Agency for development in Special Needs Education (2011): Participation in inclusive education – a framework for developing indicators. Odense

Fasching, Helga (2012): Berufliche Teilhabe junger Frauen und Männer mit intellektueller Beeinträchtigung am allgemeinen Arbeitsmarkt. In: Zeitschrift für Heilpädagogik, 63. Jg., S. 48–53

Felder, Franziska (2013): Inklusion und Gerechtigkeit. In: Dederich, Markus/Greving, Heinrich/Mürner, Christian/Rödler, Peter (Hrsg.): Behinde-

rung und Gerechtigkeit. Heilpädagogik als Kulturpolitik. Gießen: edition psychosozial, S. 95–111
Fend, Helmut (2006): Neue Theorie der Schule. Einführung in das Verstehen von Bildungssystemen. Wiesbaden: VS Verlag für Sozialwissenschaften
Fend, Helmut (2008): Schule gestalten. Systemsteuerung, Schulentwicklung und Unterrichtsqualität. Wiesbaden: VS Verlag für Sozialwissenschaften
Fischer, Erhard (2011): Bildungsstandards für Kinder und Jugendliche mit schwerster Behinderung?! In: Vierteljahresschrift für Heilpädagogik und ihre Nachbargebiete (VHN), 80. Jg., S. 284–296
Fischer, Ute/Hahn, Martin Th./Klingmüller, Bernhard/Seifert, Monika (Hrsg.) (1996): Urbanes Wohnen für Erwachsene mit schwerer geistiger Behinderung. Herausforderung – Realität – Perspektiven. Reutlingen: Diakonie-Verlag
Fornefeld, Barbara (2008): Menschen mit Komplexer Behinderung. Selbstverständnis und Aufgaben der Behindertenpädagogik. München: Reinhardt
Fornefeld, Barbara (2010): Ausschluss von Menschen mit Komplexer Behinderung – Inklusion oder einfach nur mehr Gerechtigkeit?! In: Behindertenpädagogik. Vierteljahresschrift für Behindertenpädagogik in Praxis, Forschung und Lehre und Integration Behinderter, 49. Jg., S. 400–416
Freytag, Tatjana/Borchard, Michael (2013): Gerechtigkeit. In APuZ (Aus Politik und Zeitgeschichte), 63. Jg., S. 31–38
Friedrichs, Julia/Müller, Eva/Baumholt, Boris (2009): Deutschland Dritter Klasse: Leben in der Unterschicht. Hamburg: Hoffmann und Campe
Fröhlich, Andreas (2014): Inklusion für Menschen mit schwerer Behinderung. In: Zeitschrift für Heilpädagogik, 65. Jg., S. 379–384
Fuchs, Eckardt/Schriewer, Jürgen (2007): Internationale Organisationen als Global Players in Bildungspolitik und Pädagogik. In: Zeitschrift für Pädagogik, 53. Jg., S. 145–148
Fürst Donnersmark-Stiftung/Deutsche Vereinigung für Rehabilitation e. V. (Hrsg.): (2004): Agenda 22. Umsetzung der UN-Standardregeln auf kommunaler und regionaler Ebene. Behindertenpolitische Planungsrichtlinien. Berlin
Füller, Christian (2015): Im Zweifel sind die Lehrer schuld. In: Frankfurter Allgemeine Sonntagszeitung (FAS) vom 25.1.2015
Gehrecke, Siegfried (1971): Hilfsschule heute- Krise oder Kapitulation? Berlin: Marhold
Gardou, Charles (2014): Quels fondements et enjeux du mouvement inclusif? In: La nouvelle revue de l'adaption et de la scolarisation, Nr. 65, S. 11–20
Georgens, Jan Daniel/Deinhardt, Heinrich Marianus (1861): »Die Heilpädagogik mit besonderer Berücksichtigung der Idiotie und der Idiotenanstalten«. Erster Band. Leipzig: Frierich Fleischer

Gerhard, Ute/Ackermann, Ulrike/Altenbockum, Jasper von (2013): Gleichheit und Freiheit. In: APuZ (Aus Politik und Zeitgeschichte), 63. Jg., S. 20–30

Giesecke, Hermann (1977): Aufklärung und Subjektivität (Zur Kritik der gegenwärtigen Reformpädagogik). In: Giesecke, Hermann (Hrsg.): Ist die bürgerliche Erziehung am Ende? München:List, S. 163–175

Graumann, Olga (2002): Gemeinsamer Unterricht in heterogenen Gruppen. Von lernbehindert bis hochbegabt. Bad Heilbrunn: Klinkhardt

Gugel, Judith/Blochius, Petra/Hintermair, Manfred: Erfahrungen einzelintegriert beschulter hörgeschädigter Kinder aus Begegnungen mit anderen hörgeschädigten Kindern. In: Zeitschrift für Heilpädagogik, 63. Jg., S. 381–388

Haeberlin, Urs (1996): Heilpädagogik als wertgeleitete Wissenschaft. Ein propädeutisches Einführungsbuch in Grundfragen einer Pädagogik für Benachteiligte und Ausgegrenzte. Bern/Stuttgart/Wien: Paul Haupt

Hattie, John (2014): Lernen sichtbar machen. Überarbeitete deutschsprachige Ausgabe von »Visible Learning«, besorgt v. W.Beywl u. K.Zierer. Baltmannsweiler: Schneider

Häußermann, Hartmut/Siebel, Walter (2004): Stadtsoziologie. Eine Einführung. Frankfurt a. M.: Campus

Hausotter, Anette (2008): Integration und Inklusion in Europa. In: Eberwein, Hans/Mand, Johannes (Hrsg.): Integration konkret. Begründung, didaktische Konzepte, inklusive Praxis. Bad Heilbrunn: Klinkhardt, S. 75– 91

Heimlich, Ulrich (2008): Die »Schule der Armut« – Armut und soziale Benachteiligung als Herausforderung für die Lernbehindertenpädagogik. In: Vierteljahresschrift für Heilpädagogik und ihre Nachbargebiete (VHN), 77. Jg., S. 11–22

Heimlich, Ulrich (2009): Lernschwierigkeiten. Sonderpädagogische Förderung im Schwerpunkt Lernen. Bad Heilbrunn: Klinkhardt UTB

Heimlich, Ulrich (2011): Inklusion und Sonderpädagogik – Die Bedeutung der Behindertenrechtskonvention (BRK) für die Modernisierung sonderpädagogischer Förderung. In: Zeitschrift für Heilpädagogik, 62. Jg., S. 44–54

Heimlich, Ulrich (2014): Schulische Organisationsformen sonderpädagogischer Förderung auf dem Weg zur Inklusion. In: Ulrich Heimlich/Joachim Kahlert (Hrsg.): Inklusion in Schule und Unterricht. Wege zur Bildung für alle. Stuttgart: Kohlhammer, S. 80–116

Herrlitz, Hans-Georg (2000): Das Ausland als Argument in der pädagogischen Reformdiskussion 1945-1995. In: Götte, Petra/Gippert, Wolfgang (Hrsg.): Historische Pädagogik am Beginn des 21.Jahrhunderts. Bilanzen und Perspektiven. Essen: Klartext, S. 65–79

Herz, Birgit (2014): Pädagogik bei Verhaltensstörungen: An den Rand gedrängt? In: Zeitschrift für Heilpädagogik, 65. Jg., S. 4–14

Heyer, Peter/Korfmacher, Edelgard/Podlesch, Wolfgang/Preuss-Lausitz, Ulf/ Sebold, Lydia (Hrsg.) (1994): Zehn Jahre wohnortnahe Integration Behinderter und nichtbehinderter Kinder gemeinsam an ihrer Grundschule. Beiträge zur Reform der Grundschule. Band 88/89. Frankfurt am Main: Arbeitskreis Grundschule (Beltz)

Heyer, Peter/Preuss-Lausitz, Ulf/Zielke, Gitta (1990): Wohnortnahe Integration. Gemeinsame Erziehung behinderter und nichtbehinderter Kinder in der Uckermark-Grundschule in Berlin. Weinheim und München: Juventa

Heyer, Peter/Sack, Lothar/Preuss-Lausitz, Ulf (Hrsg.) (2003): Länger gemeinsam lernen. Beiträge zur Reform der Grundschule. Band 115 Frankfurt am Main: Arbeitskreis Grundschule (Beltz)

Hillenbrand, Clemens (2014): Inklusive Bildung: Programmatik – Empirie – Umsetzung. In: Zeitschrift für Individualpsychologie, 39. Jg., S. 281–297

Hiller, Gotthilf Gerhard (1989): Ausbruch aus dem Bildungskeller. Pädagogische Provokationen. Langenau-Ulm: Armin Vaas

Hiller, Gotthilf Gerhard (2002): Ein Bildungskonzept für Jugendliche in schwierigen Lebenslagen. In: Die neue Sonderschule, 47.Jg., S. 327–332

Hinz, Andreas/Katzenbach Dieter/Rauer, Wulf/Schuck, Karl Dieter/Wocken, Hans/Wudtke, Hubert (1998a): Die integrative Grundschule im sozialen Brennpunkt. Ergebnisse eines Hamburger Schulversuches. Hamburg : Feldhaus

Hinz, Andreas/Katzenbach Dieter/Rauer, Wulf/Schuck, Karl Dieter/Wocken, Hans/Wudtke, Hubert (1998b): Die Entwicklung der der Kinder in der Integrativen Grundschule. Hamburg: Feldhaus

Hollenweger, Judith (2003): Behindert, arm und ausgeschlossen. Bilder und Denkfiguren im internationalen Diskurs zur Lage behinderter Menschen. In: Cloerkes, Günther (Hrsg.): Wie man behindert wird. Texte zur Konstruktion einer sozialen Rolle und zur Lebenssituation betroffener Menschen. Heidelberg: »Edition S«, S. 141–164

Huber, Christian (2009): Gemeinsam einsam? Empirische Befunde und praxisrelevante Ableitungen zur sozialen Integration von Schulen mit Sonderpädagogischem Förderbedarf im Gemeinsamen Unterricht. In: Zeitschrift für Heilpädagogik, 60. Jg., S. 242–248

Huber, Christian: Inklusion wirkt?! Ein Forschungsüberblick über Wirkungen und Wirksames. Vortrag v. 17.3.2014 in Hamburg. http://li.hamburg.de/contentblob/3920708/data/download-pdf-vortrag-prof-huber-17-03-2014.pdf

Institut der deutschen Wirtschaft Köln (Hrsg.) (2010): Kosten und Nutzen der beruflichen Rehabilitation junger Menschen mit Behinderungen oder funktionalen Beeinträchtigungen – eine gesamtwirtschaftliche Analyse. Köln

Janzten, Wolfgang (2010): Integration und Exklusion. In: Kaiser, Astrid/ Schmetz, Ditmar/Wachtel, Peter/Werner, Birgit (Hrsg): Bildung und Er-

11 Literatur

ziehung. (Behinderung, Bildung, Partizipation. Enzyklopädisches Handbuch der Behindertenpädagogik, Band 3). Stuttgart: Kohlhammer, S. 96–104

Kahlert, Joachim/Heimlich, Ulrich (2014): Inklusionsdidaktische Netze – Konturen eines Unterrichts für alle (dargestellt am Beispiel des Sachunterrichts). In: Ulrich Heimlich/Joachim Kahlert (Hrsg.): Inklusion in Schule und Unterricht. Wege zur Bildung für alle. Stuttgart: Kohlhammer, S. 153–190

Kanter, Gustav O. (1974): Lernbehinderungen, Lernbehinderte, deren Erziehung und Rehabilitation. In: Deutscher Bildungsrat, Gutachten und Studien der Bildungskommission 34, Sonderpädagogik 3. Stuttgart: Klett, S. 117–234

Kanter, Gustav O. (1999): Zur Lebenssituation behinderter Kinder und Jugendlicher in den zurückliegenden 50 Jahren – sonderpädagogisches Engagement. In: Zeitschrift für Heilpädagogik, 50. Jg., S. 370–376

Kanter, Gustav O. (2003): Profession als eine Voraussetzung effizienter Kooperation. In: Gehrmann, Petra/Hüwe, Birgit (Hrsg.): Kinder und Jugendliche in erschwerten Lernsituationen. Stuttgart, S. 136–144

Katzenbach, Dieter/Hinz, Andreas (Hrsg.) (1999): Wegmarken und Stolpersteine in der Entwicklung der Integrativen Grundschule. Hamburg: Feldhaus

Katzenbach Dieter/Rauer, Wulf/Schuck, Karl Dieter/Wudtke, Hubert (1999): Die Integrative Grundschule im sozialen Brennpunkt. Ergebnisse empirischer Längsschnittuntersuchungen des Hamburger Schulversuches. In: Zeitschrift für Pädagogik, 45. Jg., S. 567–590

Katzenbach, Dieter/Schnell, Irmtraud (2012): Strukturelle Voraussetzungen inklusiver Bildung. In: Moser, Vera (Hrsg.): Die inklusive Schule. Standards für die Umsetzung. Stuttgart: Kohlhammer. S. 21–39

Katzenbach, Dieter/Schroeder, Joachim (2007): »Ohne Angst verschieden sein können.« Über Inklusion und ihre Machbarkeit. In: Zeitschrift für Heilpädagogik, 58. Jg., S. 202–213

Kehl, Ulla (1987): Bildungspolitische Diskussionen und Entscheidungen im Hamburger Sonderschulwesen 1970 –1983. Ein Beitrag zur jüngeren Schulgeschichte. In: Wocken, Hans/Antor, Georg (Hrsg.): Integrationsklassen in Hamburg. Solms- Oberbiel, S. 27–62

Kemena, Petra/Miller, Susanne (2011): Die Sicht von Grundschullehrkräften und Sonderpädagogen auf Heterogenität – Ergebnisse einer quantitativen Erhebung. In: Lütje-Klose, Birgit/Langer, Marie-Therese/Serke, Björn/Urban, Melanie (Hrsg.): Inklusion in Bildungsinstitutionen. Eine Herausforderung an die Heil- und Sonderpädagogik. Bad Heilbrunn, S. 124–134.

Klein, Gerhard (1971): Kritische Analyse gegenwärtiger Konzeptionen der Sonderschule für Lernbehinderte. In: Sonderpädagogik, 1.Jg. , S. 1–13

Klein, Gerhard (2001): Sozialer Hintergrund und Schullaufbahn von lernbehinderten Förderschülern 1969 und 1997. In: Zeitschrift für Heilpädagogik, 52.Jg., S. 51–61

Klein, Gerhard (2007): Armut, soziale Benachteiligung, Vernachlässigung. In: Vierteljahresschrift für Heilpädagogik und ihre Nachbargebiete (VHN), 76. Jg., S. 156–158

Kultusministerkonferenz (KMK)/Hochschulrektorenkonferenz (HRK) (2015): Lehrerbildung für eine Schule der Vielfalt. Gemeinsame Empfehlung von Hochschulrektorenkonferenz und Kultusministerkonferenz. Bonn

Köbberling, Almut (1998): Gemeinsamkeit und Vielfalt in der Sekundarstufe: Wege in verschiedene Lebenswelten teilen. In: Hildeschmidt, Anne/ Schnell, Irmtraud (Hrsg.): Integrationspädagogik. Auf dem Weg zu einer Schule für alle. Weinheim und München :Juventa, S. 257–276

Kristeva,Julia/Gardou, Charles (2006): Le temps des engagements. Paris: PUF

Kriwet, Ingeborg (1996): Die Grenzen der Integrationsbewegung in Schweden: In: Zeitschrift für Heilpädagogik, 47. Jg., S. 318–329

Kronauer, Martin: »Exklusion« als Kategorie einer kritischen Gesellschaftsanalyse. Vorschläge für eine anstehende Debatte. In: Bude, Heinz/Willisch, Andreas (Hrsg.) (2006): Das Problem der Exklusion. Hamburg: Hamburger Edition, S. 27–45

Kugel, Robert B./Wolfensberger, Wolf (Hrsg.) (1974): Geistig Behinderte – Eingliederung oder Bewahrung? Heutige Vorstellung über die Betreuung geistig behinderter Menschen. Übersetzung und Bearbeitung der englischsprachigen Ausgabe (1969) von Wilfried Borck. Stuttgart: Georg Thieme

Kultusministerkonferenz (KMK) (2011): Inklusive Bildung von Kindern und Jugendlichen mit Behinderungen in Schulen. Bonn

Langner, Anke (2009): Eine Gewaltspirale statt eines pädagogischen Konzeptes in der Sonderschule. In: Sonderpädagogische Förderung heute, 54. Jg., S. 410–429

Langstroff, Maria (2012): Mundtot!? Wie ich lernte, meine Stimme zu erheben – eine sterbenskranke junge Frau erzählt. Berlin: Schwarzkopf & Schwarzkopf

Lehberger, Reiner (1988): Einflüsse der Reformpädagogik auf das Regelschulwesen. In: de Lorent, Hans- Peter/Ullrich, Volker (Hrsg.): »Der Traum von der freien Schule.« Schule und Schulpolitik in der Weimarer Republik. Hamburg: Ergebnisse Verlag, S. 118–134

Lelgemann, Reinhard/Singer, Philipp/Lübbeke, Jelena/Walter-Klose, Christian (2012): Qualitätsbedingungen schulischer Inklusion für Kinder und Jugendliche mit dem Förderschwerpunkt Körperliche und Motorische Entwicklung. In: Zeitschrift für Heilpädagogik, 63.Jg., S. 465–473

Lemke, Dietrich (2005): Schulpolitik in Hamburg von 1945–2004 oder: Die verpasste Reform. Hamburg: Feldhaus

Le Monde vom 04.02.2014: Education: pourquoi le modèle *français* est en panne.

Lenhart, Volker (2007) : Die Globalisierung aus Sicht der Vergleichenden Erziehungswissenschaft. In: Zeitschrift für Pädagogik, 53. Jg., S. 810–824

Lessenich, Stephan (2009): Krise des Sozialen? In: APuZ (Aus Politik und Zeitgeschichte), 52, S. 28–34

Liberti, Fabio (2012): Le Conseil de l'Europe, outil négligé. In: Le Monde diplomatique. Supplément démocratie.

Limbach-Reich, Arthur (2009): Inklusion und Exklusion im Schulsystem Luxemburgs. In: Bürli, Alois u. a. (Hrsg.): Integration/Inklusion aus internationaler Sicht. Bad Heilbrunn: Klinkhardt, S. 86–94

Limbach-Reich, Arthur (2013): Sonderpädagogik im Angesicht der UN-Behindertenrechtskonvention: Erfahrungen und Empfehlungen aus dem Luxemburger Kontext. In: Ministère de l'Education nationale (EDIFF) : Integration – Inklusion. Luxemburg, S. 193–222

Lindmeier, Christian (2000): Heilpädagogische Professionalität. In: Sonderpädagogik. 31. Jg., S. 166–180

Lindmeier, Christian (2011): Inklusion und Bildungsgerechtigkeit. In: Lütje-Klose, Birgit/Langer, Marie- Therese/Serke, Björn/Urban, Melanie (Hrsg.): Inklusion in Bildungsinstitutionen. Bad Heilbrunn: Klinkhardt

Lüth, Christoph (2000): Entwicklung, Stand und Perspektive der internationalen Historischen Pädagogik am Beginn des 21. Jahrhunderts – am Beispiel der International Standing Conference for the History of Education (ISCHE). In: Götte, Petra/Gippert, Wolfgang (Hrsg.): Historische Pädagogik am Beginn des 21. Jahrhunderts. Bilanzen und Perspektiven. Essen: Klartext, S. 81–107

Magne, Olof (1991): Schulische Integration in Schweden. Ziele, Voraussetzungen und Ergebnisse. In Zeitschrift für Heilpädagogik, 42. Jg., S. 700–703

Maikowski, Rainer: Integration in der Sekundarstufe I – Zielsetzung und Erfahrungen. In: Eberwein, Hans (Hrsg.): Behinderte und Nichtbehinderte lernen gemeinsam. Handbuch der Integrationspädagogik Weinheim und Basel 1988, S. 154–159

Markowetz, Reinhard/Schwab, Jürgen E. (2012): Die Zusammenarbeit von Jugendhilfe und Schule, Inklusion und Chancengerechtigkeit zwischen Anspruch und Wirklichkeit. Bad Heilbrunn: Klinkhardt

Melzer, Conny/Hillenbrand, Clemens (2013): Aufgaben sonderpädagogischer Lehrkräfte für die inklusive Bildung: empirische Befunde internationaler Studien. In: Zeitschrift für Heilpädagogik, 64. Jg., S. 194–202.

Merzbacher Daniela (2000): Die schwedische Grundschule im Spannungsfeld zwischen wirtschaftlichen und pädagogischen Interessen. In: Die neue Sonderschule, 45, Heft 6, S. 445–455

Ministère de l'Education nationale et de la Formation professionnelle (2009): Statistiques globales et analyse des résultats scolaires. Année scolaire 2007/2008.Lxemburg

Ministère de l'Education nationale et de la Formation professionelle, Service de l'Education différenciée (EDIFF) (2013): Integration-Inklusion. Festschrift zum 40 jährigen Bestehen der Education différenciée. Luxemburg

Ministère de l'Education nationale (2015a): Enseigement fondamental: Cycles 1 à 4, Education différenciée. Année scolaire 2013/2014. Luxemburg

Ministère de l'Education nationale (2015b): Bildungsbericht Luxemburg 2015 – Band 2: Analysen und Befunde. Luxemburg

Mitteilung des Senats an die Bürgerschaft (2009): Entwurf eines Gesetzes zur Änderung des Hamburgischen Schulgesetzes. Drucksache 19/3195 v. 2.6.2009

Mitteilung des Senats an die Bürgerschaft (2012): Inklusive Bildung an Hamburgs Schulen. Drucksache 20/3641 vom 27.03.2012

Möckel, Andreas (2007): Geschichte der Heilpädagogik oder Macht und Ohnmacht der Erziehung. Stuttgart: Klett-Cotta

Möller, Jens (2013): Effekte inklusiver Beschulung aus empirischer Sicht. In: Jürgen Baumert, Volker Masuhr, Jens Möller, Thomas Riecke-Baulecke, Heinz-Elmar Tenorth, Rolf Werning: Inklusion. Forschungsergebnisse und Perspektiven. Schulmanagement-Handbuch Bd. 146, 32. Jg. S. 15–37

Möller, Kurt (2013): Kohäsion? Integration? Inklusion? In: APuZ (Aus Politik und Zeitgeschichte), 63. Jg., 13-14, S. 44–51

Montaigne, Michel de (1580): Über die Kinderzucht. In: Essais. Deutsche Ausgabe. Frankfurt a. M. und Leipzig: Inselverlag (2001)

Moser, Vera (Hrsg.) (2012): Die inklusive Schule. Standards für die Umsetzung. Stuttgart: Kohlhammer

Moser, Vera/Lütje-Klose, Birgit/Seitz, Simone/Werning, Rolf (2012): Ein inklusives Bildungssystem – Konsequenzen für seine Umsetzung. In: Sonderpädagogische Förderung heute, 57. Jg., 402–408

Müller, Klaus E. (1996): Der Krüppel. Ethnologia passionis humanae. München: C. H. Beck

Mürner, Christian/Sierck, Udo (2009): Krüppelzeitung. Brisanz der Behindertenbewegung. Neu Ulm: AG SPAK Bücher

Muth, Jakob (1973): Möglichkeiten und Grenzen schulischer Integration behinderter Kinder. In: Zeitschrift für Heilpädagogik, 24. Jg., S. 262–272

Neubert, Dieter/Cloerkes, Günther (1994): Behinderung und Behinderte in verschiedenen Kulturen: Eine vergleichende Analyse ethnologischer Studien. Heidelberg: Edition Schindele

Nussbaum, Martha C. (2010): Die Grenzen der Gerechtigkeit. Behinderung, Nationalität und Speziszugehörigkeit. Berlin: Suhrkamp

11 Literatur

OECD (2015): In it together: Why less inequality benefits all. Paris. http://www.oecd-ilibrary.org/employment/in-it-together-why-less-inequality-benefits-all_9789264235120-en, letzter Aufruf: 07.06.2015

Oelkers, Jürgen (2010): Demokratie, Globalisierung und Bildung – Ein historischer Blick. In: Aufenanger, Stefan (Hrsg.): Bildung in der Demokratie. Beiträge zum 22. Kongress der Deutschen Gesellschaft für Erziehungswissenschaft. Opladen u. Farmington Hills: Barbara Budrich, S. 101–123

Oelkers, Jürgen (2012): Inklusion als Aufgabe der öffentlichen Schule. In: Simone Seitz u. a. (Hrsg): Inklusiv gleich gerecht? Inklusion und Bildungsgerechtigkeit. Bad Heilbrunn: Klinkhardt, S. 32–45

Opp, Günther/Fingerle, Michael/Freytag, Andreas (1999): Was Kinder stärkt. Erziehung zwischen Risiko und Resilienz. München: Reinhardt

Oser, Fritz/Blömeke, Sigrid (2012): Überzeugungen von Lehrpersonen. Einführung in den Thementeil. In: Zeitschrift für Pädagogik, 58. Jg., S. 415–421

Oxfam (2015) (Hrsg.): Besser gleich. Die wachsende Lücke zwischen Arm und Reich – ein Kernproblem des 21. Jahrhunderts. o.O.

Pape, Peter (1998): Regionale Unterstützungszentren in Hamburg. Zusammenspiel von Schulpsychologie, Sonder- und Sozialpädagogik und Jugendhilfe. In: Hildeschmidt, Anne/Schnell, Irmtraud (Hrsg.): Integrationspädagogik. Auf dem Weg zu einer Schule für alle. Weinheim und München: Juventa, S. 331–343

Pennac, Daniel (2007): Chagrin d'école. Paris: Gallimard

Piper, Hermann: Zur Frage der Hilfsschulen (1892). Abgedruckt in Ellger-Rüttgardt, Sieglind Luise (Hrsg.): Lernbehindertenpädagogik. Studientexte zur Geschichte der Behindertenpädagogik. Band 5. Weinheim/Basel/Berlin 2003, S. 134–138

Plaisance, Eric (2009): Autrement Capables. Ecole, emploi, société: pour l'inclusion des personnes handicapées. Paris: Editions Autrement

Pozzo di Borgo/Vanier, Jean/de Cherisey, Laurent (2012): Ziemlich verletzlich, ziemlich stark. Wege zu einer solidarischen Gesellschaft. München: Carl Hanser

Popper, Karl R. (1984): Ausgangspunkte. Meine intellektuelle Entwicklung. Hamburg: Hoffmann und Campe

Poscher, Ralf/Rux, Johannes/Langer, Thomas (2008): Von der Integration zur Inklusion. Das Recht auf Bildung aus der Behindertenrechtskonvention der Vereinten Nationen und seine innerstaatliche Umsetzung. Baden-Baden: Nomos

Prengel, Annedore (2012): Kann Inklusive Pädagogik die Sehnsucht nach Gerechtigkeit erfüllen? – Paradoxien eines demokratischen Bildungskonzepts. In: Simone Seitz/Nina-Kathrin Finnern/Natascha Korff/Katja Scheidt (Hrsg.): Inklusiv gleich gerecht? Inklusion und Bildungsgerechtigkeit, Bad Heilbrunn: Klinkhardt, S. 16–31

Pressestelle des Senats der Freien und Hansestadt Hamburg (2011): »Wir wollen ausgegrenzten Kindern neue Chancen eröffnen«. Schulsenator Rabe stellt Eckpunkte für ein inklusives Bildungskonzept vor. 23.11. 2011/BSB 23

Ramseger, Jörg (2014): Das Dilemma von Differenzierung und Integration. Oder: Über die Schwierigkeiten von unerwünschten Schulreformen. In: Grundschule aktuell. Spezial vom Mai 2014, S. 6–17

Rat der Evangelischen Kirche in Deutschland (EKD) (2014): Es ist normal, verschieden zu sein. Inklusion leben in Kirche und Gesellschaft. Gütersloh

Rauh, Bernhard (2011): Handlungskonzepte zur Gestaltung tragfähiger Beziehungen. In: Sonderpädagogische Förderung heute, 56. Jg., S. 168–183

Ravaud, Jean-François; Stiker, Henri-Jacques (2000): Inclusion/Exclusion: An Analysis of Historical and Cultural Meanings. In: Albrecht, G. L./Sellmann, K. D./Bury, M. (Ed.): Handbook of Disability Studies. California: Thousand Oaks, S. 490–512

Reh, Sabine (2005): Warum fällt es Lehrerinnen und Lehrern so schwer, mit Heterogenität umzugehen? Historische und empirische Deutungen. In: Die Deutsche Schule , 97.Jg., S. 76–86.

Reiser, Helmut (1998): Sonderpädagogik als Service – Leistung? Perspektiven der sonderpädagogischen Berufsrolle. In: Zeitschrift für Heilpädagogik, 49.Jg., S. 46–54

Riedel, Eibe (2010): Gutachten zur Wirkung der internationalen Konvention über die Rechte von Menschen mit Behinderung und ihres Fakultativprotokolls auf das deutsche Schulsystem. Hrsg. von »Gemeinsam Leben, gemeinsam Lernen« NRW. Dortmund

Ringarp, Johanna/Rothland, Martin (2008): Sündenfälle im Bildungsparadies? Äußere und innere Ansichten des schwedischen Schulwesens zwischen Verklärung und Ernüchterung. In: Zeitschrift für Pädagogik, 54. Jg., S. 498–515

Rödler, Klaus (1987): Vergessene Alternativschulen. Geschichte und Praxis der Hamburger Gemeinschaftsschulen 1919–1933. Weinheim und München: Juventa

Roiné, Christophe (2014): L' élève en difficulté: retours sur une psychologisation du social. In: La nouvelle revue de l'adaption et de la scolarisation. Nr. 66, S. 13–30

Rolff, Hans-Günter (2007): Studien zu einer Theorie der Schulentwicklung. Beltz: Weinheim

Rosenquist, Jerry (1993): Country Briefing. Special Education in Sweden. In: European Journal of Special Needs Education, Vol. 8, S. 59–74

Rudzsics, Ilona (2014): Auswärtsunterbringung – eine unbeachtete Form der Exklusion. In: Behindertenpädagogik, 53.Jg., S. 273–283

Rühle, Otto (1922): Das proletarische Kind. Eine Monographie. München: Albert Langen

11 Literatur

Sachße, Christoph/Tennstedt, Florian (1992): Der Wohlfahrtsstaat im Nationalsozialismus. Geschichte der Armenfürsorge in Deutschland. Bd. 3. Stuttgart: Kohlhammer

Sansal Boualem (2008): /Le Village de l'Allemand ou le Journal des frères Schiller. (Das Dorf des Deutschen. Das Tagebuch der Brüder Schiller.) Paris: Gallimard

Schill, Anne (2013) : Die Umsetzung der UN-Behindertenrechtskonvention (UN-BRK) in Luxemburg mit besonderer Berücksichtigung des Bildungsbereiches. Universität Wien

Schimank, Uwe (2013): Umkämpfte Inklusion – eine soziologische Perspektive auf Behinderte im Bildungssystem. In: Ministère de l'Education nationale et de la Formation professionnelle (Hrsg.): Integration – Inklusion. Luxemburg, S. 167–180

Schley, Wilfried/Boban, Ines/Hinz, Andreas (Hrsg.) (1989): Integrationsklassen in Hamburger Gesamtschulen. Hamburg: Curio Verlag

Schmetz, Ditmar (2000): Förderschwerpunkt Lernen. In: Drave, Wolfgang/ Rumpler, Franz/Wachtel, Peter (Hrsg.): Empfehlungen zur sonderpädagogischen Förderung. Allgemeine Grundlagen und Förderschwerpunkte (KMK). Würzburg: edition bentheim, S. 323–342

Schneider, Frank/Lutz, Petra (2014): Erfasst, verfolgt, vernichtet. Kranke und behinderte Menschen im Nationalsozialismus. Registered, persecuted, annihilated. The Sick and the Disabled under National Socialism. Berlin: Springer

Schriewer, Jürgen (2007): Weltkultur und kulturelle Bedeutungswelten. Zur Globalisierung von Bildungsdiskursen. Frankfurt a. M.: Campus

Schröder, Ulrich (2005): Lernbehindertenpädagogik. Grundlagen und Perspektiven sonderpädagogischer Lernhilfe. Stuttgart: Kohlhammer

Schroeder, Joachim (2002): Bildung im geteilten Raum. Schulentwicklung unter Bedingungen von Einwanderung und Verarmung. Münster: Waxmann

Schroer, M. (2001): Die im Dunkeln sieht man doch. Inklusion, Exklusion und die Entdeckung der Überflüssigen. In: Mittelweg 36, 10. Jg. , S. 33–46

Schuck, Karl Dieter (Hrsg.) (1990): Beiträge zur Integrativen Pädagogik. Weiterentwicklungen des Konzepts gemeinsamen Lehrens und Lernens Behinderter und Nichtbehinderter. Hamburg: Feldhaus

Schuck, Karl Dieter/Rauer, Wulf (2014): Abschlussbericht über die Analysen zum Anstieg der Zahl der Schülerinnen und Schüler mit einem sonderpädagogischen Förderbedarf in den Bereichen Lernen, Sprache und emotional-soziale Entwicklung (LSE) in den Schuljahren 2011/12 bis 2013/14 in Hamburg. Hamburg (Behörde für Schule und Berufsbildung). Online verfügbar unter http://www.hamburg.de/contentblob/¬4364854/data/else.pdf, zuletzt geprüft am 14.07.2015

Schultz, Tanjev (2012): Schule ohne Angst. Wie eine Pädagogik mit Herz Wirklichkeit werden kann. Freiburg/Basel/Wien: Herder

Schwohl, Joachim/Sturm, Tanja (Hrsg.) (2010): Inklusion als Herausforderung schulischer Entwicklung. Widersprüche und Perspektiven eines erziehungswissenschaftlichen Diskurses. Bielefeld: transcript

Seifert, Monika (2006): Inklusion ist mehr als Wohnen in der Gemeinde. In: Dederich, Markus/Greving, Heinrich/Mürner, Christian/Rödler, Peter (Hrsg.): Inklusion statt Integration? Heilpädagogik als Kulturtechnik. Gießen: Psychosozial-Verlag, S. 98–113

Seifert, Monika (2010): Chancen für Menschen mit komplexen Bedarfslagen. In: Behindertenpädagogik, 49.Jg., S. 384–399

Seitz, Simone (2008): Leitlinien didaktischen Handelns. In: Zeitschrift für Heilpädagogik, 59. Jg., S. 226–233

Sekretariat der Ständigen Konferenz der Kultusminister der Länder in der Bundesrepublik Deutschland (Hrsg.) (2014): Sonderpädagogische Förderung in Schulen 2003 bis 2012. Statistische Veröffentlichungen der Kultusministerkonferenz. Dokumentation Nr. 202 – Februar 2014

Senatsverwaltung für Bildung, Jugend und Wissenschaft (Hrsg.) (2013): Inklusive Schule in Berlin. Empfehlungen des Beirats. Berlin

Shakespeare, Tom (2006): Disability Rights and Wrongs. London und New York: Routledge

Siebel, Walter (2013): Es gibt keine Ghettos! Wie lassen sich Migranten am besten integrieren? Nicht durch naive Toleranzappelle, sondern durch Segregation. In: Die Zeit, Nr. 18 v. 25.4.2013

Siebers, Tobin (2009): Zerbrochene Schönheit. Essay über Kunst, Ästhetik und Behinderung. Bielefeld: Transcript

Skolverket (2013): Skolor och elever i grundskolan läsår 2012/13. Online verfügbar unter: www.skolverket.se/polopoly_fs/1.207944!/Menu/article/attachment/Grund_Elever_Riks_Tab9ABC_2012_13webb.xlsx letzter Aufruf: 07.08.2015

Solga, Heike (2005): Ohne Abschluss in die Bildungsgesellschaft. Die Erwerbschancen gering qualifizierter Personen aus soziologischer und ökonomischer Perspektive. Opladen: Barbara Budrich

Solga, Heike (2006): Ausbildungslose und die Radikalisierung ihrer sozialen Ausgrenzung. In: Bude, Heinz/Willisch, Andreas (Hrsg.): Das Problem der Exklusion. Ausgegrenzte, Entbehrliche, Überflüssige. Hamburg: Hamburger Edition, S. 121–146

Speck, Otto (1999): Die Ökonomisierung sozialer Qualität. Zur Qualitätsdiskussion in Behindertenhilfe und Sozialer Arbeit. München: Reinhardt

Speck, Otto (2010): Schulische Inklusion aus heilpädagogischer Sicht. Rhetorik und Realität. München und Basel: Reinhardt

Stoellger, Norbert (1983): Behinderte und nichtbehinderte Kinder in gemeinsamen Klassen der Fläming-Grundschule in Berlin. In: Deppe-Wolfinger, Helga (Hrsg.): Behindert und abgeschoben. Zum Verhältnis von Behinderung und Gesellschaft. Weinheim und Basel: Beltz , S. 170–194

Stoellger, Norbert (1990): Konzepte der Integration Behinderter in der Sekundarstufe I. Berliner Erfahrungen mit der Gesamtschule. In: Ellger-Rüttgardt, Sieglind (Hrsg.): Bildungs- und Sozialpolitik für Behinderte. München , S. 116–128

Stoellger, Norbert (1992): Vielfalt und Differenzierung – Spezialisierung und Integration. Perspektive der zukünftigen Entwicklung. Sonderpädagogische Förderung behinderter Kinder und Jugendlicher. Berlin: Ärztebuch Verlag

Stoellger, Norbert (1993): Von der Sonderschule zum Sonderpädagogischen Förderzentrum: Tendenzen der Weiterentwicklung des organisierten Systems sonderpädagogischer Förderung in der Schule. In: Mohr, Hans (Hrsg.): Integration verändert Schule. Konzepte der Arbeit sonderpädagogischer Förderzentren. Hamburg: Feldhaus , S. 30–53

Stöger, Christian (2011): »Die Heilpädagogik« und ihr Autor. Zur alten Streitfrage und Problemen der Levana-Historiographie. In: Zeitschrift für Heilpädagogik, 62. Jg., S. 440–443

Sturm Tanja (2013): Lehrbuch Heterogenität in der Schule. München: Reinhardt

Taylor, Charles (1997): Demokratie und Ausgrenzung. In: Transit. Europäische Revue, H. 14, S. 81–97

Tenorth, Heinz-Elmar (2006): Bildsamkeit und Behinderung – Anspruch, Wirksamkeit und Selbstdestruktion einer Idee. In: Raphael, Lutz/Tenorth, Heinz-Elmar (Hrsg.): Ideen als gesellschaftliche Gestaltungskraft im Europa der Neuzeit. Beiträge für eine erneuerte Geistesgeschichte. München: Oldenbourg, S. 497–520

Tenorth, Heinz–Elmar (2013): Inklusion im Spannungsfeld von Universalisierung und Individualisierung. – Bemerkungen zu einem pädagogischen Dilemma. In: Ackermann, Karl-Ernst/Musenberg, Oliver/Riegert, Judith (Hrsg.): Geistigbehindertenpädagogik !? Disziplin – Profession – Inklusion. Oberhausen: Athena, S. 17–41.

Tent, Lothar/Witt, Matthias/Zschoche-Lieberum, Christiane/Bürger, Wolfgang (1991): Über die pädagogische Wirksamkeit der Schule für Lernbehinderte. In: Zeitschrift für Heilpädagogik, 42.Jg., S. 289–320

Terhart, Ewald (2006): Was wissen wir über gute Lehrer? In: Pädagogik, 5, S. 42–45.

Terhart, Ewald (2015): Wie geht es weiter mit der Qualitätssicherung im Bildungssystem – 15 Jahre nach PISA? In: APuZ (Aus Politik und Zeitgeschichte) 65, 18 – 19, S. 3 – 10.

Theis-Scholz, Margit (2007): Das Konzept der Resilienz und der Salutogenese und seine Implikationen für den Unterricht. In: Zeitschrift für Heilpädagogik, 64. Jg., S. 265–275

Theunissen, Georg/Plaute, Wolfgang (2002): Handbuch Empowerment und Heilpädagogik.Freiburg i.Br.: Lambertus

Thielen, Marc (2011): Berufsorientierende Konzepte für benachteiligte Jugendliche in der allgemeinbildenden Schule zwischen Integrationsbestrebungen und Exklusionsrisiken. In: Lütje-Klose, Birgit Langer, Marie-Therese/Serke, Björn/Urban, Melanie (Hrsg.): Inklusion in Bildungsinstitutionen. Eine Herausforderung an die Heil- und Sonderpädagogik. Bad Heilbrunn: Klinkhardt, S. 328–335

Thimm, Walter (1995): Das Normalisierungsprinzip – Eine Einführung. Marburg: Lebenshilfe- Verlag

Trumpa, Silke/Seifried, Stefanie/Franz, Eva/Klauß, Theo (Hrsg.) (2014): Inklusive Bildung. Erkenntnisse und Konzepte aus Fachdidaktik und Sonderpädagogik. Weinheim u. Basel: Beltz Juventa

UNESCO (1994): The Salamanca Statement and Framework for Action on Special Needs Education. World Conference on Special Needs Education. Access and Quality. Salamanca, Spain, 7–10 June 1994. Paris

United Nations (2006): Convention on the rights of persons with disabilities. New York

Valtin, Renate/Sander, Alfred/Reinartz, Anton (Hrsg.) (1984): Gemeinsam leben – gemeinsam lernen. Beiträge zur Reform der Grundschule Band 58/59. Frankfurt am Main: Arbeitskreis Grundschule e. V.

Veil, Mechthild (2002): Ganztagsschule mit Tradition: Frankreich. In: APuZ (Aus Politik und Zeitgeschichte), 41, S. 29–37

Vester, Michael (2006): Der Kampf um soziale Gerechtigkeit. Zumutungen und Bewältigungsstrategien in der Krise des deutschen Sozialmodells. In: Bude, Heinz/Willisch, Andreas (Hrsg.): Das Problem der Exklusion. Hamburg: Hamburger Edition, S. 243–293

Vogel, Berthold (2006): Soziale Verwundbarkeit und prekärer Wohlstand. Für ein verändertes Vokabular sozialer Ungleichheit. In: Bude, Heinz/Willisch, Andreas (Hrsg.): Das Problem der Exklusion. Hamburg, Hamburger Edition, S. 342–355

Vogt, Sylvia (2014): Die Inklusion droht an fehlenden Lehrern zu scheitern. In: Tagesspiegel vom 9.10.2014. Online verfügbar: http://www.tagesspiegel.de/berlin/schulen-in-berlin-die-inklusion-droht-an-fehlenden-lehrern-zu-scheitern/10811308.html (letzter Aufruf: 14.07.2015)

Wagner, Michael (2013): Sind sie der Rest? Kinder und Jugendliche mit schwerer Behinderung in einem inklusiven Schulsystem. In: Zeitschrift für Heilpädagogik, 64. Jg., S. 496–501

Wagner, Sandra J.(2005): Jugendliche ohne Berufsausbildung. Eine Längsschnittstudie zum Einfluss von Schule, Herkunft und Geschlecht auf ihre Bildungschancen. Aachen: Shaker

Wagner, Sandra J. (2014): Wirtschaft statt Werkstatt: Berufsorientierung und Übergänge in Ausbildung für Jugendliche im sonderpädagogischen Förderschwerpunkt »Lernen« im Zeichen der Inklusion. In: Sonderpädagogische Förderung heute, 59. Jg., S. 343–356

11 Literatur

Waldschmidt, Anne (2003): Ist Behindertsein normal? Behinderung als flexibel-normalistisches Dispositiv. In: Cloerkes, Günther (Hrsg.): Wie man behindert wird. Texte zur Konstruktion einer sozialen Rolle und zur Lebenssituation betroffener Menschen. Heidelberg: Universitätsverlag Winter, S. 83–101

Weber, Max (1956): Wirtschaft und Gesellschaft. Grundriss der Verstehenden Soziologie. Studienausgabe. Zweiter Teilband. Köln u. Berlin: Kiepenheuer u. Witsch

Wehler, Hans-Ulrich (1989): Deutsche Gesellschaftsgeschichte. Band 1 u. 2. München: C.H.Beck

Wehler, H.-U. (2013): Die neue Umverteilung. Soziale Ungleichheit in Deutschland. München: C.H. Beck

Weiß, Hans (2010): Kinder in Armut- eine Herausforderung inklusiver Bildung und Erziehung. In: Sonderpädagogische Förderung heute, 55. Jg., S. 7–27

Weltgesundheitsorganisation (World Health Organization) (2011): Weltbericht Behinderung. Genf

Wember, Franz B. (2013): Herausforderung Inklusion: Ein präventiv orientiertes Modell schulischen Lernens und vier zentrale Bedingungen inklusiver Unterrichtsentwicklung. In: Zeitschrift für Heilpädagogik, 64. Jg., S. 380– 388

Werner, Birgit/Quindt, Felina (2014): Aufgabe von Lehrkräften in inklusiven Settings: Eine empirisch-analytische Studie zur Erfassung und Klassifikation von Aufgaben von Lehrkräften in inklusiven Settings. In: Zeitschrift für Heilpädagogik, 65. Jg., S. 462–471.

Werning, Rolf (2010): Inklusion zwischen Innovation und Überforderung. In: Zeitschrift für Heilpädagogik, 61. Jg., S. 284–291

Werning, Rolf/Arndt, Ann-Kathrin (Hrsg.) (2013): Inklusion: Kooperation und Unterricht entwickeln, Bad Heilbrunn: Klinkhardt

Werning, Rolf/Lütje- Klose, Birgit (2006): Einführung in die Lernbehindertenpädagogik. München: Reinhardt

Werning, Rolf/Baumert, Jürgen (2013): Inklusion entwickeln: Leitideen für Schulentwicklung und Lehrerbildung. In: Baumert, Jürgen/Masuhr, Volker/ Möller, Jens/Riecke-Baulecke, Thomas/Tenorth, Heinz-Elmar/Werning, Rolf: Inklusion. Forschungsergebnisse und Perspektiven. Schulmanagement-Handbuch Bd. 146. München: Oldenbourg, S. 38–55

Willand, Hartmut (1983): Pädagogik der Lernbehinderten. München: Ehrenwirth

Wirth, Nicolas (2006): Die Insel der Kannibalen. Stalins vergessener Gulag. München: Siedler Verlag

Wischer, Beate (2007): Wie sollen LehrerInnen mit Heterogenität umgehen? Über »programmatische Fallen« im aktuellen Reformdiskurs. In: Die Deutsche Schule 99, S. 422–433.

Wocken, Hans (1987): Integrationsklassen in Hamburg. In: Wocken, Hans/ Antor, Georg (Hrsg.): Integrationsklassen in Hamburg. Empfehlungen – Untersuchungen – Anregungen. Solms-Oberbiel: Jarik Oberbiel, S. 65–87

Wocken, Hans (1988): Bilanz und Perspektiven des Schulversuchs Integrationsklassen. In: Wocken, Hans/Antor, Georg/Hinz, A. (Hrsg.): Integrationsklassen in Hamburger Grundschulen. Hamburg: Curio Verlag Erziehung und Wissenschaft, S. 49–60

Wocken, Hans (2000): Leistung, Intelligenz und Soziallage von Schülern mit Lernbehinderungen – Vergleichende Untersuchungen an Förderschulen in Hamburg. In: Zeitschrift für Heilpädagogik, 51. Jg., S. 492–503

Zehn Jahre Versuchsschule Telemannstraße 10. In: Hamburger Lehrerzeitung 8 (1929), 18, S. 369–385

Zymek, Bernd (1975): Das Ausland als Argument in der pädagogischen Reformdiskussion. Schulpolitische Selbstrechtfertigung, Auslandspropaganda, internationale Verständigung und Ansätze zu einer Vergleichenden Erziehungswissenschaft in der internationalen Berichterstattung deutscher pädagogischer Zeitschriften. 1871– 1952. Ratingen: Henn

Zymek, B. (2013): Die Zukunft des zweigliedrigen Schulsystems in Deutschland. Was man von der historischen Schulentwicklung dazu wissen kann. In Zeitschrift für Pädagogik, 59. Jg., S. 469–481